숫자로 보는
세계화
교과서

Tatort Eine Welt

by Karl-Albrecht Immel · Klaus Tränkle
Copyright ⓒ Peter Hammer Verlag GmbH, Wupertal 2007
All rights reserved.

Korean translation edition ⓒ 2014 Hyunsil Publishing Co.
Published by arrangement with Peter Hammer Verlag GmbH
Through Orange Agency, Seoul.

숫자로 보는 세계화 교과서

글 카를-알브레히트 이멜
그래픽 클라우스 트렌클레
옮긴이 서정일

현실문화

일러두기

◆ 각 그래픽 자료와 본문 내용의 출처에 나오는 여러 기구와 기관, 자료 등의 한국어 명칭은 꼭지 맨 끝에
   나와 있습니다.

◆ 본문 내용에 나오는 기구와 기관, 인명, 용어 등의 원어는 '기구와 기관, 인명, 용어 등의 원어'에 실려
   있습니다.

◆ 본문 안에 들어 있는 단어 설명은 독자의 이해를 돕기 위해 한국어판에서만 들어간 것입니다.

개발도상국의 전형적인 일상을 보여 주지만 대수롭지 않게 생각했던 장면들이 종종 있었는데, 그 모습은 다소 둔감한 저널리스트의 뇌리에서조차 잊을 수 없는 기억이었다.

1981년 9월, 케냐 나이로비. 아프리카 최대 슬럼 지역 가운데 하나인 마사레 계곡이 내 앞에 펼쳐졌다. 함석 움막과 저 멀리서부터 흩날리는 먼지가 시야에 들어왔다. 그리고 놀라울 만큼 나를 다정하게 반겨 주던 사람들. 공장에 있는 주민 약 1,000여 명이 하루 다섯 시간씩 물 배급소로 모여들었다. 특히 아이들과 부녀자들이 뱀처럼 긴 행렬을 이루며 참고 서 있었다. 한 가족당 겨우 물 한 통만으로 만족해야 했다. 내 시선은 언덕 위로 옮겨졌다. 언덕 위에는 슈바이처호프 호텔이 위용을 자랑하며 서 있었다. 호텔 수영장에는 여행객들이 물놀이를 하고 있었다. 물놀이는 아침부터 저녁까지 계속되었는데, 수영장 주위에선 종업원들이 여행객들이 마실 것을 손에 든 채 대기하고 있었다.

1986년 8월, 페루의 쿠스코. 우리 일행은 한 음식점에 앉아 마지막 남은 닭 뼈를 뜯어 먹고 있었다. 우리는 나흘 걸리는 잉카 유적지 탐사 계획의 일환으로 이튿날 마추픽추로 향할 예정이었다. 그때 갑자기 소년 하나가 음식점 안으로 뛰어들었다. 우리가 채 돌아보기도 전에 그 녀석은 우리 테이블 접시 위에 놓여 있던 닭 뼈들을 낚아채더니 보자기 속에 쓸어 담고는 쏜살같이 밖으로 뛰쳐나갔다. 우리가 아이에게 줄 닭을 따로 주문하려 하자, 식당 주인이 손사래를 쳤다. "그러시면 더 많은 녀석들이 뛰어들어 온답니다, 그럴 순 없지요."

1994년 가을, 인도 북부에 있는 산업 중심 도시 미르자푸르 근교의 작은 마을 바도히. 아이들을 억류하고 있던 카펫 공장으로 인권운동가들이 나를 들여보내 주었다. 나는, 아이들이 카펫 공예 수공업을 어떻게 배우는지 보고 싶어 찾아온 영어 교사 행세를 했다. 썰렁한 홀 안에는 어림잡아 100개 정도 되는 카펫 제작용 수공예 틀이 놓여 있었다. 그 틀 앞에는 아이들이 여럿 쪼그리고 앉아 있었는데, 채 여섯 살도 안 되는 듯했다. 아이들은 하루 14시간씩 혹독하게 일을 하고 있었으며, 중간에 쉬는 시간이라곤 30분씩 두 차례뿐이었다. 그나마 잠깐 쉬는 시간마저 굶주림을 채워 줄 정체불명의 죽을 끓이는 데 써 버리고 있었다. 잠도 카펫 틀 옆에 있는 바닥에서 잔다는 것이었다. 아이들이 먹는 양이 너무 적은 건 아닌지 알고 싶었는데, 감독관 하는 말이 "먹는 양을 늘려 주면 아이들이 금방 꾸벅꾸벅 졸거든요, 그걸 아셔야지요"라는 것이었다. 굶주림이 각성제라니, 감독관은 이 모습을 정상이라고 생각하는 것 같았다! 심지어 그는 내가 이런 모습을 사진으로 찍는 것을 허락하기까지 했다. 내가 찍은 사진들은 전 세계로 소

숫자로 보는 세계화 교과서

개되어, 막 창립한 러그마크의 '아동노동으로 만들어지지 않은 카펫' 인증을 위한 홍보자료로 활용되었다.

1990년 말, 프랑스 베르사유에 있는 성城. 유럽의회 의원들이 아프리카와 카리브 및 태평양 연안 국가에서 온 정치인들과 한데 모여 빈곤퇴치법을 논의하는 자리였다. 수입쿼터제, 관세, 보조금 등이 논의의 쟁점이었고, 최빈국이 처한 기아 문제를 어떻게 효과적으로 극복할 수 있을지가 핵심 주제였다. 그런데 이날 회의는 좀 이상한 분위기에서 진행되었다. 온갖 진미와 고급 음식으로 뒤덮인 테이블이 200미터에 이르는 뷔페 잔치였다. 나는 아프리카 출신의 한 국회의원에게 최근에 고향에 다녀온 지 얼마나 되었고 굶주리는 사람을 본 적은 있는지 물었다. "음…… 고향으로 바로 다시 가야 해요, 곧 선거가 있으니까요." 그는 최근 8개월간 고향에 가지 않은 채, 굶주림의 문제는 그저 (뷔페에서 뷔페로 끝나는) 여행 중에만 떠올릴 뿐이었다.

일단 세계화와 개발 정책에 관해 진지하게 관심을 갖기 시작하는 사람이라면 이 주제를 더는 외면할 수 없을 것이다. 잊을 수 없는 무수한 장면이 있고, 진지한 질문들이 떠오른다. "어째서 훨씬 더 많은 돈이 개발도상국에서 거꾸로 북반구 선진국으로 흘러가는 걸까?", "어째서 콩고에서 벌어진 분쟁이 우리가 사용하는 휴대폰 가격을 더 싸게 만드는 걸까?", "어떻게 병 속에 든 생수가 사람들을 목마르게 하며, 어째서 해양 남획이 물고기 양식업을 더욱 부추기는 걸까?", "우리 식탁에 올라온 스테이크가 원시림의 벌목과는 대체 무슨 관련이 있는 걸까?"

오래전부터 많은 사람들은 세계화 문제의 연관성에 대한 통찰력을 잃어가고 있다. 아울러 우리는 수많은 정보의 물결에 휩쓸리고 있다. 텔레비전과 라디오, 신문과 인터넷이 제공하는 정보량은 이루 헤아릴 수 없다. 유로파이터 한 대 가격이 1억 유로에 이르는데, 독일군은 그 전투기를 180대나 구입했다. 그런데 전 세계적으로 굶주리는 사람은 8억 5,000만 명에 이른다. 독일은 2006년 이산화탄소를 8억 7,800만 톤이나 대기 중으로 방출했으며, 이는 전년도보다 500만 톤이나 늘어난 수치다.

이 사실들이 서로 어떤 관련이 있을까? 180억 유로와 8억 7,800만 톤의 이산화탄소라는 수치에서 우리는 어떤 생각을 할 수 있으며, 과연 그 누가 굶주리는 8억 5,000만 명이 받는 고통을 가늠할 수 있을까? 데이터의 홍수는 때로는 개별적인 사실을 파악하고 분류하기 어렵게 한다. 어느 커뮤니케이션 전문가는 "뉴스는 흘러넘치지만 정확한 정보는 부족하다"고 했다.

1996년부터 우리는 사실을 좀 더 명쾌하게 이해할 수 있도록 그래픽 서비스를 통해 독일세계기아구호에 보탬을 주고자 노력했다. 매달 나는 그

숫자로 보는 세계화 교과서

래픽 전문가 클라우스 트렌클레와 더불어 텍스트에 그래픽을 하나씩 첨부해 해당 주제별로 가장 중요한 데이터를 구성했다. 10년간 우리는 세계화와 개발 정책에 관한 방대한 자료를 평가, 요약해 서로 연관시키는 작업을 해 왔다. 이제 우리는 텍스트와 그래픽을 새로운 주제에 접목시키는 데 활용하고 실질적인 발전을 모색했다. 요컨대, 우리는 일체의 이데올로기적 편견을 배제하고 중요한 데이터를 토대로 무수히 넘쳐나는 개발 정책 논의 속에서 본질적인 사실에 대한 관심을 이끌어 내고자 한다. 독자들은 이로써 세계화와 개발 정책에 관한 견해를 스스로 세워 나갈 수 있으리라 생각한다.

카를 – 알브레히트 이멜

04. 저개발국 원조기금
과연 누구를 위한 프로젝트인가?

05. 사람들 사람들
더 늘어나고, 더 고령화하고, 더 도시화하고

06. 식량
과연 일반적인 교역 상품인가?

07. 건강
부유층만의 특권인가?

12. 평화

군비 확장, 전쟁 그리고 테러에 맞서서

13. 인권

오랫동안 도처에서 실현되지 않는

14. 반성과 성찰
각 지역의 현안들

W O R L D

01
하나뿐인 세계

과연 어떤 모습일까?

0.14% 사람들이 가진 자산만으로 세계 인구의 40%가 24년 동안 실 수 있다. 매시간 유아 1250명이 사망하고, 밀림 1500헥타르가 벌목으로 사라지고, 식물 4종이 멸종되고 있다. 최빈국과 선진국의 1인당 GDP 격차 비율은 1970년 1:19에서 지금은 1:96으로 악화되고 있다.

지구 남쪽 대륙 원시림에 있는 나무들이 잘려 나가면, 지구 북쪽 지역의 산소 호흡은 끊기고 만다. 핵폭탄이 지구 동쪽에 투하되면, 폭탄 잔해는 지구 서쪽에 떨어진다. 세계의 가난한 사람들이 부유한 국가로 흘러들면, 부유한 나라 국민들이 누려 온 안락함은 곧 사라져 버린다. 부자들이 지구를 혹사시키면, 가난한 사람들은 길거리에 떠도는 것 말고는 선택의 여지가 없게 된다. 이 하나뿐인 세계를 서로 손잡고 보존하는 수밖에 없다. 전문가들은 이 당연한 사실에 대해 한목소리를 내고 있다.

그런데 모든 이들이 지키는 글로벌하고 보편타당한 규정을 정하는 것보다 더 시급한 일은 무엇일까? 모든 이들을 위한 교육과 건강을 돌보는 기구, 세계무역을 위한 공정한 경기 규칙을 감독하는 기구, 어느 곳에서든 환경 및 사회 표준을 실천케 하는 기구 들은 어째서 만들어지지 않는 걸까? 요약하면, '글로벌한 문제들을 위한 글로벌한 책임'이 더 시급한 것이다.

1992년, 동서 간 냉전 체제가 극복되자 머지않은 시대에 이처럼 순박한 꿈이 실현될 기회를 얻은 듯 보였다. 1992년 브라질 리우데자네이루에서 열린 유엔환경개발회의에서 어젠다21이 가결되면서 '하나의 세계'가 눈앞에 펼쳐졌다. 인권, 인구 및 여성, 사회, 식량 등의 의제를 다룬 회의와 후속 회의가 연이어 열렸다. 그러나 정의와 복지를 위한 전 지구적인 공식 투쟁은 1994년 4월 15일 자로 끝나고 말았다. 모로코 마라케시에서 세계무역기구 출범을 선포하고 이듬해 이 기구가 공식 출범함으로써 전혀 다른 세계가 등장한 것이다. 그때부터 자유로운 세계무역이 모든 일의 기준이 되어 버렸다.

탈규제화, 자유화, 민영화, 이 세 단어로 요약되는 화음이 그때부터 국제 계약서라는 모든 악보를 채우게 되었다. 그 어떤 국가도 외국 공급자와 벌이는 강력한 경쟁으로부터 수입쿼터제로 취약해진 자국 경제를 보호할 수 없게 되었다. 한번 무너진 무역장벽은 다시 강화될 수 없었다. '보호무역주의'는 부끄러운 욕이 되었고, 투자자에게 적용되는 사회적 의무는 시대에 뒤떨어진 것으로 치부되었다.

식수와 교육 같은 공공재도 민간 경쟁에 맡겨져야 했다. 극단적으로는 교육과 식수 공급을 위한 국가의 재정지출마저 경쟁을 왜곡하는, 절대 허용할 수 없는 국가보조금이라고 선포되기까지 했다. 선진국의 의약품 특허권이 가난한 사람들에게 약품을 공급하는 것보다 중시되었다. 숲과 마실 물 그리고 토지가 개인 투자자의 손에 맡겨졌다. 게다가 사기업들은 세계 전역에서 인류 공동의 자연 유산에 대한 특허권(식물 및 동물 유전자 특허권)을 소유하게 되었다.

"시장이 모든 것을 조절한다!", "모든 사람을 위한 동등한 조건!" 그러나 이런 말들은 전 세계적으로 불평등 관계에 있는 파트너 사이에서는 현실을 왜곡할 뿐이다. 세계 구석구석에 퍼진 독점기업들과 전능한 세계무역기구 중재위원회는 민주적 방식에 따른 통제 요구를 조롱하고 있다. 그 사이 통상조약은 일체의 국제법상 협약보다 우위에 서게 되었다. 그러나 다행히도 정반대 사례도 찾을 수 있다. 이러한 사례들은 모든 반대를 무릅쓰고 정의와 인권을 위한 투쟁을 펼치는 것이 가치 있음을 보여 준다.

공정무역의 한 예를 들어 보자. 국제공정무역상표기구는 개발도상국 생산자가 생산품을 장기적으로 직접 북반구 선진국 시장에 실어 내도록 연결해 주고 있다. 고객들은 제품이 아동노동을 통해 만들어지지 않고 인간적인 조건에서 생산된 것이라고 믿을 수 있게 되었다. 불과 몇 년 사이, 공정무역으로 생산된 제품의 매출액은 20억 달러나 많아졌다. 공정무역을 위한 단체 독일 트랜스페어의 매출액만도 2004~2006년에 2배나 늘어나 1억 1,000만 유로에 이르렀다. 라틴아메리카산 커피와 화훼, 아프리카산 카카오와 와인, 아시아산 차[*] 등 전 세계적으로 100만 이상의 농가와 노동자 가정이 공정무역으로 이익을 얻었다.

개인에게도 많은 일이 생겼다. 대표적인 인물이 카일라시 사티아르티라는 인도 남자로, 그는 높은 카스트 신분으로 누릴 수 있는 모든 특권을 포기하고 수십 년 동안 아동노동에 맞서 성공적인 투쟁을 펼쳤다. 1980년부터 그가 이끄는 인도의 남아시아아동노동반대연대는 카펫 공장과 채석장,

성냥 공장에서 아이들을 해방시키고 아동노동 착취자들을 법정에 세웠으며, 아이들에게 일상의 삶을 되돌려 주는 노력을 하고 있다.

1990년대 중반 사티아르티는 아동노동으로 만들어지지 않은 카펫 인증 개념을 생각해 냈다. 러그마크* 재단은 유럽과 미국에 있는 국제 원조기구의 도움으로 이 일을 관철해 나갔다. 사티아르티는 더 나아가 전 세계적으로 학비가 전혀 들지 않으면서 질적으로 우수한 초등학교를 만드는 운동을 펼치는 글로벌교육촉진협회 회장으로 활동하고 있다.

> **러그마크 RugMark**
> 인도, 네팔, 파키스탄 등의 카펫 공장에서 자행되는 불법 아동노동의 종식 및 아동들에게 균등한 교육 기회 제공 운동을 펼치는 국제기구.

정치인들에게도 많은 일이 일어났는데, 심지어 미국 공화당 출신 주지사 아널드 슈워제네거는 자동차 산업과 정면대결을 벌여 캘리포니아 주에서 배기가스 제한규정을 관철시켰다.

이러한 사례는 끝없이 이어지고 있다. 세계 곳곳에서 폭력과 억압 그리고 환경 파괴와 타협하지 않으려는 사람들이 생겨나고 있으며, 그 수는 점점 늘어나고 있다. 이들이야말로 정의롭고 지속가능한 세계 질서의 모자이크 속에서 빛나는 작은 보석이다.

백만장자와
극.빈.층. 사.이.의.
엄청난 격차

900만 명에 불과한 백만장자들이 해마다 33조 달러를 쓰고 있으며, 동시에 약 26억 명이 하루에 채 2달러도 안 되는 돈으로 생활하고 있다. 이들의 1년 총소득은 1조 4000억 달러가 안 된다.

세계 인구의 1%가 전 세계 재산 총액의 40%를 차지하고 있다. 더욱이 가장 부유한 상위 10%가 전체 자산가치의 85%를 독점하고 있다. 이는 2006년 12월 국제연합 교육·연구기관인 유엔대학 연구 결과에서 나온 것이다.[1] 투자은행 메릴린치의 보고에 따르면, 백만장자는 1990년대 중반에서 2006년에 이르는 동안 900만 명에 육박해 2배 가까이 늘어났다.[2]

구체적으로 비교해 보자. 여전히 26억 명은 하루에 채 2달러도 안 되는 돈으로 살아가며, 그 가운데 족히 1/3은 1달러 미만으로 하루를 견디고 있다.[3] 이 가난한 사람들 전체의 연간 총소득은 1조 4,000억 달러가 안 되는 것으로 나타나 있다. 통계 수치로만 따지면, 불과 0.14% 사람들이 가진 자산으로 세계 인구의 40%가 24년 동안 살 수 있다는 결과가 나온다.

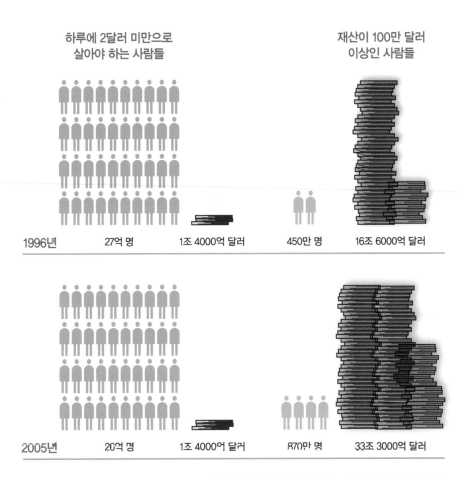

하루에 2달러 미만으로   재산이 100만 달러
살아야 하는 사람들   이상인 사람들

1996년   27억 명   1조 4000억 달러   450만 명   16조 6000억 달러

2005년   26억 명   1조 4000억 달러   870만 명   33조 3000억 달러

출처 World Bank – WDI 2007; Merrill Lynch – World Wealth Report 2006.

　전 세계 부의 분배는 지리적으로 차이가 극명하다. 세계 전체 재산의
1/3이 세계 인구의 6%에 불과한 북아메리카에 있으며, 유럽은 1/3에 약
간 못 미치고, 1/4은 일본과 오스트레일리아 등 부유한 아시아 태평양 국
가들이 갖고 있다.[1] 그리고 그 밖의 지역이 나머지 12% 정도를 나눠 갖고
있다.

중국과 인도에서는 빈곤층의 소득이 점점 높아지고 있으며, 이는 세계적인 차원에서 불균형한 복지 분배에 대한 통계를 다소 완화해 주는 게 사실이다. 그러나 예컨대 인도에서 지난 2000~2005년 같은 급속한 경제성장과 빈곤 감소 추이가 계속된다 할지라도, 인도가 지금의 선진국 수준이 되는 데는 꼬박 100년은 걸릴 것이다.[4]

지역 편차보다 더 심한 것은 개별 국가 내 부유층과 극빈층 간의 양극화 문제다. 미국과 영국, 우크라이나와 러시아의 통계학자들이 현재 자국의 소득 격차에 관한 보고서를 아직 내놓지는 않았지만, 라틴아메리카와 아프리카의 많은 나라에서 소득 격차는 점점 더 가파르게 벌어지고 있다.

그런데 시급한 문제는 물질적 자산 분배의 격차가 커지면서 부유층의 정치적 영향력도 함께 커진다는 점이다. 이들은 자기 재산을 늘리려고 자본의 이동을 무제한적으로, 그리고 더욱 쉽게 만들 게 빤하다. 펀드 회사와 여타 금융 기업의 글로벌한 업무는 앞으로 국가가 부과하는 의무 및 국제 규약에 따른 어떤 제약도 받지 않게 될 것이다.

1) 유엔대학 세계개발경제연구소(UNU-WIDER: United Nations University-World Institute for Development Economics Research) – 가계자산국제분포(The World Distribution of Household Wealth) 2006. 12.
2) 메릴린치(Merrill Lynch) – 세계부보고서(World Wealth Report) 2006.
3) 세계은행(World Bank) – 세계발전지수(World Development Indicators) 2007.
4) 유엔개발계획(UNDP) – 인간개발보고서(Human Development Report) 2005.

공공자금,
그.누.구.를.
위해?

빈부 격차의 결과는 다음과 같다. 지구 대륙 남반구 국가에
전체 인구의 84%가 살고 있지만, 생활에 꼭 필요한 부문에
대한 남반구 국가의 재정지출은 북반구 선진국과 비교하면
형편없이 적다.

돈이 없어 의사나 병원을 찾지 못하는 사람이 있으면, 국가가 보건의료제
도를 통해 재정 부담을 져야 한다. 주민 대부분이 수업료나 학비를 감당할
수 없는 곳에서는 국가가 공적재산의 관리자로서 교육재정을 부담해야 한
다. 그러나 현재 가난한 나라는 이러한 과제를 충분히 수행할 여력이 없다.
민간투자자들이 개입하면 돈을 낼 수 있는 고객만을 위한 수요를 개선할
뿐이다. 대다수 빈곤층은 그러한 수요에서 배제된 채 방치된다.

지구 전체 인구의 1/6에 해당하는 높은 소득수준을 누리는 국가에 사는
사람들을 위해 책정된 보건의료제도의 공공자금은 나머지 5/6 사람들에
비해 무려 11배에 이른다. 나이지리아의 1인당 의료비 지출액은 연간 23
달러에 불과하지만, 일본은 2,830달러에 이른다.[1]

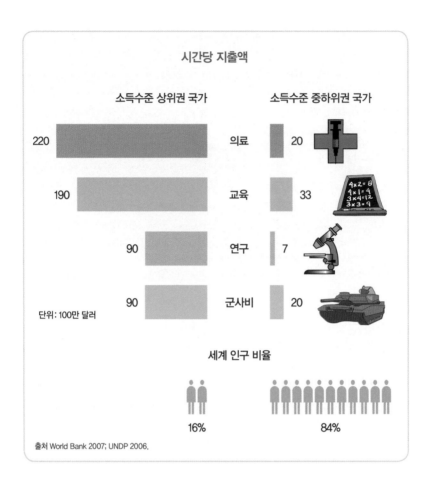

시간당 지출액

소득수준 상위권 국가		소득수준 중하위권 국가
220	의료	20
190	교육	33
90	연구	7
90	군사비	20

단위: 100만 달러

세계 인구 비율

16%   84%

출처 World Bank 2007; UNDP 2006.

교육 시스템도 이와 비슷하다. 독일에서는 학급당 학생 수가 점점 많아
진다는 불만이 당연하다는 듯 제기되지만, 통계 자료는 여전히 교사 1인당
학생 수 14명을 유지하고 있다. 이 수치는 선진국 평균치와 일치한다. 반
면, 르완다나 탄자니아 같은 나라에서는 저학년인 경우에도 교사 1인당 학
생이 60명에 이른다. 특히 학교 시설은 형편없이 열악하며, 그렇기에 교사

충원뿐만 아니라 학교 건물 개축, 교육 자료 구입을 위한 투자가 더 이루어져야 한다.

연구개발 분야 역시 불균형이 심각한 상황이다. 의약품 및 전자제품, 농업 연구 및 자재 개발을 가리지 않고 빈곤국에서는 더 많은 공공자금이 응용 기술 개발 등에 투입되어야 한다. 그러나 상황은 정반대다. 더욱이 상업적 연구는 대부분 부유한 국가 사람들의 필요에만 초점이 맞춰져 있다.

많은 빈곤국이 교육 분야에서 만성적인 재정 악화를 겪는 것을 감안해 실제 연구 지출 내용을 살펴보면, 가난한 나라와 부유한 나라 간의 기술 격차는 수십 년이 지나도 도저히 극복될 수 없을 것처럼 보인다. 이는 경제 발전의 격차에 따른 당연한 결과다. 그렇기 때문에 복제 의약품, 특허권 표절, 상표 도용 등은 이러한 개발 기회의 불균형한 결과로 볼 수 있으며, 이 문제들에 대해 법적 논란이 없으면서도 다른 한편으로는 정의로운 해결책을 모색해야 할 것이다.

1) 세계은행(World Bank) – 세계발전지수(World Development Indicators) 2007.

하나뿐인
지.구.에.
매달리기

통계상 우리가 사는 지구는 한 사람당 1.8헥타르가량을 사용할 수 있다. 그러나 현재 우리 생활양식으로는 줄잡아 2.2헥타르가 필요하다. 특히 선진국에서는 1인당 주어진 공간보다 훨씬 넓은 면적을 차지하며 생활하고 있다.

인간은 농사를 짓고 고기를 잡고 물을 공급받기 위해, 주택과 도로를 만들기 위해, 에너지를 얻기 위해, 그리고 채광, 쓰레기 처리, 산소 생산, 이산화탄소 합성 등을 위해 제한된 면적만을 사용할 수 있을 뿐이다. 요컨대, 지구상의 생활 공간은 무한하지 않다. 생산 가능한 육지와 해양 면적은 지구 표면의 1/4에 불과하다. 지금 전 세계 인구 72억 명이 필수적인 생활을 유지하는 데 가능한 면적(지구의 공급 가능치)은 한 사람에 겨우 1.8헥타르 정도뿐이다. 이 수치가 바로 인류가 지탱할 수 있는 생물학적 용량 혹은 생태발자국 지수'다.[1]

생태발자국 지수 ecological footprint
한 사람이 지구에서 살아가는 데 필요한 자원을 생산하고 또 폐기하기 위해 들어가는 비용을 땅과 바다의 크기로 환산한 지수. 1996년 마티스 웨커네이걸(Mathis Wackernagel)과 윌리엄 리스(William Rees)가 고안했으며, '인간이 지구(자연)에 남기는 발자국'을 뜻한다.

1인당 허용된 면적과 실제 사용 면적

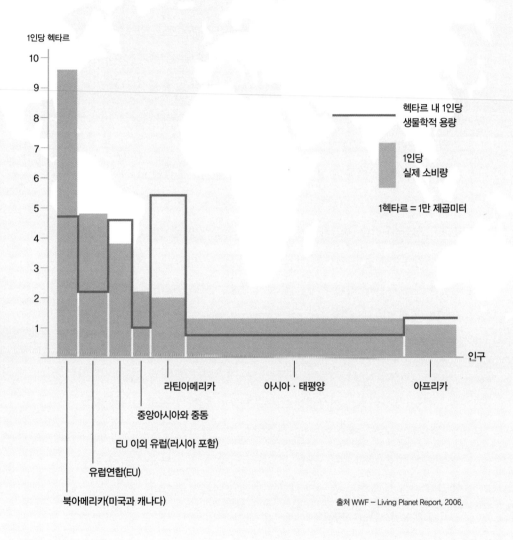

1인당 헥타르

10
9
8
7
6
5
4
3
2
1

헥타르 내 1인당
생물학적 용량

1인당
실제 소비량

1헥타르 = 1만 제곱미터

인구

북아메리카(미국과 캐나다)

유럽연합(EU)

EU 이외 유럽(러시아 포함)

중앙아시아와 중동

라틴아메리카

아시아 · 태평양

아프리카

출처 WWF – Living Planet Report, 2006.

그러나 세계야생생물기금의 조사에 따르면, 현재 생활양식으로는 한 사람당 줄잡아 2.2헥타르 면적이 필요하다. 이로써 세계 인구는 실제 기준량보다 훨씬 많은 면적을 차지하는 셈이다. 물론 지역별로 큰 편차를 보이고 있다. 통계적으로 유럽 지역은 1인당 4.8헥타르 면적을 쓰고 있지만 2.2헥타르의 생물학적 용량이 허용되었을 뿐이다. 라틴아메리카에서는 5.4헥타르를 쓸 수 있는데 실제로는 2헥타르만 사용하고 있다. 특히 심각한 것은 미국의 1인당 사용 면적이다. 미국 국민 1인당 대략 9.6헥타르 면적을 쓰고 있는데 주어진 면적은 1인당 4.7헥타르뿐이다.

1960년만 해도 인류는 현존하는 생물학적 용량의 50%만을 사용했다. 그러나 인류는 그로부터 25년 후 이미 생물학적 용량을 모두 소진하고 말았다. 오늘날 우리가 지금과 같은 생활방식으로 계속 살기 위해서는 지구보다 대략 125%나 큰 행성이 필요할지 모를 일이다. 이런 식의 발전이 계속되면 앞으로 50년 이내에 자원 및 토지 수요는 지구 생물학적 용량의 2배에 이를 것이다. 사람들의 수요를 충족하기 위해서는 지구가 하나 더 필요하다는 뜻이다.

그러나 세계야생생물기금의 과학자들은 여전히 신중한 태도를 보일 뿐이다. 이를테면, 이들은 이산화탄소를 흡수할 수 있는 자연의 능력을 평가의 상한선으로 책정해 놓았지만, 지속적으로 자행되는 벌목과 사막의 확산, 다양한 생물 종의 멸종, 산성비의 파급 영향, 기후 온난화와 지하수 수위 하락 같은 심각한 문제 등은 산정 기준에 포함하지 않았다.

이제 분명한 사실은 무엇보다 부유한 국가들의 소비 행태를 지속가능한 삶의 방식으로 바꾸어야 한다는 점이다. 이산화탄소 방출량을 절반으로

줄이고 바다와 생물학적으로 사용 가능한 토지 면적을 성공적으로 보호할
수만 있다면, 이 지구가 겪는 과중한 몸살은 이번 세기 내에 멈출 수 있을
것이다.

---

1) 세계야생생물기금(WWF) – 살아있는 지구 보고서(Living Planet Report) 2006.

시간이 촉박하다!
지.금. 이. 순.간.
무슨 일이?

세계의 모든 연례 통계보고서는 우리의 상상력을 뛰어넘는
다. 전 세계적으로 매시간 일어나는 사건을 토대로 한 비교
수치는 그동안 헤아릴 수 없는 개발이 얼마나 어리석었는
지를 극명하게 보여 준다.

전 세계적으로 매시간 유아 1,250명이 죽어가고 있다. 아기와 엄마에게 충
분한 음식을 주고 최소한의 의학 치료에 쓸 돈이 없기 때문이다.[1] 그런데
같은 시간에 1억 2,500만 달러가 무기와 군인을 위해 지출되고 있다. 유아
를 살리기 위한 지원금 대신 3초마다 군사비로 10만 달러가 쓰이는 것이
다.[2] 이 비극적인 상황을 정당화할 그 어떤 명분도 있을 수 없다.

인간만큼 지구뿐만 아니라 자기 자신을 그렇게 대대적인 위험에 처하게
한 생물 종은 결코 없다. 그 대가로 인류가 획기적인 성과를 이루었다고 말
할 수 없음은 물론이다. 세계 곳곳에서 해마다 5,800만 명이 세상을 떠나
고, 1억 3,400만 명이 태어나고 있다. 세계 인구는 매년 7,600만 명이나 늘
어난다. 달리 말하면, 세계 인구는 매시간 8,700명씩 늘고 있는데 출산율

매시간 일어나는 일들

● 유아 1250명이 사망함

● 500명이 HIV(인체면역 결핍바이러스)에 감염됨

● 이산화탄소 330만 톤이 방출됨

● 땅 630헥타르가 사라짐

● 밀림 1500헥타르가 벌목으로 사라짐

● 생물 4종이 멸종됨

출처 World Bank – UN 2006; Worldwatch Institute 2006.

이 떨어지고 있음에도 인구 증가 추세가 당장 바뀌지는 않을 것 같다.

유엔은 중간전망보고서를 통해 2050년이 되면 세계 인구가 90억 명에 이를 것으로 추정하는데, 이는 2007년보다 24억 명이나 많은 수치다. 이 전망은 크게 벗어나지 않으리라 예측된다. 따라서 정말 중요한 문제는 이 많은 사람에게 공급할 충분한 식량과 살 집을 준비하고, 교육과 의료 체계를 개선하고, 생활할 수 있는 환경을 마련하는 일일 것이다.

그러나 지금 진행되는 수많은 개발은 결코 지속가능한 개발이 아니다. 시간당 자동차 생산 대수는 8,000대인데,[3] 대부분은 아시아에서 생산되며 최신 배기가스 배출 억제 장치를 단 자동차는 극소수에 불과하다. 시간당 330만 톤에 이르는 이산화탄소가 대기로 뿜어져 나온다.[4] 또한 농지 630 헥타르가 사라지며,[5] 1/2 제곱킬로미터의 원시림이 벌목으로 사라진다.[6]

이러한 예를 보여 주는 수치를 나열하자면 끝이 없을 정도다. 급격한 기후변화가 가져올 결과에 대해 무수히 경고의 목소리가 나오지만, 환경보호는 최우선 순위에서 여전히 배제되고 있다. 기존의 현대식 경제 운용 방식은 끊임없는 성장을 추구하는 한편으로는 자연자원의 지속적인 손실을 초래하고 있다. 많은 사람들이 이 방식이 계속 이어질 수 없다는 사실을 시나브로 깨닫고 있다.

---

1) 세계보건기구(WHO) 2005 – 세계보건보고서(World Health Report) – 세상의 모든 엄마와 아이를 소중하게(Make Every Mother and Child Count).
2) 스톡홀름국제평화문제연구소(SIPRI) 2006 – 연감(Yearbook) – 군비지출의 최근 경향(Recent Trends in Military Expenditure).
3) 세계자동차공업연합회(International Organisation of Motor Vehicle Manufacturers) 2007.
4) 세계은행(World Bank) – 세계발전지수(World Development Indicators) 2007.
5) 유엔사막화방지협약(UN Convention to Combat Desertification) 2006.
6) 유엔식량농업기구(FAO) 2006 – 세계산림자원평가(Global Forest Resources Assessment) 2005.

가난한 사람은
더.욱. 가.난.해.지.고,
부유한 사람은 더욱 부유해지고

가장 가난한 나라와 선진국 간의 소득 격차가 점점 심하게 벌어지고 있다. 역사상 지금처럼 1인당 순소득 격차가 벌어진 적은 없었다.

이 세계를 제1세계, 제2세계, 제3세계로 나누는 분류는 구 동유럽권의 정치경제 시스템이 붕괴하고 나서 더욱 두드러졌다. 그러나 이런 분류가 무슨 의미가 있을까?

세계은행은 1인당 국민총소득을 기준으로 지구상의 모든 국가를 고소득국(10,750달러 초과), 중소득국(876~10,750달러), 저소득국(875달러 이하)의 세 등급으로 나누고 있다.

경제협력개발기구 개발원조위원회는 정기적으로 개발도상국 목록을 작성하는데, 여기서 가장 중요한 것은 1인당 평균 소득이다. 몇몇 소수의 예외에 이르기까지 '선진국'과 '고소득국'은 전부 동일하게 나타났다. 구 소비에트연방 국가들은 특별히 '체제 전환기 국가'로 지정되었다. 키르기

선진국과 개발도상국의 국내총생산 차이

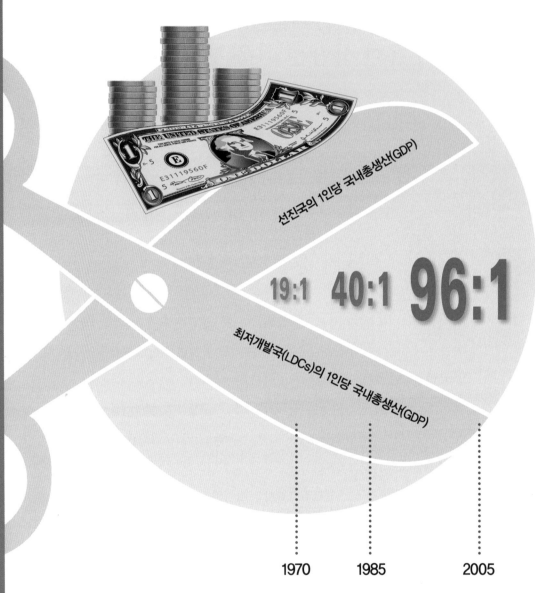

선진국의 1인당 국내총생산(GDP)

19:1　40:1　**96:1**

최저개발국(LDCs)의 1인당 국내총생산(GDP)

1970　1985　2005

출처 UNCTAD – Handbook of Statistics, div. Jahrgänge; IMF – World Economic Outbook, div. Jahrgänge.

스스탄, 타지키스탄, 우즈베키스탄은 '저소득국'으로, 그 밖에 다른 나라들은 '중소득국'으로 분류되었다.

유엔개발계획은 국가별로 인간개발지수를 상, 중, 하 셋으로 구분했다. 이 지수에는 해당 국민의 구매력, 평균 수명, 교육 수준이 파악되어 있다. 인간개발지수를 기준으로 한 국가 명단은 매년 인간개발보고서에 등재된다. 인간개발지수는 1995년부터 남녀평등지수 항목에 여성이 상대적 불이익을 당하지 못하게 하는 요소를 덧붙였다.

1971년부터 유엔은 그와 별도로 최저개발국(최빈국)을 파악하고 있다. 현재 이 집단에 속하는 나라는 50개국에 이르는데, 이 나라의 1인당 국내총생산은 현저히 낮고 산업생산은 미비하며 문맹률 또한 상당히 높다.

어떤 기준으로 국가 등급을 매기든 간에, 가난한 국가와 선진국 간 격차는 점점 심하게 벌어지고 있다. 최저개발국과 선진국 간 소득 격차가 계속 벌어지는 것이다. 최저개발국과 선진국의 1인당 국내총생산 격차 비율은 1970년 1:19에서 지금은 거의 1:100으로 악화되고 있다.[1] 인류 역사상 가장 암울했던 식민지 시대에도 가난한 나라와 부유한 나라 간 격차가 지금처럼 심하게 벌어지지는 않았다.

---

1) 유엔무역개발회의(UNCTAD) – 통계편람 및 국제통화기금의 세계경제전망(Statistikhandbüchern und diversen Jahrgängen des World Economic Outlook des Internationalen Währungsfonds).

사람들을
죽.음.에. 이.르.게. 하.는.
것들

선진국에서는 잘못된 영양 섭취와 비만이 많은 사람들을
사망에 이르게 하는 주요 원인이지만, 개발도상국에서는
빈곤으로 인한 사망이 많다.

매년 전 세계의 사망자 수는 5,800만 명에 이른다. 이 중 약 3,500만 명은
비전염성 질병 때문에 죽고 있다. 심장순환계 질환과 각종 암이 주요 원인
이다.[1]

선진국에서 심장순환계 질환은 질병 사망 원인 중 절반에 이른다. 젊은
이들에게도 이 질환은 잘못된 영양 섭취와 비만 등 이른바 전형적인 풍요
의 현상으로 간주되고 있다. 부유한 국가에서 두 번째 주요 사망 원인인 암
역시 선진국 생활 유형과 관련이 있다.

그러나 개발도상국의 사망 원인은 이와는 전혀 다르다. 물론 개발도상
국에서도 심장순환계 질환은 증가하고 있지만, 사망 원인의 1/4에도 미치
지 못한다. 이와 거의 같은 수가 감염 및 기생충 질환으로 목숨을 잃고 있

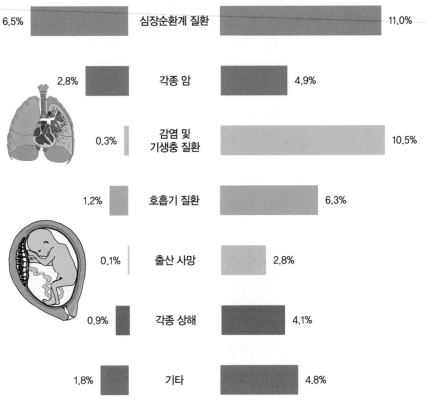

선진국
매년 1300만 명 사망

개발도상국
매년 4400만 명 사망

	선진국		개발도상국
심장순환계 질환	6.5%		11.0%
각종 암	2.8%		4.9%
감염 및 기생충 질환	0.3%		10.5%
호흡기 질환	1.2%		6.3%
출산 사망	0.1%		2.8%
각종 상해	0.9%		4.1%
기타	1.8%		4.8%

출처 WHO; World Health Statistics 2006에서 요약.

다. 이 범주에서 가장 심각한 병은 폐렴, 결핵, 설사병, 말라리아, 에이즈다. 주거 환경이 열악하고, 의약품과 깨끗한 물이 너무 부족하기 때문이다. 그렇기에 세계보건기구는 이러한 질병을 '빈곤 때문에 생긴 질병'이라고 규정한 바 있다. 유엔은 전 세계적으로 거의 200만 명이 단순히 위생시설 부족으로 사망한다고 보고 있다.[2] 이 수치는 점점 높아지고 있는데, 넘쳐나는 대도시 인근에 슬럼가가 빠른 속도로 많아지기 때문이다.

원래 막을 수도 있는 이 질병은 무엇보다 최저개발국에서 끔찍한 결과를 낳고 있다. 최저개발국에서는 전체 인구의 25%가 50세도 안 되는 나이에 사망하고 만다. 전 세계적으로 예방접종 프로그램과 최신 의약품, 위생 조건 개선을 통해 평균 수명이 꾸준히 늘어나고 있지만, 유독 최빈국 국민은 이 혜택을 거의 받지 못하고 있다. 특히 남아프리카 주민들은 에이즈 탓에 1950년대보다도 더 일찍 죽어 가고 있다.

구 소비에트연방 국가에서도 확산되는 빈곤으로 인해 평균 수명이 짧아졌는데, 러시아를 예로 들면 국민 평균 수명이 최근 20년 동안 70세에서 65세로 짧아졌다.[3]

환경문제에서 비롯하는 사망자 수도 확연히 늘고 있다. 특히 대기오염과 수질 및 식량의 환경 독성은 치명적인 죽음의 병을 낳고 있다. 이 문제는 개발도상국만이 아니라 부유한 나라에서도 나타난다.

1) 세계보건기구(WHO) - 세계보건통계(World Health Statistics) 2006.
2) 유엔인간정주위원회(UN-Habitat) - 세계도시현황(State of the World Cities) 2006/2007.
3) 유엔(UN) - 세계인구전망(World Population Prospects) 2006.

숫자로 보는 세계화 교과서

극소수의 사람이
너.무. 많.은. 것.을.
소비하다

세계 인구 중 부유한 나라에 사는 16%가 나머지 전 인류보다 훨씬 더 많은 자원을 소비하고 있다. 가난한 국가의 소비 역시 증가세에 있는데, 특히 인구 13억의 거대한 중국이 그 선두에 있다.

전체 인류 가운데 16%인 부유한 국가에 사는 사람이 목재의 75%, 종이의 70%,[1] 전체 일차에너지*의 절반 이상을 소비하고 있다.[2] 전 세계 자동차의 70%가 선진국에서 운행되며, 비행기 탑승객

일차에너지primary energy
변화·가공하기 전 천연자원 상태에서 공급되는 에너지. 원유, 석탄, 천연가스, 수력이나 원자력 등이다.

의 75%가 선진국 국민이다. 구리, 아연, 납 같은 원자재는 대부분 북반구 선진국에서 소비된다.[3] 다만 중국이 세계 최대 철강 소비국으로 부상하면서, 철강 소비만은 개발도상국이 점점 선진국을 추월하고 있다.

미국인 한 사람이 평균적으로 사하라 남부 아프리카 주민 30명보다 전기를 더 많이 소비하며, 미국인 한 사람의 일차에너지 소비량은 인도인 16명이 소비하는 양과 똑같다.[2] 남반구 개발도상국 국민이 선진국 국민 한

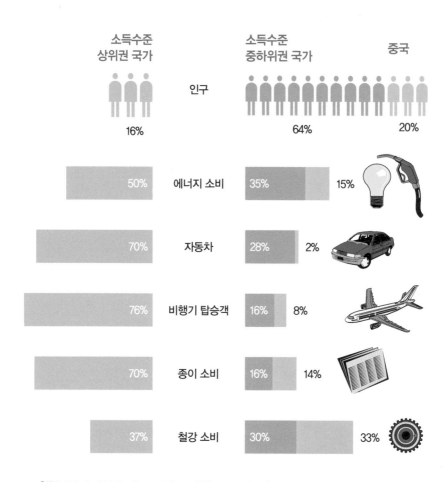

	소득수준 상위권 국가		소득수준 중하위권 국가	중국
인구	16%		64%	20%
에너지 소비	50%		35%	15%
자동차	70%		28%	2%
비행기 탑승객	76%		16%	8%
종이 소비	70%		16%	14%
철강 소비	37%		30%	33%

출처 World Bank – World Development Indicators 2007; FAO ForeSTAT 2006; Metalcourier – Metal Expert Group 2007.

사람과 똑같은 수준으로 비행기를 타려면, 개발도상국 탑승객은 매년 4배 이상 많아져야 한다.[2] 어느 날 갑자기 중국과 인도의 도로가 오늘날 유럽과 같은 수의 자동차로 북적대는 모습은 차마 상상할 수 없을 것이다. 그렇게 되면 2025년에는 전 세계에 돌아다니는 승용차가 무려 14억 대에 이를

숫자로 보는 세계화 교과서

것이며, 이는 현재 전 세계 승용차의 2배에 이른다.[2]

유엔 산하 기구들은 세계 인구 성장 추이에 관한 보고서들을 내놓고 있다. '인구폭발', '과잉인구'라는 말이 언급되기도 하지만, 지구가 지탱할 수 있는 능력은 단순한 인구 수치만이 아니라, 생산방식 및 소비행태의 문제이기도 하다. 개발도상국에서는 한 부부가 자녀를 평균 셋 낳는다. 이는 50년 전의 출산율에 비하면 변함없지만, 선진국에 비하면 여전히 2배가량 많다. 그러나 '과잉인구'는 상대적이다. 자원 소비를 기준으로 보면, 가난한 남반구 국가가 아니라 부유한 북반구 국가가 오히려 '과잉인구' 현상을 보여 준다. 그래서 북반구 선진국의 친환경 기술 개발과 지속가능한 경제 운용 방식을 위한 노력이야말로 남반구 후진국의 출산 조절 노력만큼이나 중요한 문제다.

더욱이 북반구 선진국 역시 개발도상국의 경제성장과 소비 증가가 지난 수 세기 동안 자신들이 그랬던 것처럼 환경 파괴를 동반하는 폐단을 밟지 않도록 자신의 관심사로 여기고 협력을 모색해야 할 것이다. 이러한 인식은 에너지자원 공급을 비롯해 식량 생산과 관광에 이르기까지 모든 영역에 적용되어야 한다.

1) 유엔식량농업기구(FAO) - 임업통계(ForeSTAT) 2006.
2) 세계은행(World Bank) - 세계발전지수(World Development Indicators) 2007.
3) 국제연아연연구그룹(International Lead and Zinc Study Group), 통계(Statistics) 2007, 런던금속거래소(London Metal Exchange) 2006.

GLOBALIZATION

02
세계화

'국경 없는 세상'이라는 이데올로기

지구 남반구에서 커피가 제공되지 않으면 북반구 주민들은 아침 식사를 할 수 없다. 국경을 자유롭게 넘나드는 다국적기업은 국가법의 적용 범위를 넘어선 지 이미 오래다. 매일 1000조 달러가 컴퓨터 키보드를 통해 실시간으로 지구 전역을 돌아다니며 먹잇감을 찾고 있다.

◆

오늘날 지구의 모든 지역은 과거 그 어느 때보다 촘촘히 연결되어 있다. 미국 뉴욕의 결산 기자회견 하나가 불과 몇 분 안에 동아시아 증권시장에 영향을 끼친다. 콜롬비아에서 재배한 꽃은 바로 이튿날 독일 화훼단지에 공급되며, 지구 남쪽 대륙에서 커피가 제공되지 않으면, 북반구 대륙 주민들은 아침 식사를 할 수 없을 정도다. 유럽에서 사용되는 수많은 휴대폰은 콩고민주공화국 내전 지역에서 생산된 콜탄'이 없다면 무용지물이다. 오늘 독일 프랑크푸르트에서 체결된 보험계약서 내용은 내

콜탄 Coltan
콩고민주공화국에서 생산되는 검은색 희귀 광물. 휴대폰의 리튬 필터를 만드는 탄탈의 원료로 많이 쓰인다.

일이면 인도의 벵갈루루에서 전산 입력되고 위성을 통해 프랑크푸르트로 다시 보내져 '시스템화'된다. 생산공정을 처음부터 끝까지 도맡아 제작하던 고전적 형태의 공장은 이제 쓸모없어졌다. 지역 소재지에서 하청업자에게 연결되는 전 세계적인 네트워크가 수많은 제품을 적은 비용으로 생산케 한다. 독일 슈투트가르트 본사의 CEO는 미국 디트로이트에서 일하는 직원의 해고를 결정해 버린다. 지금까지 자신이 오랫동안 살아온 지역에 자생하는 약초에서 추출한 치료제를 내다 팔았던 인도 농민들이 갑자기 신약 물질 특허권 수수료를 다국적 제약사에 내야 하는 처지가 되기도 한다.

이른바 '세계화' 개념이 구체화된 것은 대략 1990년부터였지만, 전 세계적 네트워크의 토대는 이미 그전에 만들어졌다.

1971년 중반, 고정환율제인 브레튼우즈 시스템을 포기하면서 그때부터 시장이 외환시세를 결정하기 시작했다. 더욱이 제2차 세계대전 이후, 총 여덟 차례에 걸쳐 이루어진 관세무역일반협정의 협상 라운드는 국제무역에서 관세 철폐가 목적이었다. 우루과이라운드라 부르는 마지막 라운드로 관세무역일반협정 체제가 막을 내리고, 1995년 1월 1일 세계무역기구가 출범했다. 우루과이라운드는 화물운송, 서비스업, 자본의 이동 및 투자가 아무 제약을 받지 않고 전 지구를 돌아다닐 수 있게 하려는 것이었다. 누구나 어느 곳에서건 원하는 것을 사고팔 수 있도록 모든 것을 제공한다는 것이다.

이러한 관점에서, 아무 방해도 받지 않고 기능적으로 작동해야 하는 시장에게는 한 국가의 사회질서나 법질서, 심지어 전통마저도 거추장스러운 방해 요소일 뿐이었다. 제품은 싼 곳에서 구입하고 최고의 이윤을 남기는 곳에 팔아야 했다. 사회적 의무 따위는 불필요한 장애가 되었고, 운송비가 싸지고 세계 곳곳에 데이터를 공유하는 데 비용이 전혀 들지 않게 되자, 거리가 멀리 떨어진 것쯤은 아무런 문제가 되지 않았다.

실제로 경제 국경이 무너짐으로써 성장세는 지속되었지만, 모든 사람을 위한 더 많은 복지와 전 세계적인 차원의 환경보호는 전혀 이루어지지 않았다. 상황은 정반대로 치닫고 있다. 빈부 격차는 더욱 벌어지고, 인류 역사에서 유례를 찾아볼 수 없을 만큼 지구 전체 생태계가 위협에 직면해 있다.

지금의 선진국은 수백 년 동안 농업사회에서 산업사회로, 그리고 마침내 서비스사회로 이행해 왔다. 이 기간에 선진국에 도움이 된 것은 보호관세와 국가보조금이었다(예를 들면, 농업 분야에는 언제나 상당한 국가보조금이 투입되었다). 반면, 발전 속도가 더딘 후발 지역의 국가경제는 한 세대에 불과한 기간 내에 선진국이 밟아 온 과정을 모두 겪어야 했다. 때로는 자국 경제에 아무런 보호 장치를 마련하지 못하고, 보조금도 받지 못한 상태에서 말이다. 경쟁이 강화되는 추세에 직면해, 그렇지 않아도 값싼 노동력은 더욱 저렴하게 제공되고 사회기준과 환경기준은 더더욱 완화되고 있다. 나이지리아의 석유, 인도네시아와 코트디부아르의 목재, 중국의 철강과 콩고민주공화국의 다이아몬드 등 자연자원은 더욱 무차별적으로 채취되고 있다. 모든 것이 그야말로 순식간에 돈으로 바뀌는 것이다. 자유무역 생산지에서 값싼 노동력은 노동조합 설립을 저지시키고, 어린이마저 수출전선의 중노동에 투입되고 있다.

금융시장의 글로벌화는 그 어떤 다른 분야보다도 더욱 완벽하게 이루어지고 있다. 매일 1,000조 달러라는 천문학적 금액이 컴퓨터 키보드를 통해 실시간으로 지구 전역을 돌아다니며 먹잇감을 찾고 있다. 매주 전 세계 연간 수출상품에 치러지는 액수보다 훨씬 더 많은 외환이 거래되고 있다. 실태를 파악할 수 없는 전 세계 투자자들의 자금은 예측할 수 없을 만큼 엄청난 투기적 성격으로 변해 금융 변칙거래 속으로 빨려들고 있다.

그러는 동안 개발도상국은 가난을 대가로 치르며, 부유한 나라와 온 세계를 마구 휘젓는 다국적기업들이 점점 노골적으로 악용하는 이러한 시스템에 맞서 저항하고 있다. 이들은 2006년 이른바 도하개발어젠다(도하라운드) 협상을 일시나마 저지시켰으며, 그 후 후속 자유화 정책을 중단시키기도 했다. 2001년부터 세계무역기구의 틀 내에서 개발도상국에서 유입되는 제품 반입을 원활히 하려는 수입쿼터제와 선진국의 관세 인하, 농업 보조금 중단에 관한 협상이 이루어졌지만 무위로 끝나고 말았다. 국제 특허권 문제도 계속 격렬한 논란의 대상이 되고 있다. 특히 개발도상국은, 제약사의 해당 특허권을 무시하지 않는 범위에서 사람을 살리는 데 꼭 필요한 의약품을 독자적으로 생산할 권리를 확보하기 위해 투쟁하고 있다. 예를 들면, 그러한 제네릭˚은 값비싼 수입 의약품으로는 도저히 감당할 수 없는 에이즈 치료에 매우 중요하다.

제네릭 Generic
특허보호를 적용받지 않는 의약품. 특허 기간 종료 후 다른 제약사가 이미 공개된 의약품 제작 기술 정보를 통해 만든 의약품을 통칭해 말한다.

국경을
넘.나.드.는.
다국적기업

전 세계적으로 77만 3000개 자회사를 거느린 약 7만 7000
개 다국적기업이 활동하고 있다. 많은 회사가 특히 중국으
로 몰려들고 있는데, 전체 다국적기업 자회사 가운데 1/3이
중국에 있다.

세계화의 흐름 속에서 불과 수년 만에 다국적기업과 이들 자회사의 수가
4배나 증가했다. 유엔무역개발회의는 1990년대 초 다국적기업이 약 3만
7,000개, 그 자회사는 17만 5,000개로 추산했으나,[1] 2006년에 이르러서는
각각 7만 7,000개와 77만 3,000개에 다다르는 것으로 추정한다.[2]

　전 세계를 포괄하는 다국적기업 가운데 3/4가량이 산업 선진국에 본사
를 두고 있다. 그사이 한국, 중국, 인도, 브라질 회사의 외국 투자도 느는 추
세다. 지난 수년 동안 중국에 소재한 다국적기업의 자회사가 특히 폭발적
으로 늘고 있다. 중국에 있는 약 29만 개 회사가 외국계 기업인 것으로 알
려지고 있다.

　다국적기업들이 세계무역에서 차지하는 비중은 무려 전체의 2/3에 이

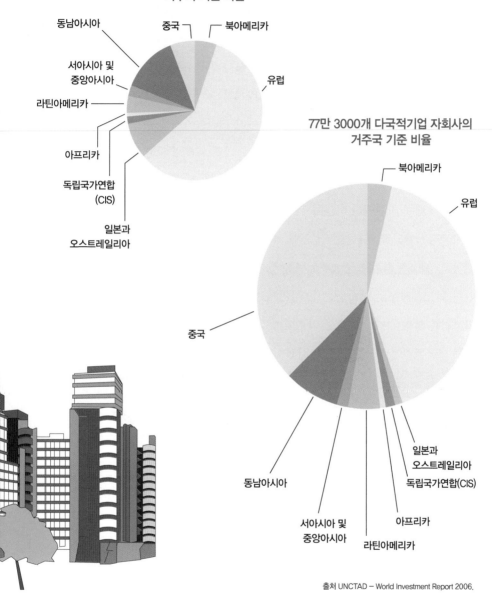

7만 7000개 다국적기업의
거주국 기준 비율

동남아시아
중국
북아메리카

서아시아 및
중앙아시아

유럽

라틴아메리카

아프리카

독립국가연합
(CIS)

일본과
오스트레일리아

77만 3000개 다국적기업 자회사의
거주국 기준 비율

북아메리카

유럽

중국

일본과
오스트레일리아

독립국가연합(CIS)

동남아시아

아프리카

서아시아 및
중앙아시아

라틴아메리카

출처 UNCTAD – World Investment Report 2006.

른다. 이 자회사들이 수출하는 제품과 서비스업의 규모만 무려 4조 달러를 웃돌고 있다. 대규모 다국적기업들의 매출액은 중간 규모 국가 예산과 맞먹는다. 제너럴일렉트릭GE, BP, 보다폰Vodafone 이 세 회사의 매출액만도 사하라 남부 아프리카 국가 전체의 국민총소득보다 훨씬 많다.

그러나 다국적기업이 일자리 창출에 이바지하는 기여도는 극히 미약하다. 국제노동기구는 거대 다국적기업이 소규모 회사를 인수하는 과정에서 많은 사람의 일자리를 빼앗고 있다고 밝힌다. 더욱이 거대 외국계 기업의 투자는 주로 융자나 해당국의 보조금으로 운용되는데, 이로 인해 해당국 중산층에 대한 지원액이 턱없이 부족한 실정이다.

다국적기업의 경제권력은 정치적 영향력을 통해서도 유감없이 발휘되고 있다. 세계무역기구 중재위원회를 상대로 한 소송 등에서 이들의 경제권력은 노골적으로 나타나는데, 여기서는 대개 소규모 기업을 보호하고 일자리를 지켜 내려는 해당국 정부의 주장보다도 무제한적인 거래를 요구하는 다국적기업의 이해가 걸린 사안이 훨씬 비중 있게 받아들여진다.

국경을 넘나드는 다국적기업의 활동은 국가법의 적용 범위를 넘어선 지 이미 오래다. 국제적으로 구속력이 있는 규정과 통제는 없는 형편이다. 어쨌든 지금까지 3,000개 기업이 2000년 당시 코피 아난 유엔 사무총장이 제창한 '글로벌 콤팩트'에 가입했다. 이 글로벌 콤팩트에는 각 기업이 인권과 노동, 환경기준 및 부패 방지와 관련한 중요 원칙에 대한 의무사항이 포함되어 있지만 구속력이 없어서 어떤 제재도 불가능한 상황이다.

1) 유엔무역개발회의(UNCTAD) - 세계투자보고서(World Investment Report) 1993.
2) 유엔무역개발회의(UNCTAD) - 세계투자보고서(World Investment Report) 2006.

돈 돈 돈,
세.계.구.석.구.석.
돌아다니는 돈

> 점점 더 많은 돈이 매일 전 세계로 먹잇감을 쫓아 돌아다니고 있다. 외환과 주식거래의 형태로 그리고 차입금과 파생금융 형태로. 주식시장에서는 투기 광풍이 불지 않을까 하는 우려가 증폭되고 있다.

1980년대 초를 기점으로 25년 동안 전 세계 주식시장의 주가 총액은 45조 달러를 웃돌면서 3배에 못 미치는 증가세를 나타냈지만, 유가증권 거래는 무려 200배나 증가했다.[1] 1980년대 초 평균 주식 보유 기간이 10년 정도였다면, 오늘날엔 불과 몇 달 만에 매각을 거듭하고 있다. 투기꾼들에게 권력을 넘겨 준 셈이다.

이는 외환거래에서도 마찬가지다. 매일 거래되는 금액은 2조 달러에 이르는데,[2] 주로 선물先物거래 형태로 이루어진다. 이로써 통계상으로는 전 세계의 외환보유액이 매주 세 번 바뀌는 셈이다. 이는 환율 변동에 대비하려는 안전 조치를 포함해 통상 및 외국 투자를 위한 재정에 필요한 액수보다 훨씬 많은 금액이다. 외환은 시세 상승과 하락을 거듭하며 투기 대상이

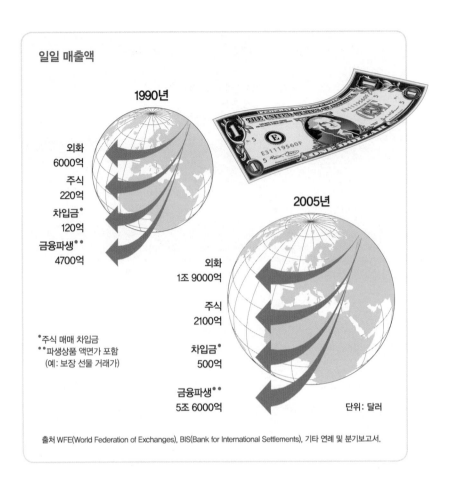

일일 매출액

1990년

외화
6000억
주식
220억
차입금*
120억
금융파생**
4700억

2005년

외화
1조 9000억

주식
2100억

차입금*
500억

금융파생**
5조 6000억

단위: 달러

*주식 매매 차입금
**파생상품 액면가 포함
(예: 보장 선물 거래가)

출처 WFE(World Federation of Exchanges), BIS(Bank for International Settlements), 기타 연례 및 분기보고서.

되고, 투기업자들이 다른 투자처에 쏟아붓는 데 악용되고 있다.

파생금융은 원래 향후 시세나 이율 변동에 따른 사업의 불안정을 막기 위한 것이었다. 그런데 점차 외환거래 자체가 투기업으로 전락하고 말았다. 가격 등락과 수확량, 심지어 날씨, 기후변화 결과에 따라 경쟁이 벌어지는 것이다. 이에 따라 그사이 파생상품의 주식거래 규모는 매일 6조 달러까지 부풀어 오르고 있다.[3] 이미 주식 파생상품의 액면가는 60조 달러로 세계 전체의 주가 총액을 넘어선 지 오래다. 더구나 이는 주식 이외에 거래된 파생상품은 포함하지 않은 금액이다.

대다수 금융업에는 실제 순수 생산은 포함되지 않는다. 그럼에도, 금융업은 어느 경제 분야와도 비교가 안 될 만큼 급성장하고 있다. 세계적으로 가장 높은 매출을 올리는 다국적기업 그룹들은 불과 몇 년 전만 하더라도 금융서비스업을 핵심 분야로 전혀 생각하지 않았다. 그런데 오늘날엔 상위 50개 다국적기업 중 1/3이 금융서비스업에 뛰어들고 있다.[4] 이 기업들의 시장권력은 크고 작음을 막론하고 은행과 펀드회사, 보험회사에 집중되고 있다.

특히 헤지펀드*의 비중도 점점 커지고 있다. 헤지펀드의 자산 총액은 현재 2조 달러에 이르는 것으로 추산된다.[5] 이런 유형의 펀드는 아무 제재도 받지 않은 채 엄청난 금액의 외부 자금을 끌어들여 큰 위험부담을 감수하면서 투기를 자행하고 있다. 이러한 행위는 이 펀드에 투자한 회사에 심각한 손해를 입힐뿐더러 금융시장 전체를 교란시킬 수 있다.

> **헤지펀드 Hedge Fund**
> 국제증권 및 외환시장에 투자해 단기이익을 챙기는 민간 투자기금.

---

1) 세계거래소연맹(World Federation of Exchanges) - 연례보고서(Annual Reports).
2) 국제결제은행(Bank for International Settlements) - 연례보고서(Annual Reports).
3) 국제결제은행(Bank for International Settlements) - 분기보고서(Quarterly Reviews).
4) 유엔무역개발회의(UNCTAD), 세계투자보고서(World Investment Report) 2006.
5) 월스트리트저널(Wall Street Journal) 2006. 8. 6 - 헤지펀드 산업 평가의 골칫거리(Double Trouble Valuing the Hedge-Fund Industry).

높아지고 낮아지고,
무.역.장.벽.의.
두 얼굴

세계무역은 이른바 트라이어드(Triade)라 불리는 삼각 핵심
지대에 의해 결정되고 있다. 제품 대부분은 북아메리카와
유럽, 아시아 사이에서 거래되고 있다. 물론 이 지역의 역내
교역도 점점 증가하는 추세다.

전 세계 수출품의 60%가량이 역내에서 판매되고 있다. 유럽 전체 수출품
의 3/4 정도는 다른 유럽 국가로 흘러가고 있다. 북아메리카에서는 수입품
의 절반 이상이 역내에서 유통되며, 이는 아시아의 경우에도 마찬가지다.[1]
1980년에 이러한 역내 교역은 전체 수출의 40%에 불과했다.

이 3대 경제지대(유럽, 북아메리카, 아시아)의 역내 교역만 증가한 것이
아니다. 수출 상품의 1/4이 이 세 지역 사이에서 거래되는데, 그 비율은
1980년부터 25년 동안 17%에서 24%로 상승했다. 이에 따라 기타 세계
지역 비율은 당연히 하락세에 있다. 1980년만 해도 아프리카, 라틴아메리
카, 구 소비에트연방이 세계무역의 1/3을 차지했지만, 지금은 그 비율이
당시의 절반으로 줄었다.[1]

숫자로 보는 세계화 교과서

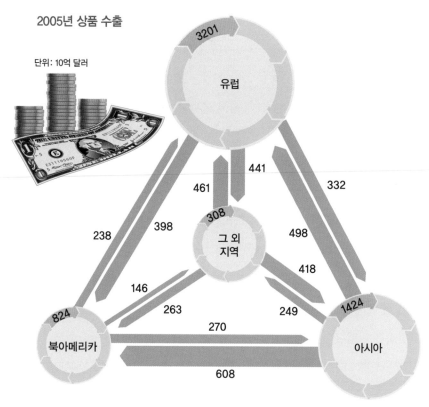

2005년 상품 수출

단위: 10억 달러

3201

유럽

441

461

332

308

그 외
지역

238   398   498

418

146

824   263   249   1424

270

북아메리카   아시아

608

출처 WTO – International Trade Statistics 2006.

최근에는 가난한 국가들의 상호 교역이 꾸준히 증가하면서 무역량이 세계무역의 10%에 이르고 있으나, 이러한 '남남 교역South-South trade' 역시 중국과 브라질 같은 몇몇 나라에 좌우되는 실정이다. 그사이 중국 수출품은 다른 지역에서 전체 제품 분야를 위협하고 있다. 예를 들면 남아프리카에서는 막 자리를 잡아 가던 섬유산업에서만 1만 명이 일자리를 잃었는데, 자국의 섬유제품이 싼 가격으로 밀려드는 중국산 제품과 도저히 경쟁이

되지 않았기 때문이다.[2]

　지난 수년간 전 세계적으로 무역장벽이 철폐되고 관세가 인하되었다. 특히 개발도상국은 지속적으로 자국 시장을 개방해 왔다. 반면 선진국은 자국의 무역장벽을 높고 견고하게 쌓아 왔는데, 농업 이외 분야의 특정 제품과 서비스 분야에서는 더욱 견고한 무역장벽을 구축해 놓고 있다.

　가난한 나라와 부유한 나라를 막론하고 각국은 자국 기업을 보호하려는 다양한 기준을 정해 놓고 있다. 그러나 선진국은 여전히 — 하나의 제품이 더 널리 유통되면 관세를 더 높게 매기는 식으로 — 관세를 단계별로 올리고 있다. 특히 '비관세 분야'의 무역장벽은 여전하다. 예를 들면, 북반구 선진국들은 자국의 농민들이 남반구 국가들과 귀찮은 경쟁을 벌이지 않게 하기 위해 매년 의회 표결을 여러 차례 거치게 하면서 특정 수입품 물량을 제한하는 방법을 동원하고 있다. 번거로운 온갖 규정과 고위 관료집단 역시 가난한 국가 수출품이 선진국 시장에 진입하기 어렵게 만들고 있다.

---

1) 세계무역기구(WTO) – 국제무역통계(International Trade Statistics) 2006.
2) 아프리카재생(Africa Renewal), 국제연합(UN) 2006 – 직물시장의 감소로 인한 일자리 상실(Loss of Textile Markets Costs African Jobs).

세계를
정.복.하.는.
관광객들

1960년 이후 외국 관광객은 무려 12배나 늘어났다. 조만간 외국 관광객 수는 전 세계적으로 연간 10억 명에 이를 것으로 전망된다. 새로운 지역이 속속 관광객에게 선을 보이고 있다.

관광산업의 발달은 세계화의 가장 전형적인 사례다. 1960년에는 전체 15개국이 세계 관광의 97%를 독점했다.[1] 그러나 오늘날엔 지구상의 거의 모든 곳이 관광지가 되면서 '관광지 TOP 15'의 시장점유율은 60% 이하로 떨어졌나. 1960년 세계 관광객은 전부 6,900만 명에 불과했는데, 2005년에는 무려 8억 명을 넘어섰다

테러 위협과 쓰나미(지진해일), 조류인플루엔자 그리고 보안 검색 강화에도, 외국 여행은 최대 성장 산업 가운데 하나다.

관광산업은 세계에서 가장 큰 산업 분야에 속한다. 선진국에서 관광은 국내총생산의 3~5%를 차지하고 일자리와 투자에도 큰 도움을 주고 있다. 개발도상국에서 관광산업이 차지하는 비율은 국내총생산의 30%까지 이

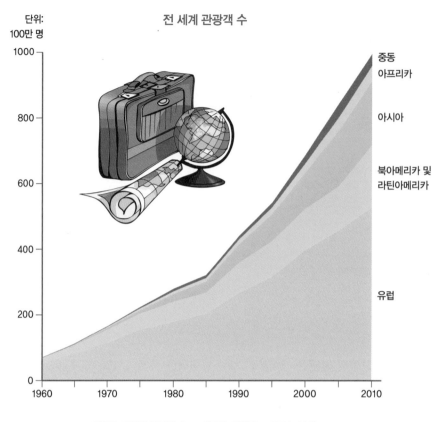

단위:
100만 명

전 세계 관광객 수

1000

중동
아프리카

800

아시아

600

북아메리카 및
라틴아메리카

400

200

유럽

0

1960   1970   1980   1990   2000   2010

대륙별·지역별 관광객 수 = 대륙별·지역별 그래프 높이 차

출처 UNWTO 2007.

르고 있다.[2]

관광은 가난한 국가의 발전에 큰 도움을 줄 수 있다. 관광 수입이 자국
민에게 고루 분배되고, 해당 지역의 자연과 문화가 경제적 이해에 의해 파
괴되지 않는다면 말이다. 이를 위해 관광 인프라 구조가 지역경제에 통합
되고 각 지방의 생활경제를 아울러야 한다.

숫자로 보는 세계화 교과서

그러나 많은 곳의 실상은 전혀 다르다. 식사 메뉴에서 사파리 버스에 이르기까지 관광객의 눈과 입을 즐겁게 해 주는 모든 것이 수입되며, 심지어 식수마저 관광산업을 위해 제약을 받기도 한다. 주민들이 마실 식수의 양은 통제하면서도 호텔 풀장에는 깨끗한 물을 항상 가득 채워 놓는 것이다.

관광산업에서 얻은 수익 대부분은 여행객의 본국으로 다시 흘러들어 간다. 관광 인프라 구축 비용은 대부분 해당 관광지 국가가 부담한다. 환상적인 해변으로 이름난 나라이면서도 국민이 극심한 경제적 고통을 겪는 몰디브는 이러한 불균형 사례를 가장 극명하게 보여 준다. 생업활동을 하는 몰디브 국민의 83%가 관광업에 종사하지만, 국민의 절반은 하루 1달러 미만으로 생활하는 처지다.[3]

---

1) 독일개신교지원처(EED: Evangelischer Entwicklungsdienst) 투어리즘워치(TourismWatch) 2006. 9.
2) 유엔세계관광기구(UNWTO) – 뉴스릴리스(News Releases) 2006. 11.
3) 론 오그래디(Ron O'Grady), 세계교회협의회(World Council of Churches) 2006 – 관광의 위협, 교회에의 도전(The Threat of Tourism, Challenge to the Church).

POVERTY

03
밀레니엄개발목표

전 세계의 가난을 절반으로 줄이는 방법

하루 벌이가 채 2달러가 되지 않는 사람들이 26억 명이나 된다. 매년 아동 1100만 명이 죽어 가고, 그중 절반 정도가 영양실조와 그로 인해 저항력이 떨어져서 죽어 간다. "2015년까지 전 세계의 가난을 절반으로 줄이겠다"는 밀레니엄개발목표는 이루어질 수 있을까?

◆

유엔은 전 세계적으로 2015년까지 빈곤을 절반으로 줄이겠다는 계획을 세웠다. 2000년 9월 미국 뉴욕에서 열린 이른바 유엔 밀레니엄 정상회의에서 선언된 밀레니엄개발목표로, 주요 원칙은 다음과 같다.

- 하루 1달러도 채 안 되는 돈으로 생활하는 사람들을 50% 줄인다.
- 굶주리는 사람들을 절반으로 줄인다.
- 모든 아이들이 적어도 초등교육을 받을 수 있도록 한다.
- 아동 사망률(5세 미만)을 2/3, 산모 사망률은 3/4 줄인다.
- 깨끗한 물과 위생시설을 접하지 못하는 사람들을 절반으로 줄인다.
- 가장 심각한 전염병 확산을 막는다.

그러나 아래의 원대한 목표에 관한 구상의 구체성과 검증은 다소 미약하다.

- 교육과 직업에서 양성평등을 실현한다.
- 모든 나라에서 지속가능한 환경 정책을 정착시킨다.
- 숲을 보존하고 다양한 생물 종을 보호한다.
- 부유한 나라와 가난한 나라 간의 글로벌 경제 파트너십을 확립한다.

● 최빈국에 대한 채무를 계속 탕감해 주고 채무이행 부담을 줄여 준다.

● 개발도상국가들 내에 정규직 일자리를 창출한다.

밀레니엄개발목표가 정해진 후 지금까지 과연 어떠했는가? 몇몇 목표는 구체적으로 달성되리라 보이는데, 무엇보다 중국의 성장 추세가 워낙 크기 때문이다. 그러나 통계치를 볼 때, 다른 지역에서는 책정된 예산이 형편없이 적다. 사하라 남부 아프리카 지역에서는 밀레니엄개발목표 가운데 단 하나도 실현될 수 없을 것으로 보인다. 오히려 정반대의 상황이 나타나고 있다. 굶주리는 사람이 다시 늘어나고, 산모 사망률 및 아동 사망률은 여전히 심각한 수준에서 떨어질 줄 모르며, 깨끗한 물과 위생시설 공급은 1990년 이후부터 달라진 것이 없다.[1]

반면, 라틴아메리카 국가 대부분은 밀레니엄개발목표 가운데 일부는 이룰 것으로 예상된다. 무엇보다 아동 사망률 항목과 교육 분야 및 전염병 퇴치에서 라틴아메리카 대륙은 성공을 거두고 있다는 보고가 나온 바 있다. 하지만 구 동유럽권의 많은 나라, 특히 지금은 독립국인 구 소비에트연방에 속했던 나라들의 상황은 여전히 열악하다.

밀레니엄개발목표를 계속 달성하려면 다음과 같은 조치가 필요하다.[2]

- 저개발국 원조기금을 매년 최소한 9% 정도 늘려야 한다.
- 개발도상국 스스로 밀레니엄개발목표를 위해 더 많은 투자를 해야 한다.
- 최빈국 스스로 국가 수입을 늘리는 데 노력하고, 그 수입을 의미 있게 사용해야 한다.
- 조세수입 개선을 도모해 더 많은 예산을 빈곤 퇴치에 투여해야 한다.

부가가치세 도입(세계은행과 국제통화기금의 처방)은 문제의 소지가 있는데, 왜냐하면 가난한 사람에게도 이 세금이 적용되기 때문이다. 지금처럼 소득세와 재산세는 전혀 올리지 않고, 외국계 기업이 거둔 이익금에 대한 면세 혜택은 계속되며, 거대 부동산 소유주들이 실질적으로 토지세를 내지 않는 상황이 이어진다면, 다수 주민에게 온전한 혜택이 돌아갈 수 없다.

많은 개발도상국의 국가소득에서 핵심을 차지하는 것이 수입관세였다. 그러나 1955년부터 세계은행, 국제통화기금, 세계무역기구 등의 압력으로 개발도상국의 소득액은 당시 17%에서 8%로 급락하고 말았다.[3]

공공재정에서 더욱 끔찍스러운 현상은 바하마나 케이맨 제도, 스위스, 리히텐슈타인, 베네룩스(벨기에, 네덜란드, 룩셈부르크) 등 이른바 '세금 천국'으로 자본 유출이다. 이 금융국들은 수십 년 전부터 가난한 나라의 일부

부패한 권력자들이 착복한 도피자금을 관리하면서 이윤을 챙기고 있다. 어느 연구보고서에 따르면, 1970~96년에 아프리카에서 부패한 권력자들에 의해 '안전한' 계좌로 흘러든 돈만 해도 무려 2,740억 달러에 이른다.[4] 아프리카 국가들이 이자를 포함해 이 돈을 모두 반환받을 수만 있다면, 외채를 모두 탕감받고 밀레니엄개발목표 자금 마련에 전혀 문제가 없을 것이다.

개발도상국에서 밀레니엄개발목표를 실현하려면 단지 원조금을 늘리는 것보다 더 많은 노력이 따라야 한다. 먼저 무역과 금융 체계 전체를 재검토해야 한다. 많은 이들은 밀레니엄개발목표의 틀 내에서 빈곤 퇴치를 위한 효과적인 방법은 마련되지 않았다고 보고 있다. 이들은 유엔의 의지에 따른 이 목표가 본질적으로는 빈곤을 낳고 빈부 격차를 심화시킬 뿐인 경제 정책 수단으로 전락할 것이라고 비판한다.

1) 세계은행(World Bank) - 세계개발평가보고서(Global Monitoring Report) 2007.
2) 유엔무역개발회의(UNCTAD) - 세계경제동향및전망(World Economic Situation and Prospects) 2007.
3) 세계은행(World Bank) - 세계발전지수(World Development Indicators) 2005, 2007.
4) 프로젝트 신디케이트(Project Syndicate) 2003 - 아프리카의 정당성이 결여된 외채(Africa's Odious Debts).

26억 명,
극.단.적.인. 빈.곤. 상.태.에.
처하다

절대 빈곤 기준을 하루 수입 1달러 미만으로 볼 때, 절대 빈
곤층 비율은 줄고 있다. 그럼에도 개발도상국 국민 가운데
절반은 여전히 채 2달러가 안 되는 수입으로 하루를 살아가
고 있다.

2015년까지 최악의 빈곤 상태에 있는 사람을 절반으로 줄이겠다는 밀레
니엄개발목표는 이루어질 것으로 보인다. 개발도상국에서도 이들의 비율
은 28%에서 19%로 줄어들었다. 특히 중국과 남부 오세아니아에서는 이
미 목표를 초과 달성했다. 반면, 아프리카와 남아시아에서는 이 목표에 이
를 가능성이 거의 없으며, 라틴아메리카에서도 목표를 향한 발걸음은 더
디기만 하다.[1]

그러나 우리가 최악의 빈곤이라는 기준을 하루 수입 2달러 미만으로 정
하면, 상황은 아주 달라진다. 이 기준에 미치지 못하는 사람은 여전히 26
억 명이나 된다. 이는 1990년과 같은 수치다. 더욱이 중국을 제외하면 하
루 2달러 미만 빈곤층은 1990년 18억 명에서 2007년 21억 명으로 오히려

숫자로 보는 세계화 교과서

하루 수입이 2달러 미만인
개발도상국 주민 비율

2달러 이상

1달러 미만
(10억 명)

1~2달러
(16억 명)

동아시아 + 태평양

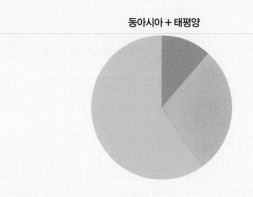

동유럽 + 중앙아시아 북아메리카 + 근동 라틴아메리카

사하라 남부 아프리카 남아시아

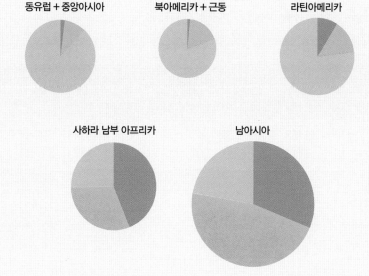

출처 World Bank – Global Monitoring Report 2007.

늘어났다.

　남아시아와 사하라 남부 아프리카의 상황은 더욱 심각하다. 이 지역 주민 3/4이 하루 2달러 미만의 빈곤 상태에 방치되어 있다. 구 동유럽권이 붕괴된 직후부터 중부 유럽과 중앙아시아에서도 빈곤층이 꾸준히 늘고 있다. 현재 이곳에 사는 10명 가운데 한 명꼴로 하루 생활비가 2달러도 안 되는 극빈층이다.

　최근 여러 아프리카 국가와 인도의 경제성장세가 눈에 띄게 빠르게 진행되고 있지만, 이것만으로는 충분하다고 할 수 없다. 과거에도 통계상 나타난 복지 확충이 실질적으로 빈곤층까지 미치는 예가 매우 드물었기 때문이다. 예컨대 중국과 남부 오세아니아의 성공은 교육 및 의료 시스템에 대한 지속적인 투자와 결합되지만, 아프리카 국가 대부분은 그 혜택과는 한참 동떨어져 있기 때문이다. 더욱이 에이즈는 특히 남아프리카 국가가 발전하는 데 발목을 잡는 심각한 상황이다.

　최빈국에서는 주민 약 70%가 농업에 종사하고 있다. 이들이 고소득을 올릴 기회를 얻으려면 농업 분야 지원이 더 많이 늘어야 한다. 하지만, 지원 정책은 주로 도시에 집중되고 있다. 특히 선진국들은 자국 농업에 대해서는 엄청난 보조금을 지급하면서 덤핑 가격으로 최빈국의 시장을 교란하고 있다.

1) 유엔(UN) – 밀레니엄개발목표보고서(The Millennium Development Goals Report) 2006.

　숫자로 보는 세계화 교과서

평균 체중 미달로
죽.어.가.는.
아이들

굶주리는 사람을 절반으로 줄이겠다! 이 밀레니엄개발목표
에는 평균 체중에 미달하는 아동 비율을 절반으로 줄이겠
다는 목표도 포함되어 있다. 그러나 만 5세 미만 아동의 영
양 상태가 가시적으로 개선되는 지역은 동남아시아뿐이다.

매년 아동 사망자는 1,100만 명에 이른다. 이들 가운데 절반 정도는 사소
한 질병에도 견디지 못하고 사망하는데, 영양실조와 그로 인해 충분한 저
항력을 키우지 못해서다.[1]

　1990년 개발도상국들의 5세 미만 아동 가운데 약 1/3이 저체중 상태였
으며, 2007년에도 이 비율은 28%에 이른다.[2] 굶주리는 사람의 전체 비율
을 절반으로 줄이겠다는 야심 찬 목표에 비춰 볼 때, 개선 속도는 지지부진
하기만 하다. 더욱이 5세 미만 아동 사망률을 2/3 줄이겠다는 후속 밀레니
엄개발목표를 이루는 데는 시간이 더 걸릴 것으로 보인다. 평균 체중 미달
인 아동 비율을 5%만 줄여도 아동 사망률을 30%가량 떨어뜨릴 수 있다는
주장도 나오고 있다.

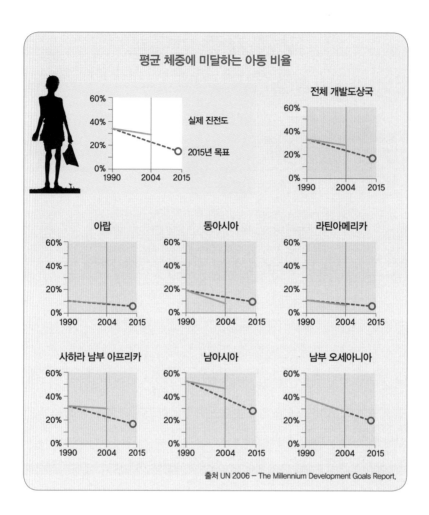

평균 체중에 미달하는 아동 비율

출처 UN 2006 – The Millennium Development Goals Report.

　충분한 식량은 단지 아동 사망률에만 큰 영향을 끼치는 것이 아니라 어른이 되었을 때 삶의 질을 미리 결정짓기도 한다. 인생에서 아동기만큼 두뇌 발전이 빠르게 진행되는 시기도 없다. 그래서 아동기는 언어 사용력 형성, 사회 및 인지 능력에 중요한 초석이 되는 시기이기도 하다. 굶주림의 고통 속에 어린 시절을 보낸다면, 그에 따른 결손은 그 이후 어느 시기에도 완전히 만회할 수 없다(사회적 무관심과 냉대를 겪는 아동들의 고통도 이와 비슷하다).

매년 체중 미달 상태로 태어나는 신생아가 2,400만 명에 이른다. 원인은 주로 산모의 영양 상태가 아주 열악하기 때문이다. 여성 지원 프로그램은 곧 신생아에게 도움이 된다. 아이들에게 도움을 주려면 먼저 어머니에게 도움의 손길을 내밀어야 한다는 말은 지극히 타당하다. 이를 위해 필요한 것은 특히 여성에게 가해지는 불이익과 맞서 싸우려는 노력이다. 이를테면, 남아시아의 많은 곳에서 여성과 여자아이들의 식탁 위에 오르는 영양분은 남성 식구가 섭취하는 영양분의 절반에 불과하다.[3] 유엔개발계획의 2006년 인간개발보고서는 "굶주림은 유전적인 성격이 있다"고 밝힌다. 충분한 영양을 섭취하지 못한 산모가 체중 미달인 아이를 낳게 되고, 태어난 아이가 여자아이라면 이들이 자라 또 체중 미달인 아이를 낳는 악순환이 되풀이되는 것이다. 산모들이 충분히 먹을 수만 있다면, 신체장애를 안고 태어나는 신생아를 1/3 정도는 줄일 수 있을 것이다.[4]

아동의 영양과 건강에 대한 투자는 재정적 관점에서도 사회에 큰 이익이 된다. 좋은 조건에서 삶을 시작하는 아이들은 질병의 고통에 빠질 위험도 덜하며, 생산 활동을 더 잘할 수 있고, 높은 교육 및 생활수준에 더 쉽게 이를 수 있을 것이다. 유엔아동기금(유니세프)은 아동의 성장을 위해 지원하는 1달러가 나중에는 국가에 7달러의 이익으로 되돌아온다고 추산한다.

---

1) 유엔식량농업기구(FAO) – 세계식량불안현황(The State of Food Insecurity in the World) 2005.
2) 유엔(UN) – 밀레니엄개발목표보고서(The Millennium Development Goals Report) 2006.
3) 세계인을 위한 빵(Brot für die Welt, 2007) – 굶주리는 여성 실태(Hunger hat ein weibliches Gesicht).
4) 유니세프(UNICEF) 2006 – 삶의 출발(Der Start ins Leben).

26억 명,
위.생.시.설. 없.이.
살아가다

개발도상국 국민 절반이 위생시설을 전혀 갖추지 못한 환
경에서 생활하고 있다. 특히 아프리카와 남아시아에서는
이에 대한 개선책도 전혀 마련되지 않고 있다. 그 때문에 누
구보다도 아동에게 치명적인 결과를 가져오고 있다.

페루에서는 각 가정의 화장실을 수세식으로 바꾸기만 해도 신생아의 생존
율을 거의 60%나 올릴 수 있다고 한다. 이집트에서도 이와 비슷한 데이터
가 나왔다.[1] 달리 말해, 깨끗한 화장실을 갖추기만 해도 첫돌도 채 되기 전
에 죽는 전체 영아의 절반 이상을 살릴 수 있다는 것이다.

위생시설이 없는 상황의 실상은 이렇다. 전 세계적으로 26억 명이 집 밖
에서, 야외에서 대소변을 보는데, 그것도 정화조 같은 배설물 처리시설이
없어서 일회용 비닐에 처리하고 있다. 이 때문에 수억 명이 먹는 물 공급이
크게 위협받고 있다. 식수가 요리하고 빨래할 때 나오는 물과 하수 용수와
마구 뒤섞여 온갖 오물과 배설물로 오염되는 것이다.

결과는 끔찍하기 그지없다. 매년 아동 180만 명이 설사로 죽어가는데,

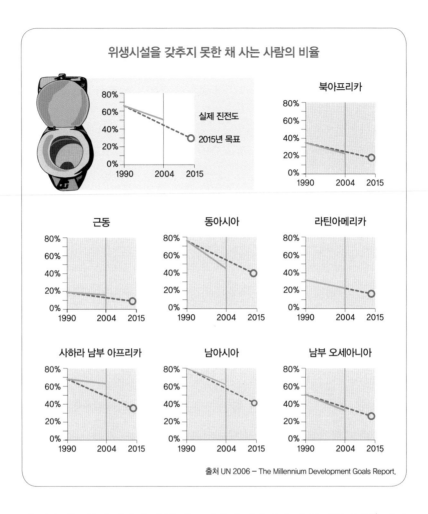

위생시설을 갖추지 못한 채 사는 사람의 비율

북아프리카

실제 진전도

2015년 목표

근동

동아시아

라틴아메리카

사하라 남부 아프리카

남아시아

남부 오세아니아

출처 UN 2006 - The Millennium Development Goals Report.

이 가운데 3/4이 사하라 남부 아프리카와 남아시아 지역 아동이다.[2] 이곳에서는 지금도 인구의 60%가 위생시설을 전혀 갖추지 못한 채 살아가고 있다.

그러나 대부분 나라에서 이 끔찍하고 참담한 위생 환경에 대한 공개적인 논의는 거의 찾아볼 수 없다. 이것은 분명 '사회적 해결능력' 차원의 문

제가 아니라 인권과 직접 관련 있는 문제이며 빈곤 퇴치 및 교육에서 체계
적인 진보를 저해하는 문제이기도 하다.

　각 학교에 적절한 위생시설이 없어서 특히 수많은 여자아이가 사춘기가
한참 지난 후에도 등교할 수 없을 정도다. 유엔개발계획은 사하라 남부 아
프리카 지역의 여자아이 가운데 절반이 단지 위생시설 미비로 학교를 떠
나고 있다는 조사 결과를 내놓은 바 있다.[1] 아시아의 몇몇 나라에서 벌인
설문조사에 따르면, 여성들은 사람다운 대접을 받는 건강한 생활의 가장
중요한 요소로 화장실을 꼽았다.[1]

　파키스탄 대도시 카라치 근교의 불법 거주지 오렌지타운에서는 1980년
대 주민들이 9만 가구가 넘는 가정에 위생시설을 설치했다. 이러한 자발적
인 실천을 통해 신생아 1,000명당 130명이던 영아 사망률은 40명으로 뚝
떨어졌다.[3] 이러한 사례는 비단 파키스탄에서만 찾을 수 있는 것이 아니
다. 방글라데시는 비정부기구[NGO]와 당국의 지원을 통해 전국에 위생시설
을 설치할 계획을 세웠다. 인도와 중국, 캄보디아와 잠비아에서도 비슷한
캠페인을 계획하고 있다.

---

1) 유엔개발계획(UNDP) – 인간개발보고서(Human Development Report) 2006.
2) 세계보건기구(WHO) 2005 – 세계보건보고서(World Health Report).
3) 유엔인간정주위원회(UN-Habitat) 2006 – 아시아 도시를 위한 수자원 프로그램(Water for Asian Cities
　Programme).

"모든 사람이 최소한
초.등.학.교. 졸.업.장.을.
받게 한다"

2015년까지 모든 아이가 학교 교육을 받고, 적어도 초등학교는 마칠 수 있게 한다는 계획이 세워졌다. 그러나 이 밀레니엄개발목표가 아프리카와 아시아에서는 이루어질 수 없을 것으로 보인다.

초등학교를 무사히 마치는 아동이 얼마나 되는지 추정하기는 쉽지 않다. 물론 초등학교를 졸업하는 아동 비율은 확인되었지만, 많은 아이가 학교 등록은 해 놓고 간헐적으로만 수업에 참여하기 때문이다. 게다가 많은 아이가 학년 말에 초등학교를 떠나곤 한다. 정식 졸업장이 없어서 상급학교에 진학할 기회마저 얻지 못하는 것이다.

유엔교육과학문화기구(유네스코)와 세계은행은 초등학교 전 과정을 무사히 마치는 개발도상국 아동 비율이 약 84%라고 추정한다.[1) 이는 1990년보다는 4%가 높아진 수치다. 물론 '모든 사람에게 완전한 초등교육 제공'이라는 밀레니엄개발목표 달성은 아직 요원하기만 하다. 특히 최빈국 아동이 모두 초등학교를 온전히 마칠 수 있는 여건이 마련되어 있지 않다.

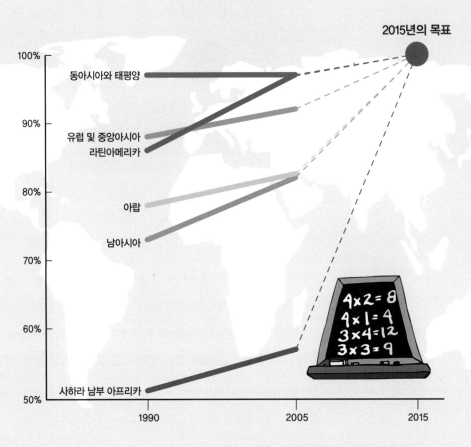

초등교육 현황과 밀레니엄개발목표

2015년의 목표

100%

동아시아와 태평양

90%

유럽 및 중앙아시아
라틴아메리카

80%

아랍

남아시아

70%

60%

50%

사하라 남부 아프리카

1990   2005   2015

$$4 \times 2 = 8$$
$$4 \times 1 = 4$$
$$3 \times 4 = 12$$
$$3 \times 3 = 9$$

출처 UNESCO – EFA(Education for All) Global Monitoring Report 2007;
UN – The Millennium Development Goals Report 2006.

숫자로 보는 세계화 교과서

1990년만 하더라도 아프리카 아동의 1/4이 초등학교에 갈 기회조차 얻지 못했다. 그러나 오늘날엔 적어도 90%가 특정 시간에는 수업에 참여하고 있다. 물론 아프리카 아동 10명 중 4명이 여전히 학업을 중단하고 있는데, 부모가 돈이 없거나 아이들이 가족 생계를 떠맡아야 하기 때문이다. 더욱이 에이즈가 학업을 방해하는 일이 더욱 빈번해지고 있다. 에이즈로 부모나 교사가 사망하면서 수업이 중단되기 때문이다.

개발도상국에서 초등학교를 마치는 남자아이가 100명이라면, 여자아이는 90명에 불과하다. 이 격차는 점점 줄어드는 추세이며,[2] 남아시아 상황도 비슷하다. 그래서 여자아이들의 초등교육 기회도 이전보다는 훨씬 나아지고 있다. 유엔 보고서에 따르면, 2000년 이후 6년간 이 비율은 63%에서 78%로 높아졌다.[2] 물론 이러한 진전된 보고서를 접하고 만족하기엔 다소 조심스럽지만, 인도에서도 여성 차별을 완화하는 방향으로 교육정책이 세워지는 것만은 분명하다.

교육 분야에서 성별 차이보다 더 큰 것이 바로 도시와 농촌 간의 격차다. 각국 정부는 도시 중심지를 의도적으로 지원하면서 농촌 지역은 내버려 두고 있다. 이는 학생과 교사에 대한 지원에서도 마찬가지다. 그래서 수많은 가구가 고향 농촌을 떠나 도시로 몰려들고 있다. 부모가 자녀에게 더 나은 교육 기회를 제공하려는 희망 때문이다.

1) 유네스코(UNESCO) – '모두를 위한 교육' 지구보고서(EFA Global Monitoring Report) 2007.
2) 유엔(UN) – 밀레니엄개발목표보고서(The Millennium Development Goals Report) 2006.

노동하는 여성,
차.별.받.는.
여성

> 임금노동 환경에서 여성 비율이 높아지고 있다. 그동안 공식 통계에 따른 전 세계 생업 활동 종사자 29억 명 가운데 여성 비율은 약 40%에 이른다. 물론 지역별로 편차가 크다.

1990년대 중반에 비해 일자리를 얻은 여성이 약 2억 명이나 늘어났다.[1] 물론 공식적으로 실업 상태에 있다고 보고된 8,200만 명에 이르는 여성의 수치 역시 새 통계 현황에 덧붙여졌다.[2]

비록 '노동의 여성화'가 지속되고 있지만, 노동 생활에서 남녀의 동등한 권리 실현에는 근접하지 못한 상황이다. 여전히 (남성에 비해) 여성이 받는 임금은 열악하며, 차별은 달라지지 않았다. 직업의 안정성과 직장 내 지위에서도 남녀 간에는 아직도 차별이 심하다. 국제노동기구는 '직업 활동자 중 빈곤층의 여성화'에 대해 지적한 바 있다.[2]

더욱이 전 세계적으로 정규직은 줄고 비정규직은 오히려 늘어나는 추세다. 그뿐만 아니라 여전히 많은 여성이 길거리에서 성매매를 통해 근근이

임금노동을 하는
여성 비율

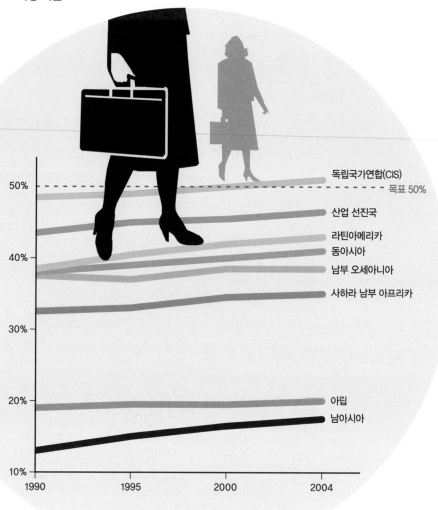

출처 UN 2006 – The Millennium Development Goals Report.

목숨을 이어가고 있으며, 형편없는 대우를 받는 가내노동을 감수하고 있다. 이러한 노동 상황이지만 여성에 대한 법적인 보호나 사회보장이 없음은 물론이다. 국제노동기구에 따르면, 사하라 남부 아프리카와 동남아시아 노동 여성의 40%가 가족 전체의 생계를 떠맡고 있으며, 특히 남아시아에서는 그 비율이 무려 60%에 이른다.[2]

그동안 읽고 쓸 줄 아는 여성의 수는 확연히 늘었다. 그럼에도 젊은 여성들은 여전히 상급학교 진학과 직업교육에서 남성과 동등한 권리를 누리지 못하고 있다. 이로 인해 여성들이 앞으로 노동 생활에서 받게 될 불이익과 차별은 이미 결정된 셈이다.

임금노동자임에도 하루 임금이 1달러도 안 되어서 절대빈곤 기준에도 미치지 못하는 생활을 하는 이른바 '노동빈곤층working poor'[2] 가운데 여성 비율은 2/3에 이르며, 이 비율은 최근에도 변함이 없다.

양성평등을 촉진하겠다는 밀레니엄개발목표조차 여성의 실제 생활에 대한 어떤 구체적인 언급도 없다. 예를 들면, 남성의 수입이 줄어들 것이라는 이유로 남녀 간 임금 격차에 대해 말하는 사람이 거의 없다. 또한, 몇몇 아프리카 지역에서는 점점 많은 남자아이가 가난 때문에 학교에 가는 대신 일을 하게 됨으로써 남녀 아동 사이의 진학률 격차가 점차 좁혀지기도 한다.

1) 국제노동기구(ILO) – 세계여성의날 보고서(Fact Sheet for International Women's Day) 2007.
2) 국제노동기구(ILO) – 세계여성고용동향(Global Employment Trends for Women), Update 2007.

디지털 격차라는
새.로.운.
그림자

((•))

> 글로벌 시대에 들어서면서 데이터와 정보를 얼마나 빠르게
> 활용할 수 있느냐가 점점 중요해지고 있다. 전화 연결과 인
> 터넷 접근성은 거의 모든 발전 분야에서 정보통신 기술의
> 핵심으로 간주된다.

전 세계적으로 '온라인' 생활자, 즉 인터넷 사용자가 10억 명이 넘고 유무
선 통신과 휴대폰을 쓰는 인구도 20억 명을 넘어섰다.[1] 그러나 이러한 현
대 정보통신 수단 접근성도 지역별로 격차가 크다. 선진국에서는 100명당
전화기가 130대가 넘지만 개발도상국에서는 아직 35대에 그치고 있다. 더
심각한 것은 인터넷 사용에서 나타나는 격차다. 선진국에서는 2명 중 한
명꼴로 인터넷에 접속하고 있지만, 개발도상국에서는 14명 중 한 명꼴이
며 최빈국의 인터넷 사용 비율은 130명 중 한 명꼴에 불과하다.[1]

하지만, 가난한 나라들도 서서히 '디지털 격차'를 좁혀가고 있다. 이미
포화 상태에 이른 북반구 선진국보다 개발도상국에서 전화와 인터넷 보급
률과 성장률이 확연히 높아지고 있다. 10년 전만 하더라도 인터넷 사용자

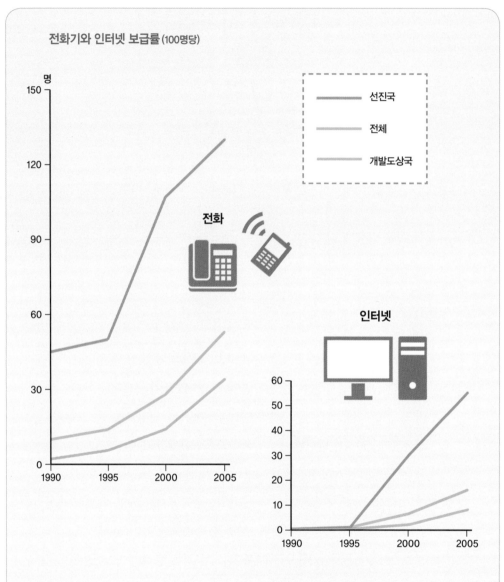

전화기와 인터넷 보급률 (100명당)

명

150

120

90

60

30

0

1990   1995   2000   2005

선진국

전체

개발도상국

전화

인터넷

60
50
40
30
20
10
0

1990   1995   2000   2005

출처 ITU 2007 – World Telecommunication Indicators Database; ITU 2006 – ICT Statistical Database; UN – The Millennium Development Goals Report 2006.

숫자로 보는 세계화 교과서

의 90%가 북아메리카와 서유럽에 집중되었지만 지금은 40%로 떨어졌다.

전형적인 인터넷 사용자층은 남녀 모두, 학생이거나 35세 미만의 도시 거주자다. 선진국에서는 인터넷을 접하는 여성과 노인도 급속히 늘고 있다. 반면 개발도상국에서는 성별, 교육수준별, 연령별, 거주지별 차이가 인터넷 접근성에서 격차를 나타내는 요소다.

경제, 연구 및 의학 분야, 학교, 병원, 주요 농업 자문기관, 기상예보, 증권 및 은행 업무 등을 막론하고 온라인 데이터의 중요성은 점점 높아지고 있다. 따라서 인터넷 접근 및 활용도는 발전을 위한 중요 조건이 된다. 더욱이 정치적 효과도 더해지고 있다. 인터넷 활용도가 높아지면서 검열과 자유로운 의견 표현의 권리 제한이 점점 어려워지고 있다. 시민운동과 인권단체들은 인터넷을 엄격히 규제하는 나라에서도 인터넷망을 활용하고 있다.

2007년 유엔과 몇몇 주요 IT업체는 인터넷 보급을 위한 협력에 합의했다. 그 핵심 계획은 광케이블 연결을 더욱 가속화하고 노트북 컴퓨터 보급에 전력하겠다는 것이다. 매사추세츠공과대학은 이익을 남기지 않고 개발도상국 정부를 통해 그 나라 어린이들에게 나누어 줄 100달러짜리 노트북 컴퓨터를 개발했다. 인텔은 저렴한 상업용 전산기를 보급하고 초고속 연결망을 확충하기로 했다. 물론 회의적인 견해를 보이는 전문가도 많다. 하지만, 이러한 노력은 단지 기술의 대량 보급만으로 지속적인 발전을 촉진하려는 첫 사례일 것이다.

1) 국제전기통신연합(ITU) 2007 – 세계통신지표 데이터베이스(World Telecommunication Indicators Database).

UNDEVELOPMENT

04
저개발국 원조기금

과연 누구를 위한 프로젝트인가?

2002년까시 선신국들은 서개발국 원조기금을 580억 딜러에서 1000억 딜러로 대폭 올렀다. 하지만 기금은 선진국들이 부리는 통계상의 잔꾀로 저개발국의 빈곤 퇴치에는 거의 쓰이지 않는다. 선진국들은 원조기금을 저개발국의 산업 민영화 수용 등과 연관시키고 있다.

1960년 유엔 총회 본회의에서는 가난한 나라들을 위해 각 선진국이 국민 총생산액의 0.7%를 지출하도록 하는 결의안이 가결되었다. 당시 선진국들의 저개발국 원조기금은 0.5%였다. 그러나 오늘날 부유한 국가의 공식적인 저개발국 원조 분담금은 0.3%에 그치고 있으며, 이조차 그나마 최대한 추산한 수치다. 1960년과 달리 지금은 행정 비용과 망명자를 위한 지출액, 개발도상국 출신 학생의 유학 비용, 심지어 받아들이지 않은 난민 추방비용까지 이 기금에 포함하고 있다.

1960년대에 이 대규모 기금프로젝트는 거대한 제방이나 산업시설 설비에 투입되었다. 하지만, 그렇게 해서 가난한 나라들이 산업화 시대를 단기간에 맞이하게 할 수는 없었다. 1970년대 말부터 기본적으로 필요한 정책은 만병통치약이 아니었다. 그동안 발전이 포괄적으로 이루어져야 한다는 사실을 깨달은 것이다. 최빈국을 위한 직접적인 지원은 경제, 교육, 의료, 보건, 국제관계 등 각 분야에서 구조적인 개선책으로 이어져야 한다. 그러나 무엇보다도 저개발국의 노력이 없다면, 외부 도움은 성공할 수 없다. 민주적 구조와 효율적 행정을 위한 노력이 자본 유출과 광범하게 만연된 부패와의 싸움 못지않게 중요하다. 저개발국 원조기금은 개별 국가에는 아주 중요하지만, 이 원조기금 총액은 개발도상국 전체 국내총생산의 1%에 불과하다.

숫자로 보는 세계화 교과서

그리고 저개발국 원조기금이 수혜국의 이해보다는 지원하는 선진국의 이해에 기여하는 경우가 아주 많다. 1980년대만 하더라도 독일 정부는 "저개발국 원조기금 1마르크는 독일 산업에 1.20마르크의 가치로 되돌아온다"고 밝힌 바 있다.[1] 그리고 오늘날에도 G8 선진국의 지원금 가운데 40%가 이들 지원국의 서비스업 분야와 관련되어 있다.[2] 독일을 예로 들면, 저개발국 원조기금을 10억 유로 지원했다면, 30억 유로의 수출이나 100억 유로의 국내총생산, 20억 유로의 공적 수입을 올리는 효과를 얻고 있다.[3] 선진국의 저개발국 원조기금은 지금도 여전히 최빈국의 희생을 대가로 가혹한 민영화와 자유화 수용 조건과 연관시키고 있다.

저개발국 원조기금은 중요하다. 하지만, 그것은 부유한 나라와 가난한 나라의 관계에서 사소한 한 부분일 뿐이다. 선진국이 자국 농민에게 지원하는 농업 보조금만 해도 저개발국 원조기금의 4배에 이른다. 그리고 이 보조금은 가난한 국가의 농민에게 도움을 줌으로써 다시 이익을 얻게 하기보다는, 그 반대로 엄청난 피해를 주고 있다. 관세와 불공정 무역장벽을 통해 선진국은 개발도상국에 재가공 공장을 세우는 데 재정 지원을 해 주는 것 이상으로 개발도상국에 더 큰 피해를 주고 있다. 선진국들은 국제 특허권 규정을 통해 여러 개발도상국에 대한 핵심 의약품 공급을 극단적으로 방해하고 있다. 개발도상국들은 원조기금 전부를 쏟아부어도 의료 서비스 구축 비용을 충당할 수 없을 정도다.

이른바 긴급구호기금은 공식 산정되긴 했지만 원래 저개발국 원조기금에 포함되지 않은 항목이었다. 이 구호기금은 재난 사고가 생겼을 때 재난 피해자들의 긴급 숙박시설과, 시급한 식량난이 발생했을 때를 대비하기 위한 기금이다. 그런데 이 긴급구호기금 역시 문제투성이다. 예컨대, 미국은 오로지 자국 농민의 이익을 위해 자국산 곡물 제품만을 구호지역에 보내고, 다른 나라도 가능한 한 자국 농민을 보호하고 덤핑 효과가 사라지지 않도록 인근 지역에서 식량을 구입하고 있다.

최근 선진국 정부들은 저개발국 원조기금 마련을 위한 새로운 방법을 모색하고 있다. 2006년, 20여 개 국가는 항공료 세금을 인상하겠다고 선언했다. 수익금 일부를 저개발국의 보건프로젝트를 위해 사용하겠다는 것이다. 그동안 40여 개 국가는 저개발국 지원의 폭을 넓히기 위한 '혁신적 개발제안 리딩 그룹'을 결성했다.

저개발국 원조기금이 주로 어디에 쓰이는지에 대한 비판과 관료주의적 집행 방식에 대한 비판도 종종 제기된다. 경제협력개발기구 개발원조위원회는 다른 지원 선진국과 마찬가지로 독일에 대해 「개발원조위원회 동료 검토서」를 발표했다. 2005년 12월 발표된 보고서는 독일의 노력에 대해 긍정적으로 평가하면서도 '빈곤 퇴치를 위한 싸움에 더 중점을 둘 것'

을 권고했다.[4] 독일의 지원을 받는 주요 수혜국이 최빈국이 아니라 독일의 경제와 안보 이해에 가장 중요한 국가라면 단순한 문제가 아니다. 당시 독일의 저개발국 원조기금 수혜를 받은 'Top 5' 국가는 세르비아 – 몬테네그로(2006년에 '세르비아'와 '몬테네그로'로 분리되었다.), 인도, 중국, 팔레스타인, 인도네시아였다.

1) 독일연방 경제개발부(BMZ) 언론인을 위한 핸드북(Journalistenhandbuch, diverse Jahrgänge).
2) 옥스팜(Oxfam) 2006 – 정상들의 전망 – 글렌이글스 G8 정상회담 1년 후(Der Ausblick vom Gipfel – Gleneagles G8 ein Jahr später.
3) 독일연방경제개발부(BMZ)-online 2007 – 2007 예산(Haushalt 2007): Entwicklungspolitik mit Aufwärtstrend.
4) 경제협력개발기구(OECD) – 독일(Germany), 개발원조위원회 동료 검토서(DAC Peer Review) 2005: 연구결과와 권고사항(Main Findlings and Recommendations).

통계상 부풀려진
저.개.발.국.
원조기금

2002년까지 부유한 선진국은 공식적인 저개발국 원조기금
을 580억 달러에서 1000억 달러로 대폭 올렸다. 그러나 실
태는 전혀 다르다. 이 기금이 빈곤 퇴치에는 거의 쓰이지 않
는 것이다.

2001년 이후 저개발국 원조기금은 가파르게 늘고 있다. 인상분 대부분은
물론 가난한 나라가 과거에 졌던 채무 탕감에 쓰이고 있다. 2005년 이라크
와 나이지리아 두 나라에 대해서만 총 190억 달러의 채무가 탕감되었다.
이듬해 또다시 이 두 나라에 140억 달러에 이르는 채무 탕감액이 저개발
국 원조기금으로 산정되었다.[1]

　선진국들은 2002년 3월 멕시코 몬테레이에서 열린 유엔 개발재원국제
회의에서 채무 탕감을 결의하고, 이 금액을 저개발국 원조기금에 추가 제
공하기로 했다. 그러나 몬테레이 합의는 제대로 이행되지 않고 있다. 더욱
이 채무 탕감 성과(채무국의 이자와 상환금 지급 부담 완화)가 20년 혹은 그
이상에 걸쳐 나타남에도 탕감액을 한꺼번에 정산했다. 2006년 나이지리

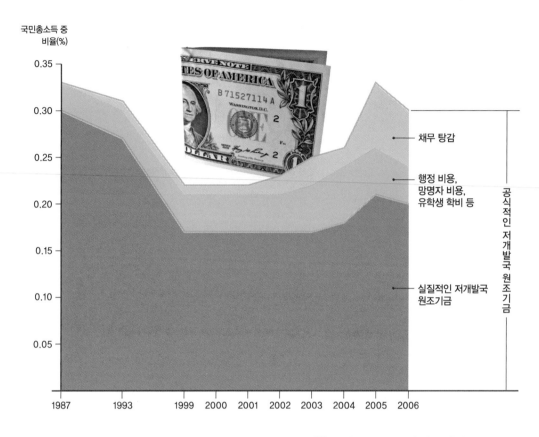

국민총소득 중
비율(%)

채무 탕감

행정 비용,
망명자 비용,
유학생 학비 등

공식적인 저개발국 원조기금

실질적인 저개발국
원조기금

1987　1993　1999　2000　2001　2002　2003　2004　2005　2006

출처 OECD 2007 – Net ODA in 2006; BMZ 2006.

아에만 110억 달러가 채무 탕감액으로 정산되었지만, 실질적으로 나이지
리아가 탕감받은 금액은 그해 10억 달러도 되지 않았다. 더욱이 나이지리
아는 미처 갚지 못한 나머지 외채 120억 달러를 6개월 내에 갚아야 한다
는 의무까지 떠안았다.

채무 가운데 대부분은 해당국의 개발과는 전혀 상관없는 차관으로 빌린
것이며, 이 돈은 추가로 저개발국 원조기금에 정산되었다. 그리고 향후 대

규모 후속 채무 탕감은 기대할 수 없게 되었다. 산업 선진국들은 부풀려진 저개발국 원조기금 데이터를 정상화하려는 새로운 방법을 모색했다.

지난 수십 년 동안 통계 기준 자체가 다시 새롭게 바뀌었다. 1979년부터는 행정 비용이 저개발국 원조기금에 정산되었다. 예컨대, 해당 부서의 인건비와 경상비가 포함된 것이다. 1984년에는 개발도상국에서 온 학생들의 유학 경비를 추가로 저개발국 원조기금에 포함했다. 이를테면, 독일 대학에서 공부하는 지구 남녘 개발도상국 출신 학생이 전체 학생의 10%라면, 독일 대학 전체 예산의 10%는 자동적으로 독일이 내야 할 저개발국 원조기금에 포함된다. 1994년부터는 망명자와 난민 구호자금 역시 저개발국 원조기금으로 간주했으며, 그즈음 심지어 이들을 추방하는 데 드는 돈마저 저개발국 원조기금에 포함했다.

국제기구들에 대한 채무 탕감 권고 역시 돈의 청구 여부에 상관없이 저개발국 원조기금으로 간주되었다. 그러나 더욱 큰 문제는 부유한 국가 내에서 마련해야 하는 개발도상국에 대한 의무적인 대부금으로, 선진국들이 빌려 주기로 약속한 금액의 1/4 정도만 보조금으로 지급하면서 대부금 모두를 저개발국 원조기금으로 인정하는 데 있다. 이러한 '혼종 금융융자(혼합 재원)'를 이용해 선진국들은 이 대부금이 지원을 받는 나라의 발전에 도움이 되건 안 되건 간에 의무를 이행한 것으로 인정받는 것이다.

1) 경제협력개발기구(OECD) 2007 – 공적개발원조 네트워크 2006(Net ODA in 2006).

숫자로 보는 세계화 교과서

"2015년까지
전.세.계.빈.곤.층.을.
절반으로 줄인다"

유엔은 2015년까지 전 세계 빈곤층을 절반으로 줄이겠다는
의지를 밝혔다. 이 밀레니엄개발목표를 이루려면 선진국이
부담할 저개발국 원조기금을 그때까지 해마다 0.54%가량
늘려야 한다.

유엔의 이 밀레니엄개발목표를 이루려면, 2015년까지 저개발국 원조기금
을 적어도 1,950억 달러까지 늘려야 한다. 아울러 개발도상국도 빈곤층을
위한 국가 재정지출을 2배 이상 늘려야 한다.[1]

개발도상국들이 조세수입을 획기적으로 개선하고 공공자금을 빈곤 퇴
치에 집중적으로 사용한다면, 식량 안정과 교육 및 의료 시스템, 식수 및
에너지 공급, 빈민 지역의 위생 개선과 농촌 지역 발전을 위해 더 많은 비
용을 부담할 수 있을 것이다.

많은 나라가 저개발국 원조기금에 더 의지하는 형편이다. 그러나 선진
국만으로 이를 감당할 수는 없다. 선진국들이 2002년 멕시코 몬테레이 합
의를 위한 재정 부담 비율을 감당하려면, 그리고 아프가니스탄 재건 비용

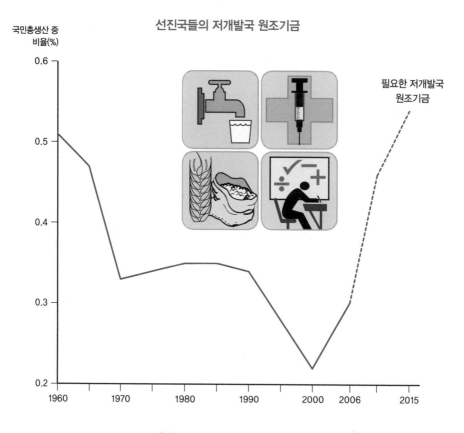

선진국들의 저개발국 원조기금

국민총생산 중
비율(%)

필요한 저개발국
원조기금

출처 UNDP – Human Development Report 2005; OECD 2007 – Net ODA in 2006.

이나 이라크를 비롯한 몇몇 나라에서처럼 채무 탕감을 원조기금에 포함하는 통계상의 잔꾀를 부리지 않고 실질적인 지원이 이루어지려면, 지원국들은 공식 저개발국 원조기금을 해마다 9% 올려야 하기 때문이다.[2) 추가 지원금은 당연히 실질적인 빈곤 퇴치를 위해 사용되어야 한다.

어린이를 모두 초등학교에 보내는 데 드는 돈만 해도 최소한 매년 100

숫자로 보는 세계화 교과서

억 달러이며,[3] 기초적인 의료 서비스만을 위해서도 270억 달러가 필요하다.[4] 유엔개발계획은 밀레니엄개발목표에서 먹는 물을 아주 중요한 사안으로 다루고 있음에도, 식수 공급과 위생시설 부문에 쓰이는 저개발국 원조기금이 1990년대 중반 이후로 계속 감소하고 있다고 밝혔다.[5] 이를 위해 개발도상국과 지원국이 추가로 부담해야 할 비용이 매년 100억 달러에 이른다. 그나마 이 금액은 부유한 나라에서 매년 광천수에 쏟아붓는 돈의 절반에 불과하다.

밀레니엄개발목표가 전부는 아니다. 기후변화 조절, 내전 지역의 재건 정책, 재난 대비 비용 등 발전을 위한 여러 협력 분야에서 더 많은 예산이 필요하다. 유엔개발계획이 원조기금 목표치 0.7% 실현을 재차 촉구한 것도 바로 이런 이유에서다.

---

1) 유엔 밀레니엄프로젝트(UN-Millennium Project) 2005 – 개발투자(Investing in Development).
2) 유엔무역개발회의(UNCTAD) – 세계경제동향및전망(World Economic Situation and Prospect) 2007.
3) 맬컴 도니&마틴 로(Dohney, M. and Wroe, M.) 2006 – 약속 지키기: 모두를 위한 교육 제공(Keeping our Promises: Delivering Education for All).
4) 거시경제및보건위원회(Commission on Macroeconomics and Health, WHO) – 최종보고서(Final Report) 2001.
5) 유엔개발계획(UNDP) – 인간개발보고서(Human Development Report) 2006.

PEOPLE

05
사람들 사람들

더 늘어나고, 더 고령화하고, 더 도시화하고

땅덩어리는 그대로인데 세계 인구는 시난 50년 동인 2배나 증가했디. 72억 세게 인구 가운데 5억 명가량이 65세 이상까지 산다. 그러나 많은 지역에서 15세 미만 젊은이 비율은 낮아지고 있다. 2030년에는 도시 거주자가 지구인 8명 중 5명꼴에 이를 것이다.

전 세계 인구는 지난 50년 동안 2배나 증가했다. 이 기간에 전 세계 인구는 72억 명으로 늘었으며, 이 중 절반가량이 도시에 살고 있다. 1970년에는 전 세계 1인당 경지 면적이 0.18헥타르였지만, 2006년에는 0.10헥타르에 불과하다.[1]

1980년대만큼 인구 증가 속도가 빠르지는 않지만 2000년 이후에도 매년 증가하는 인구는 7,600만 명에 이른다. 지난 50년 동안 평균 출산율은 산모 1인당 6명에서 절반 이하로 줄었다.[2]

평균 수명도 1950년 이후 24~26세가량 길어졌으며, 2050년에 이르면 100년 전보다 사람들이 무려 38년이나 오래 살 것으로 예측된다.

연령 구성 결과, 부모의 희망 자녀 수, 가족계획의 성과 여부가 향후 세계 인구 상황 전개를 가늠하는 세 가지 주요 요인으로 꼽히고 있다.

● 아이를 출산하는 산모의 연령이 더 낮아지고 세대 간 격차가 더 좁혀지며 더불어 평균 수명이 더 길어지면, 출산율이 하락하더라도 전 세계의 인구 증가는 지속될 것이다. 이를 완화하는 데 중요한 것은 첫째 아이의 임신 시기를 늦추는 일이다. 이를 위해서는 특히 무엇보다 청소년들에게 피임 도구 사용법을 비롯한 올바른 성교육이 필요하다. 여자아이들에게 더 나은 교육 기회를 주는 것 역시 임신을 늦추

숫자로 보는 세계화 교과서

고 전체적으로 임신 횟수를 줄이는 결과를 낳을 것이다.

● 가난과 더 많은 아이를 낳으려는 소망은 서로 뗄 수 없이 연관되어 있다. 질병보험, 노후보험, 실업보험이 없는 나라에서는 자녀가 많은 것이 대체로 안정감을 주곤 한다. 어느 법칙에 따르면, 아이가 여섯 살이 되면 자신이 쓰는 것보다 더 많은 것을 벌어들인다는 말도 있다. 하지만 이 말을 역으로 이해하면, 급격한 인구 증가는 급격한 가난을 가져온다는 뜻이기도 하다.

● 매년 2억 건에 이르는 임신 사례 가운데 1/3은 원치 않는 임신이라고 한다.[3] 단순한 성교육과 상담 차원을 넘어 올바르고 실질적인 피임법 교육이 필요하다. 그러나 많은 국가에서 생산적인 보건 정책에 쓰는 비용은 부족하기 그지없다. 특히 종교적 교리를 엄격히 지키면서 가족계획은 전혀 개의치 않고 산아제한 정책에 역행하는 곳이 수없이 많다.

전체 인구 증가율은 통계상으로는 도시에만 나타나고 있다. 여전히 훨씬 많은 사람이 농촌을 떠나 행복을 찾아 인구가 밀집한 도시 지역으로 몰려들고 있다.

도시화가 이루어지면서 도시 주변에는 실업, 열악한 위생, 질병, 범죄 증가의 문제를 안고 있는 새로운 빈민벨트가 형성되고 있다. 이 문제들은 비단 대도시만이 아니라 소도시에서도 나타나고 있다.

이에 따라 도시 지역에서 주택과 식량, 깨끗한 물, 일자리, 학교와 의료 서비스를 제공하는 것 역시 더욱 힘들어지고 있다. 예를 들어 필리핀의 마닐라와 인도의 뉴델리 같은 도시에 식량을 공급하려면, 매주 식량이 10만 톤 이상 마련되어야 한다.

이 지구상에서 그 어느 나라도 지금까지 남녀평등을 완벽하게 실현한 곳은 없다. 가난에서 벗어날 성공적인 길을 찾은 곳도 아직 없다. 훌륭한 학교교육과 직업교육을 받은 여성들은 가정을 더 잘 보살필 수 있다. 추가 소득은 대부분 자녀의 먹을거리, 건강, 교육에 투자된다. 세계은행 역시 이 점을 잘 알고 있다. 그런 이유로 세계은행은 여성 지원을 위한 실천 계획을 마련했다.[4]

이 실천 계획에서 주목할 만한 것은 여성을 CEO, 부동산 소유주, 대출 수혜자 등 경제성장의 동력으로 언급한다는 점이다. 그러나 이 실천 계획이 가난한 여성 농민, 공장에서 착취당하는 여성 노동자, 권리를 갖지 못한 이주 여성 등 수백만 여성에게 과연 어떤 도움이 될지는 의심스럽다. 이러한 여성들은 오히려 세계은행과 국제통화기금이 야기한 무자비한 세계경제의 자유화 결과로 고통당하고 있다.

1) 유엔식량농업기구(FAO) – 연간통계(diverse Jahresstatistiken).
2) 유엔인구기금(UNFPA) – 연간통계(diverse Jahresstatistiken).
3) 독일 세계인구재단(Deutsche Stiftung Weltbevölkerung) 2006.
4) 세계은행(World Bank), 2006 – 현명한 경제를 위한 성평등: 성 행동(Gender Equality as Smart Economics: A Gender Action).

거의 모든 곳에서
평.균.수.명.이.
높아지다

개발도상국 국민의 평균 수명은 지난 50년 동안 절반 이상
높아졌다. 그러나 남부 아프리카에서는 이러한 모든 발전
이 완전히 파괴되고 있다.

20세기 중반 이후 평균 예상 수명은 46세에서 66세로 20년이나 높아졌
다.[1] 그러나 이러한 발전도 지역별로 편차가 크다. 라틴아메리카에서는 이
기간에 평균 수명이 51세에서 거의 73세까지 꾸준히 높아졌으며, 아시아
에서도 당시보다 27세나 높아졌고 선진국 또한 의술 발전에 힘입어 11세
가량 길어졌다.

과거 수십 년간 아프리카 역시 평균 수명에서 확연한 발전을 이룬 것도
사실이었다. 1950년 남부 아프리카 남성의 평균 수명은 약 45세였다. 그
러다 1986년에 61세로 높아졌는데, 바로 이 시기에 에이즈가 이곳에 엄습
했다. 오늘날 통계에 나타난 남부 아프리카인의 평균 수명은 43세에 불과
하다. 이 중 가장 비극적인 곳이 보츠와나˙다. 1985년부터 오늘날까지 보

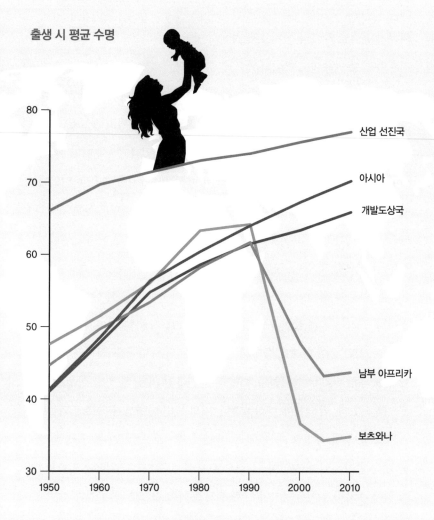

출생 시 평균 수명

산업 선진국

아시아

개발도상국

남부 아프리카

보츠와나

출처 UN Department of Economic and Social Affairs – Population Division 2006.

츠와나 국민의 평균 수명은 65세에서 34세로 거의 절반가량이나 떨어졌다.[2] 보츠와나가 풍요로운 보석 산지로서 경제적 안정을 누리고 있음에도 말이다.

보츠와나Republic of Botswana
아프리카 남부에 있는 나라.
남아프리카공화국과 국경을
맞대고 있다.

개발도상국에서 평균 수명이 높아지는 본질적인 이유는 영아 사망률이 낮아진 데 있다. 1950년만 해도 신생아 1,000명당 150명이 첫돌을 넘기지 못하고 죽었지만, 지금은 950명이 첫돌을 넘기고 있다.[3] 5세 미만 아동 사망률도 하락 추세다. 1990년 개발도상국에서는 1,000명 가운데 5세 미만 아동 사망자가 100명을 넘었지만, 2006년에는 87명이다.[4] 물론 아동 사망률을 2015년까지 2/3 줄이겠다는 밀레니엄개발목표를 이루는 데는 시간이 더 필요할 것 같다.

많은 아동이 성인이 될 때까지 살아남아 아이를 낳으면 출산율은 오를 것이다. 그러나 실제 출산율은 떨어지고 있으며, 여성 한 명이 낳는 자녀 수는 지난 50년 동안 반으로 줄었다. 물론 '많이 낳는 다산율' 하락은 몇 년 사이 산모가 늘어나 조정되었다. 아울러 성인들의 의료 혜택 및 식생활 개선도 병행되었다. 이 덕분에 예상 수명은 거의 노인 연령까지 이르게 되었다.

의료 혜택 및 식생활 개선, 이 두 요인이 앞으로 수십 년 동안 세계 인구를 계속 증가시키는 요인이 될 것으로 보인다. 유엔인구기금은 2025년까지 인구 증가세가 지속되다가 그 후부터 둔화할 것으로 보고 있다.

1) 유엔경제사회국(UN Department of Economic and Social Affairs) - 인구분과(Population Division) 2006.
2) 유엔(UN) - 세계인구전망(World Population Prospects) 2006.
3) 유엔(UN) - 세계인구전망(World Population Prospects) 2005.
4) 유엔(UN) - 밀레니엄개발목표보고서(The Millennium Development Goals Report) 2006.

숫자로 보는 세계화 교과서

점점
늙.어.가.는. 세.계,
남반구 국가에서도

> 72억 명이 넘는 세계 인구 가운데 거의 5억 명이 65세 이상
> 까지 산다. 2030년이면 65세 이상 사는 사람이 10억 명에
> 이를 것으로 예상된다. 그에 따라 많은 지역에서 15세 미만
> 인구 비율은 낮아지고 있다.

2030년에 이르면, 세계 인구에서 65세 이상 노인이 차지하는 비율은 현재 8%에서 12%로 높아질 것이다. 아울러 15세 미만 인구는 현재보다 못 미치는 20억 명으로 예상된다.[1] 세계 인구가 늘고 있지만 점점 고령화되는 것이다. 동시에 지역별 편차도 심화하고 있다.

선진국에서는 인구 증가세가 거의 나타나지 않고 있다. 오늘날에도 이미 유럽에서는 매년 태어나는 사람보다 죽는 사람이 90만 명이나 더 많다.[2] 출생률은 산모 1인당 1.4명으로 줄었다. 이러한 흐름은 구 선진국뿐만 아니라 일본, 한국, 캐나다, 타이완과 같은 신흥 선진국에서 모두 동일하다.(2013년 한국의 출산율은 가임여성 1인당 1.19명 — 옮긴이) 다만, 미국은 산모 1인당 2명의 출생률과 높은 이민율로 인구 증가세가 지속되고 있다.

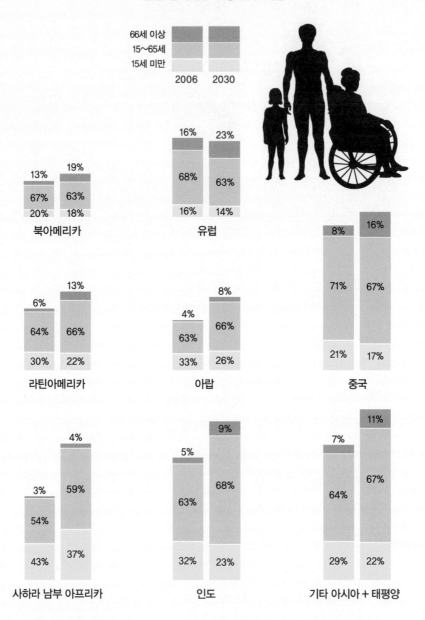

점점 늘어나는 고령 인구 비율

66세 이상
15~65세
15세 미만

2006 2030

북아메리카
13% / 19%
67% / 63%
20% / 18%

유럽
16% / 23%
68% / 63%
16% / 14%

라틴아메리카
6% / 13%
64% / 66%
30% / 22%

아랍
4% / 8%
63% / 66%
33% / 26%

중국
8% / 16%
71% / 67%
21% / 17%

사하라 남부 아프리카
3% / 4%
54% / 59%
43% / 37%

인도
5% / 9%
63% / 68%
32% / 23%

기타 아시아 + 태평양
7% / 11%
64% / 67%
29% / 22%

출처 Population Division of the Department of Economic and Social Affairs of the United Nations Secretaritat 2007.

개발도상국에서는 지난 50년간 산모 1인당 출생률이 2명으로 절반가량 줄었다. 이러한 수치는 이 지역에서도 앞으로 수십 년 이내에 인구 증가세를 누그러뜨리는 결과를 가져올 것이다. 그러나 최빈국에서는 인구가 급증하는 추세를 보이는데, 특히 아프리카가 가장 빠르게 증가하고 있다. 사하라 남부 아프리카에 거주하는 사람은 현재 8억 명으로, 이는 40년도 채 안 되어 2배나 늘어난 수치다. 아프리카에서 15세 미만 인구 비율은 40%가 넘는다. 에이즈로 인해, 아프리카는 한편으로는 인구가 급증하고, 한편으로는 평균 수명이 하락하는 유일한 대륙이다.

선진국에서는 사람들이 노년을 맞기도 전에 여유 있는 삶을 누리고 있다. 발전된 사회보장제도가 노인들이 안락한 삶을 누릴 수 있게 배려하는 것이다. 그러나 오늘날 개발도상국에서는 사람들이 풍요로운 삶을 누리기도 전에 노년을 맞는데, 이는 사회 전체에 엄청난 결과를 가져온다. 이를 막기 위한 여러 사례가 있는데, 특히 중국의 경우가 그러하다. 중국의 엄격한 '한 자녀 정책'과 낙태는 평균 연령을 급속히 끌어올리고 있다. 오늘날에도 중국의 60세 이상 노인은 1억 5,000만 명에 이르고, 2050년이면 4억 명에 이를 것으로 추산된다.

비록 중국처럼 가파르지는 않지만, 인도의 상황도 중국과 비슷하다. 물론 중국처럼 출생률이 급속히 하락하지는 않고 있다. 그 때문에 2030년경 인도 인구가 중국을 앞지를 것으로 보인다. 그때쯤이면 인류의 2/3가 아시아 태평양 지역에 살게 될 것이다.

1) 유엔경제사회국 통계분과(Population Division of the Department of Economic and Social Affairs of the UN Secretariat) 2007.
2) 미국인구조회국(Population Reference Bureau) - 세계인구통계자료 2006(2006 World Population Data Sheet).

동등한 권리를 향한
머.나.먼. 길.에. 나.선.
여성들

이른바 밀레니엄개발목표에서 유엔은 양성평등 개선 계획
을 세웠다. 여성은 임금, 소득, 지위에서 오랫동안 남성과
동등한 대우를 받지 못하고 있다.

여성은 남성보다 더 많이 일하면서도 훨씬 적은 임금을 받고 있다. 여성은
사회 지도층에서도 남성보다 훨씬 적으며, 자본과 부동산 소유에서도 남
성에 비해 훨씬 뒤처져 있다. 더욱이 여성은 상급학교 진학에서 불이익을
당하고, 성적 착취의 대상이 되는 경우도 종종 있다.

유엔개발계획은 세계 전체 여성의 52%가 전일제 노동을 하고 있다고
밝힌다. 그러나 이 여성 노동자 가운데 임금을 받는 비율은 1/3에 불과하
다. 반면, 남성 노동자의 3/4이 임금을 받고 있다. 임금을 받지 못한 노동
활동 전체 급료를 계산하면 상상할 수 없을 만큼 큰 액수인데, 무려 20조
달러에 이를 것으로 추정된다.

전 세계적에게 자신과 가족의 생활비로 하루에 버는 돈이 1달러 미만

숫자로 보는 세계화 교과서

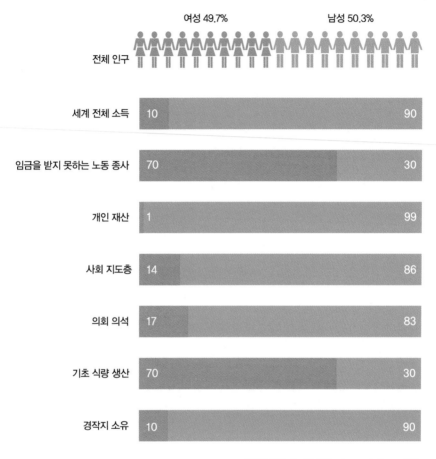

여성의 사회적 위치

여성 49.7%　　　　　　　남성 50.3%

| 전체 인구 | | |

세계 전체 소득	10	90
임금을 받지 못하는 노동 종사	70	30
개인 재산	1	99
사회 지도층	14	86
의회 의석	17	83
기초 식량 생산	70	30
경작지 소유	10	90

출처 World Bank – World Development Indicators 2007;
BMZ 2007 – Fact Sheet: Gleichberechtigung von Frauen und Mannern.

인 사람(노동빈곤층)은 5억 5,000만 명으로, 이 중 3억 3,000만 명이 여성
이다.[1] 공식 통계에 의해 실직 상태에 있는 8,000만 명에 이르는 여성까지
합치면, 이들이 가난에서 벗어날 수 있게 도우는 데는 인간적 대우를 받는

일자리를 무려 4억 개나 창출해야 할 것이다.

많은 사회에서 소득의 높낮음이 사람의 지위를 규정한다. 따라서 특히 여성은 자신의 노동이 지나치게 과소평가당하는 고통을 겪는 셈이다. 여성은 은행 신용대출이나 부동산 권리 행사와 같은 경제생활에서 '존재하지 않는 인간'으로 취급받는 경우가 종종 있다.

경제적 차별과 사회적 지위 약화는 경제 부문에만 국한되지 않는다. 전체 문맹자 가운데 2/3가 여성이다.[2] 전문 의료진의 도움을 받지 못한 채 분만하는 경우가 많아, 가난한 나라에서는 아이를 낳으면서 목숨을 잃는 여성도 50만 명이 넘는다.[3]

특히 강제 성매매는 가장 사악한 형태의 여성 착취다. 매년 5~15세 여자아이 200만 명이 범죄 집단에 붙잡혀 매춘과 성매매에 의한 돈벌이 수단이 되고 있다.[4] 인권운동가들은 아시아에만도 아동 성매매에 시달리는 어린이가 100만 명에 이른다고 주장한다. 섹스 관광객들은 주로 선진국에서 온 사람들이다.

물론 형식적으로나마 여성 평등권을 실질적으로 실현할 수 있는 적절한 방법을 놓고 격렬한 논쟁이 벌어지곤 한다. 이를테면 독일 닥스사Dax 임원 가운데 실제로 여성은 단 한 사람도 찾아볼 수 없다. 대부분 사내 보육시설이 절대 부족해서 직업 활동을 하고 싶어도 여성에겐 선택의 여지가 없는 상황이다.

1) 국제노동기구(ILO) - 세계여성고용동향(Global Employment Trends for Women) 2004.
2) 유네스코(UNESCO) - 통계국(Institute for Statistics, UIS) 2006.
3) 세계은행(World Bank) - 세계발전지수(World Development Indicators) 2007.
4) 유엔마약및범죄사무소(UNODC) 2007 - 인신매매 퇴치 구상(The Global Initiative to Fight Human Trafficking).

가파른 도시화,
비.어.만. 가.는.
농촌

여전히 많은 사람이 도시로 몰려들고 있다. 2007년 역사상 처음으로 도시 인구와 농촌 인구가 같은 것으로 나타났다. 2030년이 되면 도시 거주자가 지구에 사는 사람 8명 가운데 5명꼴에 이를 것이다.

도시화 속도가 점점 빨라지고 있다. 도시 인구 증가율은 매년 1.8%로, 앞으로 25년간 전체 인구 증가세보다 2배나 빠른 속도로 증가할 것이라고 예상된다.[1]

도시화가 가장 빨리 진행되는 곳은 사하라 남부 아프리카(매년 4.5% 이상)와 남아시아(3%에 육박)로, 이 지역들은 지금까지 도시화가 가장 덜 된 지역이었다. 멈출 줄 모르는 도시 인구 증가의 주요 원인은 높은 출산율과 이농離農의 증가다. 더 많은 농촌 마을이 도시로 바뀌고, 큰 도시가 더 큰 대형도시로 탈바꿈하고 있다. 문제는 이 과정에서 지하 식수원 오염, 대기오염 같은 끔찍한 생태 환경 훼손이 뒤따른다는 점이다. 식량 공급 문제도 간과할 수 없다. 브라질 상파울루 같은 도시의 주민 전체를 먹이려면 매일

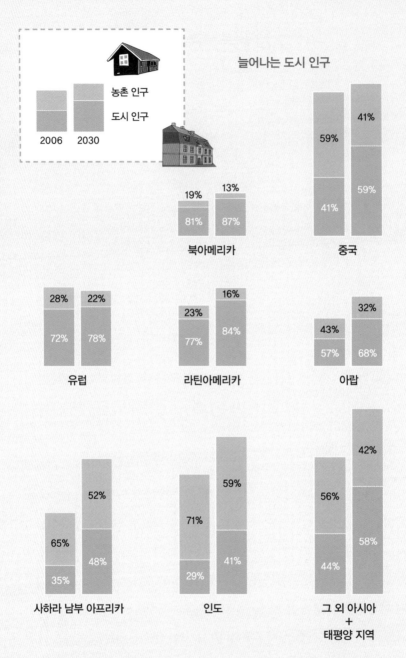

늘어나는 도시 인구

농촌 인구
도시 인구

2006 2030

북아메리카
19% / 13%
81% / 87%

중국
59% / 41%
41% / 59%

유럽
28% / 22%
72% / 78%

라틴아메리카
23% / 16%
77% / 84%

아랍
43% / 32%
57% / 68%

사하라 남부 아프리카
65% / 52%
35% / 48%

인도
71% / 59%
29% / 41%

그 외 아시아
+
태평양 지역
56% / 42%
44% / 58%

출처 United Nations Population Division 2006; Habitat – State of World's Cities 2006/2007.

숫자로 보는 세계화 교과서

20만 톤에 이르는 식량을 공급해야 한다.

이미 도시 인구 중 10%가 200만 명이 넘는 거대도시에 살고 있다. 멕시코의 멕시코시티와 인도의 뭄바이 같은 대도시 인구는 스웨덴, 노르웨이, 핀란드 국민 수보다 더 많다. 아이티를 비롯한 몇몇 나라에서는 전체 국민의 2/3가 수도에 몰려 있다.

경제성장의 몫은 주로 대도시가 누리고 있다. 방콕과 상파울루 인구는 타이와 브라질 인구의 10%에 불과하지만 두 나라 국내총생산의 40% 이상이 이 두 도시에서 나온다.[1] 미국에서 가장 큰 다섯 개 도시(뉴욕, 로스앤젤레스, 시카고, 휴스턴, 필라델피아)를 각각 국가라 가정하면, 이 국가들은 세계에서 네 번째로 큰 국민경제 지역이 된다.[2]

정치권력도 당연히 대도시에 집중되어 있다. 정치인들은 당선되려면, 주거지 확충, 도로 건설, 물과 전기 공급, 학교 설립, 일자리 창출 등 도심 중앙 지역의 관심사에 먼저 신경을 써야 한다. 반면 농촌 지역의 발전은 무시되며, 이로 말미암아 농촌을 떠나는 행렬이 이어지고 있다. 도시 인근과 소외 당하는 농업 중심 내륙 간의 지역 갈등도 점점 심해지고 있다.

남반구 국가 대도시에서는 행정과 도시계획이 효율성 있게 작동하는 예가 매우 드물다. 도시 공간 활용 계획에 대한 관료주의적 방해와 함께 인근 행정구역 내에서 도시가 자꾸 팽창하고 대도시 구역이 수많은 상업중심지로 뒤바뀌기 때문이다.

---

1) 유엔인간정주위원회(UN-Habitat) – 세계도시현황(State of World Cities) 2006/2007.
2) 미국시장연합회(U.S. Conference of Mayors) 2004.

10억 명 이상이
슬.럼.가.에.
살다

세계 전체 도시 거주자 가운데 1/3이 위생시설은 물론 그
밖의 기본 시설조차 갖춰지지 않은 비인간적인 주거 환경
에서 생활하고 있다. 이러한 슬럼가 주민 수는 10억 명으로
늘어났다.

현재 하루 2달러 미만의 수입으로 사는 사람이 도시민의 43%, 농촌 주민
의 59%에 이른다. 그러나 늦어도 30년 안에 이러한 도시민 비율은 농촌 주
민 비율보다 더 높아질 것이다.[1]

슬럼 지역 주민 거의 절반이 한 공간에 평균 서너 명씩 생활하고 있다.[1]
단칸방에 사는 가족도 수없이 많다. 여기에서 비롯하는 사생활 침해, 가정
폭력은 일상이 되다시피 했다. 전염병이 창궐하고, 학교에 다니는 자녀들
은 공부방을 가질 엄두조차 내지 못하며, 많은 이들이 수면 부족에 시달리
고 있다.

특히 참을 수 없는 것은 아프리카 도시의 위생 환경이다. 아프리카 남부
에 위치한 짐바브웨의 수도 하라레 근교 음바레에서는 주민 1,300명이 하

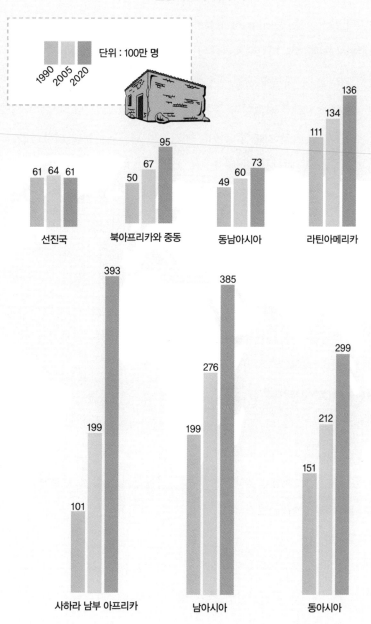

슬럼가 인구의 추이

1990 2005 2020 단위 : 100만 명

선진국
61 64 61

북아프리카와 중동
50 67 95

동남아시아
49 60 73

라틴아메리카
111 134 136

사하라 남부 아프리카
101 199 393

남아시아
199 276 385

동아시아
151 212 299

출처 UN-Habitat, Global Urban Observatory 2005.

나쁜인 공용 화장실을 나눠 쓰고 있다. 그 공용 화장실에는 간이 화장실이 고작 6개 딸려 있을 뿐이다. 케냐 몸바사의 빈민 지역 주민이 물을 사용할 수 있는 시간은 하루 평균 3시간뿐이다. 사하라 남부 아프리카에 사는 사람들은 더러운 물 때문에 생긴 질병을 치료하느라 지출하는 돈이 평균 소득의 1/3이나 된다.[1] 수없이 많은 빈민 지역 주민은 마실 물을 사는 데만도 총소득액의 1/5을 지출해야 한다. 민간 식수판매업자들이 터무니없는 가격을 요구하기 때문이다.

슬럼가 주민을 또 괴롭히는 것은 환경오염과 유독성 쓰레기다. 노출된 화덕에서 땔감으로 나무와 저질 석탄을 태우면 방 안까지 연기가 자욱하게 퍼지는데, 이 때문에 특히 부녀자와 아이들이 호흡기 질환에 시달리고 있다.

많은 이들이 자녀에게 더 나은 기회를 주기 위해 고향을 등지고 도시로 떠나고 있다. 하지만, 대다수는 더 나은 교육 혜택의 꿈을 이루지 못한다. 학교 자체가 부족하고, 식량과 주거, 교통을 감당할 돈이 없기 때문이다. 늘어난 아이들 모두에게 학교에 다닐 기회를 줄 수는 없는 조건에서, 여자아이들은 돈벌이를 해야 해서 공부를 포기하는 수밖에 없다.

유엔은 밀레니엄개발목표의 일환으로 2020년까지 적어도 슬럼 지역 주민 1억 명의 생활 환경을 지속적으로 개선하겠다고 계획했다. 물론 이 계획은 이루어질 것이다. 그러나 그 기간에 4억 명이 새로이 슬럼 지역 주민이 될 것이다.

정부는 언제나 문제의 본질을 외면해 왔다. 그저 슬럼에 사는 사람들을 내쫓고 슬럼 지역을 없애려고만 한 것이다. 물론 슬럼 지역의 위생을 개선

하기 위한 예산도 부족하지만, 정작 부족한 것은 문제를 해결하려는 정치
적 의지인 것 같다.

1) 유엔인간정주위원회(UN-Habitat) - 세계도시현황(State of World Cities) 2006/2007.

F O O D

06
식량

———

과연 일반적인 교역 상품인가?

전 세계적으로 8억 5000만 명이 굶주림에 허덕이고 있나. 굶주림의 원인은 식량 부족이 아
닌 빈곤 때문이다. 시장은 굶주림과의 싸움이 아닌 시장법칙이나 시장점유율을 둘러싼 암
투에 이끌리고 있다. 식량은 오래전부터 일반적인 교역 상품이 되어 버렸다.

◆

인류는 72억 인구가 먹는 데 필요한 양(1인 하루 기준 동물성 단백질 30그램을 포함한 2,800킬로칼로리)보다 훨씬 많은 식량을 수확하고 있다. 전체 곡물 생산량을 사료로 쓰지 않고 직접 식량으로 사용한다면, 한 사람이 하루에 먹을 수 있는 식량은 3,600킬로칼로리나 된다.[1]

그러나 현재의 식량 분배 자체가 너무 불평등하고, 식량을 충분히 먹기에는 가난한 사람이 너무나 많다. 굶주리는 사람이 지난 몇 년 전부터 다시늘고 있다. 제대로 먹지 못해 영양실조 상태에 있는 사람은 현재 무려 8억 5,000만 명에 이른다.[2]

식량은 오래전부터 일반적인 교역 상품이 되어 버렸다. 시장은 굶주림과의 싸움이 아닌 시장점유율을 둘러싼 암투에 이끌리고 있다. 그동안 예외 없는 산업 집약화의 추세에 따라 극소수 다국적기업이 모종(씨앗)과 비료, 살충제부터 세계 전역에서 수확된 식량의 유통과 재가공 그리고 최종적으로 소매상을 상대로 한 판매에 이르기까지, 식량과 관련한 교역 전반을 통제·조종하고 있다.

스위스의 신젠타Syngenta, 미국의 몬산토Monsanto, 듀폰DuPont, 독일의 바이엘Bayer 등 4대 거대기업이 전 세계의 모종 시장을 지배하고 있다. 이 기업들은 유전자 및 식물 특허권을 통해 배양과 유통에서 독점권을 합법적으로 보장받고, 수많은 소규모 모종 기업을 인수했다. 또한 이 '빅 4' 기업은 궁극적으로 경작지에서 재배 가격 결정권도 갖고 있다. 몬산토와 듀폰, 단 두 기업이 세계시장에서 전통 옥수수 모종의 65%를, 콩 모종의 절반을 독점하고 있다. 몬산토는 현재 재배하고 있는 전 세계 유전자 식물의 90%에 대한 소유권을 가진 것으로 알려져 있다. 이 네 기업은 또한 세계 살충제시장의 3/4을 독일의 바스프^{BASF}(글로벌 화학 회사), 미국의 다우^{DOW}(종합 화학 기업 — 이상 옮긴이) 등 두 기업과 나눠 갖고 있다.[3]

세계 곡물 거래 역시 극소수 기업이 지배하고 있다. 누구에게, 어떤 가격에 곡물을 팔 것인지는 주로 미국의 ADM(다국적 농산품 복합기업), 번지^{Bunge}, 카길^{Cargil}, 독일의 퇴퍼^{Toepfer}(곡물 기업으로 ADM이 90%의 지분을 갖고 있음 — 이상 옮긴이), 프랑스의 루이스 드레퓌스^{Louis Dreyfus} 같은 기업에 의해 결정된다. 이들은 기름식물 씨앗과 섬유식물 시장도 지배하고 있다. 카길은 콩 경작지를 조성하려고 무자비한 벌목을 자행함으로써 브라질의 밀림을 마구 파헤쳐 놓고 있다.

수확된 곡물 대부분은 산업용으로 가공되는데, 식량 가공 시장 역시 소수의 대기업이 독점하고 있다. 스위스의 네슬레, 자회사 크래푸트 푸즈^{Kraft Foods}를 거느린 미국의 아트리아^{Atria}, 네덜란드의 필립모리스^{Philip Morris}, 영국의 유니레버^{Unilever}, 미국의 펩시콜라^{Pepsi Cola}와 코카콜라^{Coca Cola}, ADM, 타이슨푸즈^{Tyson Foods}, 카길^{Cargil}, 마즈^{Mars} 등이 바로 그 기업들이다.

이에 대해 비판적 입장에 선 사람들은 이 기업들이 움켜쥔 시장권력이 생산가격을 억누르고 무수한 농민들을 파탄으로 몰아가고 있다고 비난한다. 세계에서 규모가 가장 큰 식품 및 음료 제조업체 네슬레는 무책임한 광고(과장된 유아용 분유 광고)와 문제 투성이 인권 기준으로 비난받고 있다.

완제품 식품을 누구에게, 어디서, 어떤 가격에 팔 것인지에 대한 결정권 역시 소수의 '글로벌 플레이어'의 몫이다. 거대 대형마트 그룹들이 시장을 자기들끼리 나눠 갖고 식품업계에서 세계 전체의 상품 유통을 결정하고 있다. 세계에서 가장 큰 소매 기업인 월마트Walmart의 연간 매출액은 3,000억 달러를 넘는데, 제멋대로 가격을 결정하는 월마트의 횡포 앞에 온 세계가 두려움에 떨고 있다. 현재 거대 대형마트 그룹들은 중국, 인도, 러시아 같은 장래성 있는 시장을 차지하려고 혈투를 벌이고 있다. 월마트와의 경쟁에 끼어든 기업들은 프랑스의 까르푸Carrfour, 독일과 스위스의 메트로Metro, 영국의 테스코Tesco 등이며, 상대적으로 규모가 작은 독일의 알디Aldi, 레베Rewe 같은 회사도 이 경쟁 대열에 합류하고 있다.[4]

이 기업들은 모두 최근 15년 동안 수많은 경쟁 기업을 인수하면서 시장 점유율을 꾸준히 높여왔다('수평적 집중화'). 또한 사업 영역을 확장하고 다른 분야의 식품업에서 활동하던 기업들을 집어삼키기도 했다('수직적 집중화').

숫자로 보는 세계화 교과서

이 시장권력은 엄청난 정치적 영향력도 서서히 함께 키워 나갔다. 곡물 기업 카길의 전 부사장 대니얼 암스튜츠가 유명한 사례다. 미국이 제시한 세계무역기구 세계농업협상 제안서가 바로 그의 펜 끝에서 나온 것이다. 이 와중에 암스튜츠는 이라크 농업 재건 업무를 총괄했는데, 그의 성공작 가운데 하나가 이라크 정부로 하여금 미국산 쌀을 수입하도록 하는 협약서에 서명케 한 것이다.

1) 독일중앙농업연구센터(Bundesforschungsanstalt für Landwirtschaft) 2004 – 포르크하르트. 이세르마이어(Folkhard Isermeyer, Hrsg.): 농업2025(Ackerbau 2025).
2) 유엔식량농업기구(FAO) – 세계식량불안현황(The State of Food Insecurity in the World) 2006.
3) 피앙(FIAN: FoodFirst Information and Action Network), 2006 – 가난한 사람들과의 거래(Der Handel mit dem Hunger).
4) 소매분석(Retail Analysis) 2006 und 2007 – 통계(diverse Statistiken).

8억 5000만 명이
굶.주.림.에.
시달리다

전체 인구 가운데 굶주리는 사람의 비율은 낮아지고 있지만, 그 수는 오히려 많아지고 있다. 특히 사하라 남부 아프리카와 남아시아에서 이 상황은 최근까지도 개선될 기미가 보이지 않는다.

개발도상국에서 잘 먹지 못해 만성적인 영양실조 상태에 있는 사람들이 8억 2,000만 명에 이른다. 더욱이 선진국과 구 동유럽권 국가에서도 같은 처지에 있는 사람이 3,100만 명이나 된다.[1] 물론 개발도상국 국민 가운데 29%가 영양실조였던 25년 전에 비하면, 오늘날엔 약 17%로 영양실조 비율이 대폭 낮아진 셈이다. 그러나 인구가 증가하면서, 1980년 이후부터 굶주리는 사람은 다소 줄었지만 최근 몇 년 사이 다시 증가세를 보이고 있다.

　사하라 남부 아프리카에서는 전체 인구의 1/3이 굶주리고 있다. 굶주림은 식량 부족 때문만이 아니다. 충분한 식량이 있는 지역에서조차 수많은 사람이 식량을 구입할 여력이 없는 가난으로 고통을 겪고 있다. 게다가 아프리카의 식량자급률은 계속 떨어지고 있다. 아프리카 대륙은 필요한 식

숫자로 보는 세계화 교과서

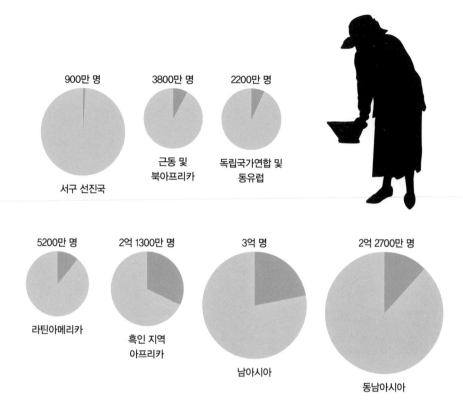

900만 명

3800만 명

2200만 명

근동 및
북아프리카

독립국가연합 및
동유럽

서구 선진국

5200만 명

2억 1300만 명

3억 명

2억 2700만 명

라틴아메리카

흑인 지역
아프리카

남아시아

동남아시아

출처 FAO − The State of Food Insecurity in the World 2006.

량 대부분을 수입에 의존해야 하는 처지다.

굶주림은 즉각 없어지는 게 아니다. 굶주리는 사람은 충분히 섭취하지 못한 영양분을 그저 활동을 줄이는 것으로 버티는데, 그렇기에 발육과 성장은 더딜 수밖에 없다. 또한 질병에 대한 저항력이 약해지고 만성피로에 시달리며 집중력이 현저히 떨어진다. 어린이들은 주의력이 떨어지며, 산모는 체중 미달인 아이를 낳게 된다. 만성적인 굶주림에 시달리는 사람들이 혼자 힘으로 가난과 영양실조 상태에서 벗어날 수 없는 것은 당연한 일이다.

음식에 함유된 칼로리와 단백질을 제대로 섭취하지 못해서 굶주림과 함께 이른바 '간접적인' 영양결핍도 함께 나타나고 있다. 유엔은 비타민과 무기질을 제대로 섭취하지 못해 심각한 피해를 겪는 사람이 무려 20억 명에 이른다고 추정한다.[2] 새로운 연구 결과에 따르면, 개발도상국에서는 2억 명이 넘는, 5세 미만 어린이가 영양실조와 영양부족으로 정신적 능력을 충분히 개발하지 못하고 있다.[3]

2015년까지 전 세계적으로 굶주리는 사람을 1990년 대비 절반으로 줄이겠다는 유엔 밀레니엄개발목표는 아마 달성되기 힘들 것이다. 더욱이 이 가능성은 지난 수년 전보다 더욱 비관적이다. 유엔식량농업기구는 2015년에는 굶주리는 사람이 6억 명 이하가 될 것이라고 전망한다.[1] 물론, 과거에도 그런 예측은 항상 낙관적인 것이었다고 밝혀진 경우가 허다하다.

1) 유엔식량농업기구(FAO) - 세계식량불안현황(The State of Food Insecurity in the World) 2006.
2) 유엔식량농업기구(FAO) - 세계식량불안현황(The State of Food Insecurity in the World) 2005.
3) 그랜섬-맥그리거(Grantham-McGregor) u.a. in: 랜셋(The Lancet) 2007. 1.

숫자로 보는 세계화 교과서

지구 대륙
북.쪽.과. 남.쪽.의.
영양 섭취 차이

> 선진국의 육류 소비량은 개발도상국의 3배에 이른다. 곡식
> 을 식량 대신 사료로 사용하면, 사람들은 영양 섭취를 위한
> 칼로리의 90%를 잃게 된다.

전 세계에서 수확하는 곡물만으로도 한 사람이 하루 평균 2,500킬로칼로리의 식량을 먹기에 충분하다. 사람들이 직접 먹는 식량으로만 쓴다면 전체 곡물 수확량의 절반이면 충분하다. 하지만, 곡물 수확량의 2/3가 동물 사료로 사용되며, 점점 많은 곡물이 바이오에탄올*로 활용되고 있다. 선진국에서 직접 식량으로 사용하는 수확 곡식은 1/4에 불과하다.[1]

바이오에탄올 bio-ethanol
사탕수수·밀·옥수수·감자·보리 등 주로 녹말 작물을 발효시켜 차량 등의 연료 첨가제로 쓰는 바이오연료.

선진국에서 한 사람이 1년 동안 먹어 치우는 육류는 평균 85킬로그램인 반면, 개발도상국에서는 32킬로그램에 불과하다.[2] 수년 전부터는 선진국 뿐만 아니라 특히 라틴아메리카와 아시아에서도 육류 소비가 꾸준히 늘고

대륙별 영양 섭취

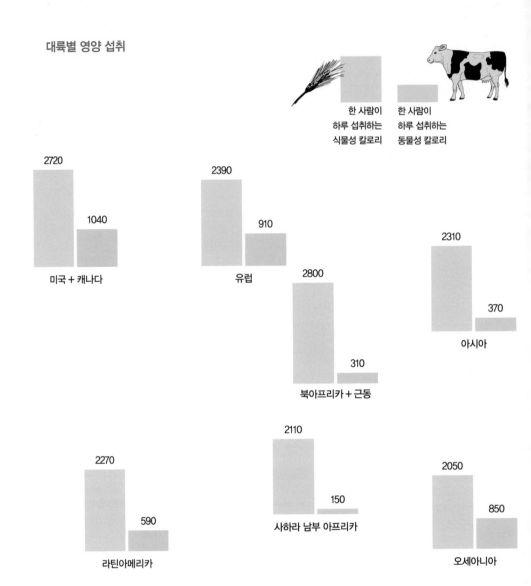

한 사람이
하루 섭취하는
식물성 칼로리

한 사람이
하루 섭취하는
동물성 칼로리

2720
1040
미국 + 캐나다

2390
910
유럽

2800
310
북아프리카 + 근동

2310
370
아시아

2270
590
라틴아메리카

2110
150
사하라 남부 아프리카

2050
850
오세아니아

출처 WIR – World Resources 2005.

숫자로 보는 세계화 교과서

있다. 물론 예나 지금이나 가난한 지역 주민 대다수가 고기를 거의 먹지 못하는 현실은 이 평균치에 포함되어 있지 않다. 가난한 사람들은 곡식 섭취량 부족만으로도 극심한 고통에 시달리고 있다.

오늘날에도 많은 개발도상국은 곡물을 수입해야 할 처지에 있다. 하지만 전체 세계무역에서 거래되는 곡물량은 밀 1억 1,000만 톤, 옥수수 8,000만 톤, 쌀 3,000만 톤 미만에 불과하다. 수확량 대부분이 수확한 국가 내에서 직접 소비된다.[2] 더욱이 불과 몇 년 사이에 곡물 수확량보다 소비량이 더 빠른 속도로 늘고 있다. 이에 따라 세계 전체 곡물 비축량은 줄어들고 있으며, 2007년에 비축량은 불과 두 달치 분량밖에 남지 않았다.

현재 개발도상국들은 밀과 옥수수를 매년 1억 톤가량 수입하며, 이 수요량은 2030년까지 2배에 이를 전망이다. 하지만, 최빈국의 식량 상황은 더욱 극단적으로 악화되고 있다. 활용 가능한 새로운 경지면적은 거의 없고 헥타르당 수확량도 크게 늘지 않아서 공급이 수요를 충족시키지 못하며, 그 때문에 곡물 가격이 더 오르는 악순환이 되풀이되고 있다.

사료용 곡물 수요 또한 증가하고 있는데 국제식량정책연구소는 중국의 1인당 연간 육류 소비가 2020년에 이르면 70킬로그램 이상까지 오를 것으로 전망한다. 중국이 이 고기 소비량을 독자적으로 공급하려면 중국 한 나라만 해도 현재 세계시장에서 거래되는 양보다 훨씬 많은 곡물을 사료용으로 수입해야 한다.

---

1) 유엔식량농업기구(FAO) - 농업을 위한 바이에른 주 기관 연구소(Bayerische Landesanstalt für Landwirtschaft), 농산물시장(Agrarmärkte) - 2006에서 인용.
2) 유엔식량농업기구(FAO) - 식량전망(Food Outlook) 2006.12.

식량과
농.경.지.를. 둘.러.싼.
경쟁

> 매년 곡물 수확량은 200만 톤에 이른다. 그러나 수년 전부
> 터 수확량이 인구 증가세를 따라잡지 못하고 있다. 게다가
> 1990년 이후 경지면적은 3% 이상 줄어들었다.

세계 인구 한 사람 기준으로 곡물 수확량은 연간 대략 300킬로그램으로, 지난 1970년에 비하면 상당히 늘어난 분량이다.[1] 종자 개량, 집약적인 급수시설, 향상된 비료 및 살충제 사용으로 헥타르당 수확량이 3톤이 넘으면서 곡물량이 1970년 당시보다 3배나 늘었지만, 세계 인구 역시 2배 정도 늘어났다.

가장 중요한 곡물은 옥수수와 밀, 쌀이다. 이 세 곡물은 지역에 따라 수확 분포가 다르지만 세계 전체 곡물 수확량의 80%를 넘게 차지하고 있다. 유럽의 주요 곡물은 밀이고, 아시아에서는 쌀을 주식으로 삼으며, 미국 농민은 옥수수 농사를 주로 짓고 있다. 아프리카에서는 수수와 기장이 큰 비중을 차지한다.

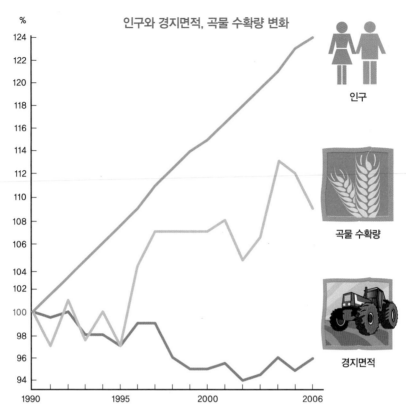

인구와 경지면적, 곡물 수확량 변화

출처 FAO 2007 – FAOSTAT.

그러나 1인당 곡물 수확 면적(경지면적)은 점점 줄어들고 있는데, 1970년에는 0.18헥타르였지만 지금은 0.10헥타르밖에 되지 않는다.[1] 경지가 새로 개간되지 않고 인구 증가세가 지속되고 있어서 이러한 흐름은 계속될 전망이다.

침식 때문에, 그리고 토양에 염분이 쌓이고 땅이 메말라 가기 때문에, 매년 세계 전체 곡물 수확 면적의 1%에 해당하는 농경지 700만 헥타르가 유실되고 있다. 물론 인공 농수農水시설, 비료 사용, 거대한 산림면적의 벌목을 통해 농지를 새로 조성해서 경작하고 있지만, 이렇게 새로 얻은 농지는 대부분 몇 년 지나지 않아 토질이 악화되곤 한다. 실제로, 이러한 토질 악화 위험에 노출된 땅은 전체 면적의 1/4이 넘는다고 한다.[2]

유엔 전문가들은 지속적인 농지 유실과 사막의 확산을 막는 데는 앞으로 20년 동안 총 2억 달러가 필요하리라 추정한다. 그런데 실질적으로 이에 대비하려고 책정한 예산은 터무니없이 부족한 상황이다.

이미 수확한 곡물을 안전하게 보관하는 데 필요한 예산 또한 부족하기는 마찬가지다. 보관상의 잘못과 벌레나 해충 때문에 수확한 곡식 가운데 30%가 손실을 보고 있다. 유엔식량농업기구는 수확 곡물의 손실을 줄이는 기술 개발을 가장 중요한 과제 가운데 하나로 간주하고 있다.

1) 유엔식량농업기구 세계통계(FAOSTAT) - online 2007.
2) 유엔사막화방지협약(UNCCD) 2007 - 토지황폐화/사막화방지(Combating Land Degradation/Desertification).

숫자로 보는 세계화 교과서

농지를
못.쓰.게. 만.드.는.
'개량화'

세계 인구는 꾸준히 늘고 있는데 경지면적은 제자리걸음을 하고 있다. 점점 더 많은 곡물이 사료나 바이오연료로 쓰이고 있다. 그 결과, 주식을 식물에 의존하는 가난한 사람들이 피해를 겪고 있다.

굶주림은 식량 부족이 아닌 빈곤 때문에 생긴 결과다. 유엔식량농업기구와 대다수 비정부기구 전문가들도 이에 대해 인식을 같이한다.

어떤 종류의 식량을 처분할 수 있는가가 가격을 결정하는 요인이다. 육류와 우유 공급 가격이 오르면 식물성 식량 가격도 올라서 평균적으로 전체 식량 가격은 비싸진다. 육류 소비 증가는 선진국과 개발도상국 부자들에게는 이익이지만 가난한 사람들에게는 전혀 이득이 되지 않는다.

점점 더 많은 곡물 수확 농지가 사료나 바이오연료 생산 용지로 바뀌고 있다. 선진국에서 사람들이 먹는 데 사용하는 수확 곡식은 1/4에 불과하다. 또한, 개발도상국에서도 육류 소비량이 급속히 늘고 있어서 점점 더 많은 곡물이 사료용으로 쓰이고 있다. 육류 1칼로리의 영양분을 만드는 데

헥타르당 수확량으로 먹을 수 있는 사람의 평균 숫자

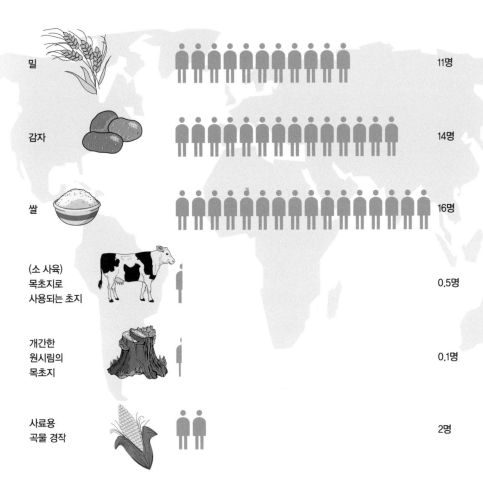

밀　11명

감자　14명

쌀　16명

(소 사육)
목초지로
사용되는 초지　0.5명

개간한
원시림의
목초지　0.1명

사료용
곡물 경작　2명

출처 FAO, WHO, Stat, Bundesamt 2006.

사료로 사용되는 식물성 칼로리는 17칼로리에 이른다.[1] 같은 면적의 농지에서 수확하는 곡물 가운데 인간이 먹는 식량은 점점 줄어드는 것이다.

세계 전 지역에서 생산하는 육류의 양은 2억 8,000만 톤으로 1980년에 비해 2배가 넘었다. 중국에서만도 25년간 육류 생산량이 1,500만 톤에서 7,500만 톤으로 급증했다. 반면에, 아프리카의 육류 소비량은 미미하기 그지없다. 아프리카 대륙 전체에서 소비하는 육류의 양은 연간 1,200만 톤에 불과하다.[2] 그곳에 사는 대다수 사람은 고기를 사 먹거나, 동물에게 먹일 사료를 구입할 여력이 전혀 없기 때문이다.

육류 소비 증가로 고기 생산방식도 달라지고 있다. 세계적으로 돼지고기와 닭을 비롯한 가금 육류의 절반과 소고기 대부분이 대규모 산업설비 형태로 생산되고 있다. 이러한 형태의 동물 공장에서 필요한 물의 양은 소고기 1킬로그램당 10만 리터에 이른다.[3] 전 세계에서 수확되는 콩의 95%가 동물용 사료로 쓰이고 있다.

문제는 가난한 사람들의 식량 안정을 위협하는 대가로 세계적으로 늘어나는 중신층의 육류 수요 증가세가 지속된다는 점이다.

---

1) 월드워치연구소(Worldwatch Institute) 2005 - 더 행복한 식사: 세계 육류산업 재고(Happier Meals: Rethinking the Global Meat Industry).
2) 유엔식량농업기구 세계통계(FAOSTAT) - online 2007.
3) 월드워치연구소(Worldwatch Institute) - 바이탈 사인(Vital Signs) 2005.

유전자변형작물
G.M.O.가.
늘어난다

2006년 콩, 옥수수, 목화 등 유전자변형작물(GMO)용 경작지가 처음으로 1억 헥타르를 돌파했다. 그리고 머지않아 2억 헥타르에 이를 것으로 예상된다.

유전자변형작물 경작이 전 세계적으로 급속하게 늘고 있다. 유전자변형작물 경작지는 2001~2006년에 1억 200만 헥타르로 2배나 증가했는데, 이는 독일 면적의 3배에 이르는 면적이다. 그리고 2015년까지 또다시 2배가량 증가할 것으로 예측된다.(2013년 현재 유전자변형작물 경작지는 1억 7,530만 헥타르로, 한반도 면적의 8배에 이른다 — 옮긴이)[1]

50개가 넘는 나라에서 1,000만 명이 넘는 농민들이 유전자변형 씨앗을 땅에 심고 있는데 콩, 옥수수, 목화, 평지(유채) 씨가 주류를 이룬다. 초창기에도 유전자 쌀과 노랑개자리(콩과의 식물) 경작을 위한 종자를 심었지만 '곯지 않는 토마토' 같은 유전자변형 토마토는 실패로 끝났으며, 지금은 더는 경작하지 않고 있다.

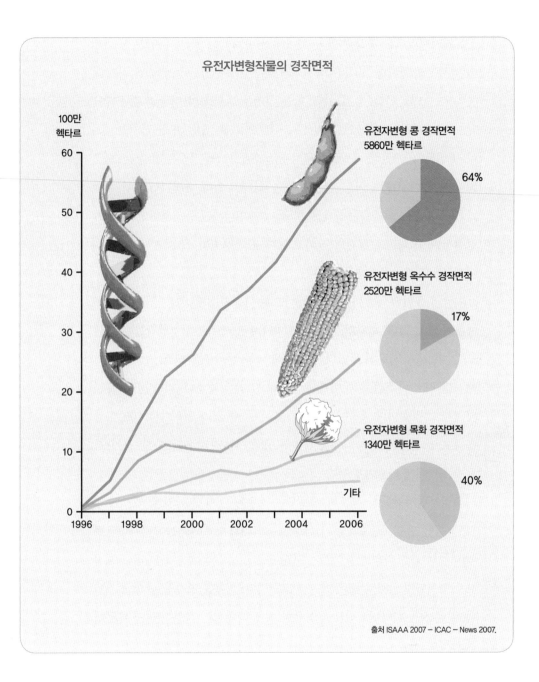

유전자변형작물의 경작면적

100만
헥타르

유전자변형 콩 경작면적
5860만 헥타르
64%

유전자변형 옥수수 경작면적
2520만 헥타르
17%

유전자변형 목화 경작면적
1340만 헥타르
40%

기타

출처 ISAAA 2007 – ICAC – News 2007.

유전자변형작물 경작 농민의 90% 이상이 개발도상국의 소규모 농장에서 일하는 계층이다. 하지만, 유전자변형 생산에서 가장 큰 비중을 차지하는 나라는 미국이다. 유전자변형작물 경작지의 55%가 미국에 집중되어 있고, 아르헨티나(18%), 브라질(12%), 캐나다(6%), 인도와 중국(각각 4%)이 그 뒤를 잇고 있다. 개발도상국의 유전자변형작물 면적은 선진국보다 2배나 빠른, 매년 20% 이상의 증가세를 나타내고 있다. 유전자변형 쌀 재배가 성공하면 이 증가세는 더 급등할 것이다. 지금까지 유전자변형 쌀은 이란에서 아주 적은 수량만 경작되고 있다. 유전자변형작물에서 추출한 바이오원료도 증가하리라 예측된다.

지금껏 유럽에서는 아직 직접 식량으로 사용되는 유전자변형작물을 구매하지 않고 있다. 하지만, 사료나 첨가물 용도로 유전자변형작물은 거의 모든 지역에서 사용되고 있다. 완제품에 들어 있는 콩 단백질, 초콜릿 속의 레시틴^{lecithin}, 마가린 속에 함유된 기름이 그 같은 경우다. 비타민E는 유전자 콩에서 추출되며, 옥수수 전분은 수많은 식품 첨가물에 기본 원료로 사용되고 있다. 엄청난 양의 유전자변형 콩이 사료로 사용되고, 간접적으로 우리 식탁에 올라오기도 한다.

유전자변형작물은 식물이 제초제나 해충에 저항력을 갖게 하기도 한다. 하지만, 유전자변형작물이 이렇게 광범위하게 확산되는 것에 비해 특정 원료의 첨가 허용 여부라든가 저장 또는 보관의 문제 등은 아직 구체적으로 명시되지 않았다. 물론 특정 원료의 첨가 여부는 달라질 수 있을 것이다. 이를테면, 비타민A 성분을 함유한 쌀에 대한 집중적인 연구가 이루어지고 있다.

아직 고구마, 기장, 완두콩과 같은 열대작물은 유전자변형작물 연구에서 주목받지 못하는데, 이러한 경향은 유전자변형 기법이 가난한 나라의 식량 공급을 개선할 것이라는 주장의 설득력을 약화시키고 있다. 아직까지 가늠할 수 없는 유전자변형작물에 대한 위험 요소와는 별개로, 거대 민간경제 업체나 유전자변형 모종 관련 민간 연구기관들은 최빈국의 식량 개선을 위한 유전자변형작물 연구가 시장에서 별로 매력이 없다고 보는 듯하다.

---

1) 농업생명과학 응용을 위한 국제사업단(ISAAA) - 상업화된 생명공학/유전자변형작물 세계현황 2006(Global Status of Commercialized Biotech/GM Crops in 2006).

세계시장에서
구.매.하.는.
곡물

개발도상국들은 점점 더 많은 곡물을 수입하고 있다. 특히 아프리카와 아시아에서는 그 지역 경작지에서 수확하는 양 보다 훨씬 많은 곡물이 필요해, 곡물 수입량이 계속 증가하고 있다.

북아메리카에서 수확하는 곡물의 양은 사하라 남부 아프리카 지역에 비해 무려 열 배가 넘는다.[1] 주민 대다수가 농업에 종사하는 지역에서도 주민들 몫으로 돌아가는 곡물은 너무도 부족하다.

아프리카와 아시아, 라틴아메리카의 소농들은 대부분 가난에서 벗어나지 못하고 있다. 비료와 질 좋은 종자, 농기구를 살 돈도 없고 신용대출을 받을 처지도 못 된다. 급수 시설은 대부분 감당할 엄두조차 못 낸다.

수많은 농경지가 외딴곳에 있어서 수확한 농산물을 유통하는 데도 어려움을 겪고 있다. 개발도상국 농민의 처지에서 곡물 수확의 보람을 앗아가는 것은 이뿐만이 아니다. 대규모 다국적기업들이 농업 보조금을 받는 자국산 곡물을 덤핑 가격으로 판매하는 바람에 개발도상국 국내시장 자체가

숫자로 보는 세계화 교과서

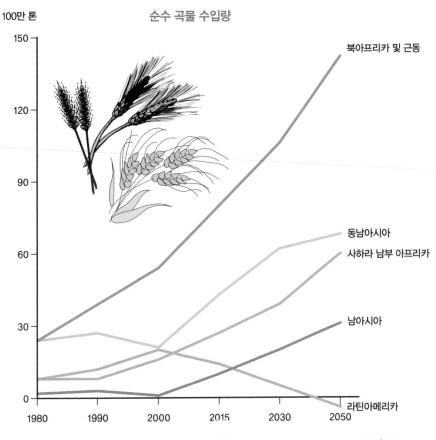

순수 곡물 수입량

100만 톤

150

120

90

60

30

0

북아프리카 및 근동

동남아시아

사하라 남부 아프리카

남아시아

라틴아메리카

1980   1990   2000   2015   2030   2050

출처 FAO 2006 – World Agriculture: Towards 2030/2050.

붕괴하기 때문이다. 유럽과 미국에서 과잉 수확된 밀이 세계 곳곳에서 해
당 국내 생산가의 50%도 안 되는 가격에 공급되고 있다. 결국, 수많은 농
민이 농사를 포기하고 고향을 떠나 도시로 흘러들고 있다.

이 때문에 가장 가난한 지역에서조차 수요 증가에 비해 곡물 수확률이
현저하게 뒤처지게 되었다. 유엔식량농업기구의 진단에 따르면, 주민 대

부분이 굶주리는 다수 지역의 곡물 수입량이 많지 않다. 사하라 남부 아프리카 국가의 곡물 수입량은 비교적 낮은 수준에 머물러 있는 반면, 성장 속도가 빠른 아시아와 부유한 중동 석유 수출국의 곡물 수입량은 계속 늘어나는 추세다. 지급 능력이 있는 지역만이 구매하는, 철저한 시장 법칙에 곡물 거래가 무릎을 꿇고 있다.

그러나 개발도상국이 수입하는 곡물의 산지가 도대체 어디인지 명확하지 않다. 유엔식량농업기구는 미국, 오스트레일리아, 유럽연합의 곡물 수확량 증가에 기대를 걸고 있다. 아르헨티나산과 타이산, 베트남산 곡물의 수출 증가도 곡물 수요를 충당하는 데 도움을 줄 것이다. 크게 늘고 있는 구 동유럽권 국가의 곡물 수출도 여기에 포함되어 있다.[2]

에너지 식물의 재배 증가가 식량 공급에 얼마나 영향을 줄지도 불확실하다. 많은 경지면적이 사람이 먹는 곡물과 채소 대신, 평지(유채), 옥수수, 콩, 사탕수수, 기름야자 재배 면적으로 탈바꿈하는 것도 우려되는 상황이다. 이러한 흐름은 곡물 공급을 줄게 하고, 가격을 급등케 할 가능성이 크다. 오늘날 이미 전 세계적으로 인구 대비 식량 비축률은 역사적으로 유례를 찾을 수 없을 만큼 떨어진 상황이다. 한편으로, 사료용 식품의 수요 폭등으로 곡물 가격은 한없이 오르고 있다.

1) 유엔식량농업기구(FAO) – 유엔식량농업기구 세계통계(FAOSTAT) 2007.
2) 유엔식량농업기구(FAO) 2006 – 세계농업: 2030/2050년을 향하여(World Agriculture: Towards 2030/2050).

양식 수산물이
늘.어.난.다.

> 그물망으로 둘러쳐진 해양 양식장과 담수 연못에서 생산되
> 는 물고기가 급격히 늘고 있다. 전 세계적으로 6000만 톤
> 에 이르는 물고기와 연체동물, 갑각류, 수중 동물이 양식장
> 에서 수확되고 있다.

바다에서 잡히는 어획량이 감소하면서, 양식업이 점점 중요해지고 있다. 바다와 내륙의 민물에서 수확하는 수중동물과 수중식물은 연간 1억 6,000톤에 이른다.[1] 그중 1/3이 양식으로 수확되는데, 각종 물고기와 조개와 새우, 화학·제약·사료용인 해초 등이 주류를 이룬다.

양식용 어획량 대부분(70%)은 중국산이다.[1] 중국인들의 입에 들어가는 물고기와 식용 해산물은 45년 전보다 5배나 늘어났다.[2] 같은 시기 미국인 1인당 섭취량이 50% 정도 증가한 것과 비교하면, 중국인들의 소비량 상승세는 가히 폭발적이라 할 수 있다.

일반적으로 양식업은 대양에서의 남획을 대체할 유망한 대안으로 떠오르고 있다. 그러나 여기에도 복합적인 상관관계가 있다. 먼 바다에서 잡아

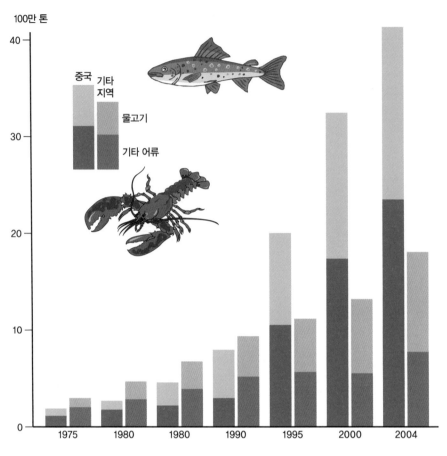

출처 FAO – FISHSTAT 2006.

온 물고기 가운데 1/3가량이 어분(생선가루)이나 기름으로 가공되고, 그중 상당수는 양식장 사료로 사용된다. 경제적 이익을 주는 어종은 동물성 단백질을 필요로 한다. 어분을 연어, 다랑어, 송어 사료용으로 사용하는 양식장에서는 물고기 1킬로그램을 기르는 데 자연산 물고기 4킬로그램을 소비해야 하는 역설적인 상황이 벌어지고 있다.[3] 물고기 생산에서도 곡물의

'개량화'와 비슷한 현상이 나타나는 것이다.

전에는 주로 음식물 쓰레기에서 어분을 만들었다. 그러나 오늘날에는 페루와 칠레 해안, 북동부 대서양에서 어로선단들이 어분으로 사용할 물고기를 전문적으로 포획하고 있다. 이 선단들이 잡는 물고기는 정어리를 비롯해 오로지 어분을 얻기 위한 몇몇 특정 어류에 국한되어 있다. 이 고기들은 먹을거리용으로는 전혀 사용되지 않으며, 이로 인해 이 어류들을 주로 잡아먹는 대구와 헬리버트(넙치의 일종), 범고래와 해조 같은 수산자원도 함께 감소하고 있다.

이 문제를 타개할 방법은 여러 어류를 어분으로 사용하는 것이지만, 무엇보다 시급한 것은 어분이나 물고기 기름을 대신할 수 있는 식물성 단백질을 개발하는 일이다. 그러나 이러한 의무 규정은 아직 국제적으로도, 또 개별 국가 내에서도 고려하지 않는 실정이다.

더욱 심각한 것은 대규모 양식업으로 파생하는 생태 문제다. 예컨대, 베트남의 새우 양식은 메콩 강 삼각주의 홍수림紅樹林을 파괴하는 주요 원인이 되며, 양식에 사용되는 물속에 뒤섞여 양식장에 쏟아붓는 항생 물질 때문에 생태계가 위협을 받고 있다.

---

1) 유엔식량농업기구(FAO) 2007 – 세계 수산 및 양식 현황(State of the World Fisheries and Aquaculture).
2) 월드워치연구소(Worldwatch Institute) 2006 – 오늘의 어획: 건강한 바다를 위한 해산물 선택(Catch of the Day: Choosing Seafood for Healthier Oceans).
3) 세계야생생물기금 보고서(WWF-Studie) 2003 – 양식업이 남획을 부추기고 있다(Fischfarmen tragen zur überfischung bei).

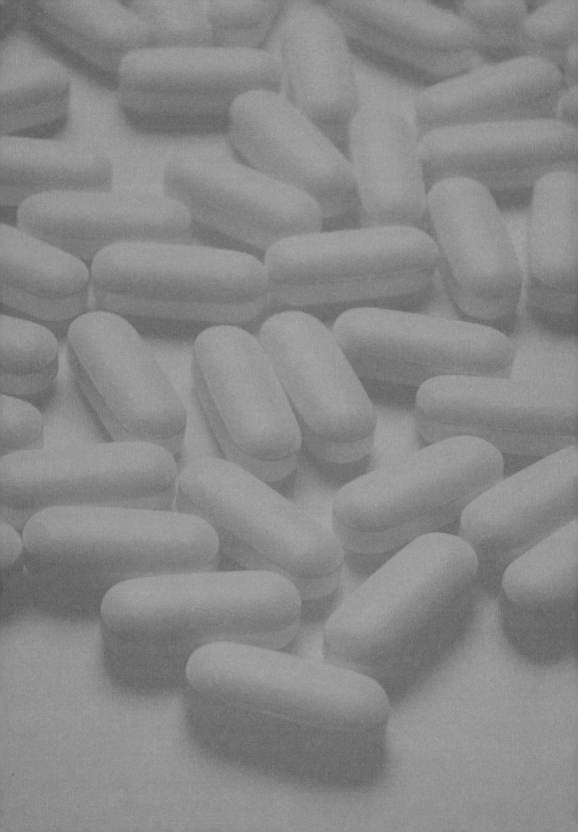

H E A L T H

07
건강

부유층만의 특권인가?

평균적인 인도 가정이 마실 물을 생수로 대체한다면 월소득의 절반 이상을 써야 한다. 개발
도상국 어디선가는 3초마다 아기가 1명씩, 그것도 사소한 질병으로 죽어간다. 연간 의약품
연구비 1000억 달러 중 90%가 세계 인구의 10%도 안 되는 부자만을 위한 것이다.

◆

개발도상국 국민 가운데 절반은 의료 서비스 혜택을 전혀 받지 못하고 있다. 세계보건기구는 의료 환경이 가장 열악한 50개국에 기초적인 의료 서비스를 제공하는 데만 무려 400만 명이 넘는 의사와 간호사, 조산원, 의료 도우미가 필요하다고 밝힌다.[1]

효율적이고 원활한 보건 시스템 못지않게 중요한 것이 식수 공급과 위생시설 개선인데, 오염된 식수와 비위생적인 생활 환경이 질병의 가장 심각한 원인이기 때문이다. 이 때문에 제대로 먹지 못하는 수많은 사람이 질병에 대한 저항력을 키우지 못하고 사소한 질병에 걸리기만 해도 치명적인 위험에 노출되고 있다.

전 세계적으로 매년 거의 아동 1,100만 명이 다섯 살을 넘기지 못하고 사망하며, 50만 명이 넘는 산모가 출산과 동시에 목숨을 잃는다. 또한, 매일 산모 14만 명가량이 적절한 보살핌을 받지 못한 상태에서 아이를 낳고 있다.[2]

적극적인 예방접종 캠페인에도, 예방과 치료가 가능한 전염병에 걸려 목숨을 잃는 사람이 여전히 매년 1,500만 명이나 된다. 수년 전부터는 말라리아 퇴치에 전혀 진전을 보지 못하고 있으며, 지금도 매일 5,000명이 결핵에 걸려 죽어 가고 있다.[3] 세계보건기구는 전형적인 가난에서 비롯하는 질병에 대해 경고하고 있다. 반면, 소아마비 퇴치에서는 상당한 성과를 거두었는데 20년 전에는 하루 1,000명의 어린이가 소아마비로 목숨을 잃었다면, 현재는 10명으로 급감했다.[4] 물론 세계보건기구는 이 병을 완전히 뿌리 뽑지 못하면 언제 또다시 이전 상황으로 돌아갈지 예측할 수 없다는 경고를 늦추지 않고 있다.

세계 곳곳을 여행하는 관광객의 홍수로 선진국에는 새로운 위험 요소가 등장했다. 연간 약 16억 명에 이르는 비행기 탑승객이 지구 전체를 오가며 다양한 병원체를 옮길 위험이 얼마든지 있기 때문이다. 사스(급성호흡기증후군)와 아시아 조류인플루엔자는 특정 지역의 토착 유행병이 전 세계로 급속히 번져 지구 전체의 우환거리가 될 수 있음을 보여 주기에 충분했다. 세계보건기구는 유행성 전염병 하나가 수백만 명을 죽음으로 내모는 사태가 충분히 현실로 나타날 수 있다고 인식하고 있다.

현재 가장 무서운 전염병인 에이즈는 매년 300만 명의 목숨을 앗아간다.[5] 특히 아프리카 국가들은 에이즈로 인해 발전은커녕 퇴보를 거듭하고 있다. 에이즈 환자 대부분은 적절한 치료를 받을 수 없는 가난한 사람들이다. 더욱이 시판되는 에이즈 의약품이 특허보호를 받고 있어서 개발도상국 대다수 주민 처지에서 엄두를 내지 못할 만큼 약품 가격이 비싼 현실도 이러한 비극적 상황에 한몫한다. 거대 제약사들은 가난한 나라에서 제네릭'이 판매되는 것을 조직적으

제네릭 Generic
특허가 만료된 오리지널 의약품의 카피 약.

로 방해하고 있다. 값싼 복제 의약품을 둘러

싼 갈등은 무역관련지적재산권협약˚에 관

한 세계무역기구 협상에서 가장 뜨거운 쟁

점이 되고 있다.

> **무역관련지적재산권협약 TRIPS**
> 1995년 세계무역기구 출범과
> 함께 타결된 협약. 처음에는
> 위조품 규제를 위한 것이었지만
> 이후 저작권, 상표권, 특허권 등
> 지적재산권 전반에 관한 무역
> 규범으로 확대되었다.

이 문제는 오래전부터 비단 에이즈 치료약에만 국한된 것이 아니었다.
영국의 자선구호단체 옥스팜과 여러 비정부기구는 거대 제약사들이 엄청
난 이윤을 챙기려고 개발도상국 환자들을 냉혹하게 죽음으로 내몰고 있다
고 비난한다. 의약품 제조업체들은 신약 개발에 비용이 많이 든다는 이유
를 반론으로 내세우고 있다.

많은 열대성 질병에 대해 제약업계가 전혀 관심을 기울이지 않음으로
써 상황이 악화되는 것도 큰 문제다. 제약업체들이 선진국에서 판매되는
의약품 개발에만 심혈을 기울이는 것이다. 최근 30년간 개발된 의약품 가
운데 개발도상국에서 고통을 겪는 질병 치료에 효과적인 의약품은 10%에
불과하다는 사실이 이를 증명한다.[6]

물론 거대 제약사들의 협력이 없다면, 질병과의 싸움에서 결코 이길 수
없다. 베트남은 약품과 모기장을 대대적으로 보급함으로써 말라리아 퇴치
에서 상당한 성과를 거두었다. 의료진 수백 명이 외딴 지역까지 가서 기초
의료 도우미 교육을 했고, 그 지역 식물에서 추출해 대량 생산할 수 있는

숫자로 보는 세계화 교과서

작용물질 아르테미신^{Artemisin} 개발에 성공했다. 현재 베트남에서 말라리아 치료약은 1달러도 되지 않는다.

2007년 3월 아프리카에서는 처음으로 특허보호와 별개로 개발된 말라리아 치료약이 선을 보였다. 전액 공공기금의 지원을 받은 이 약품은 생산가로 판매가 가능해졌다. 세계무역기구와 국경없는의사회는 2002년부터 (아르테미신에서 추출한) 복합성분 약품을 개발하도록 했으며, 이 약은 지금 사노피 아벤티스^{Sanofi-Aventis} 회사가 모로코에서 생산하고 있다.[7] 이와 관련해 더 많은 지지를 얻으려면, 이러한 계획 자체가 열대질병 치료약품 시장에 일대 혁명을 가져와야 할 것이다.

1) 세계보건기구 미디어센터(WHO Media Centre) 2007 - 보건요원의 위기(Health Worker Crisis).
2) 세계은행(World Bank) - 세계개발지수(World Development Indicators) 2006, 2007.
3) 세계보건기구 미디어센터(WHO Media Centre) 2007 - 결핵(Tuberculosis).
4) 세계보건기구 미디어센터(WHO Media Centre) 2007 - 소아마비 퇴치를 위한 세계운동(The Global Polio Eradication Initiative).
5) 유엔에이즈계획/세계보건기구(UNAIDS/WHO) - 에이즈 업데이트 2007(Aids Epidemic Update 2007).
6) 국경없는의사회(Médecins sans Frontières) 2006 - 필수의약품 접근을 위한 캠페인(Campaign for Access to Essential Medicines).
7) 부코(BUKO Pharma-Brief) 2007.3 - 특허보호가 없는 의약품의 최초의 새로운 발전(Erste Neuentwicklung eines Medikaments ohne Patentschutz).

여섯 명 중 한 명은
깨.끗.한. 물.을.
마시지 못한다

아프리카와 아시아 농촌 지역에서는 수백만 명이 강과 호수, 오염된 저수지에서 직접 물을 공급받을 수밖에 없는 처지에 놓여 있다.

깨끗한 물을 공급받지 못하는 사람은 약 10억 1,000만 명인데, 세계보건기구는 '하루 20리터의 깨끗한 물을 1킬로미터 내 인근에서 구할 수 없는 사람'을 그 기준으로 삼는다. 이는 가정에서만 1인당 하루 물 400리터를 소비하는 미국과 큰 대조를 보인다.

더러운 물과 열악한 위생 환경 때문에 매년 180만 명에 이르는 아동이 목숨을 잃고 있다. 이는 런던과 뉴욕에 거주하는 만 5세 미만의 전체 아동보다 많은 수치다. 또한, 전쟁과 내전으로 죽는 사망자의 6배에 이르는 아동이 매년 설사로 사망한다.[1]

이는 특히 농촌 주민에게 해당하는 문제다. 수많은 여성이 음식을 만들식수 한 통을 길어 나르기 위해 수 킬로미터에 이르는 먼 곳까지 발걸음을

깨끗한 물을 마시지 못하는 사람

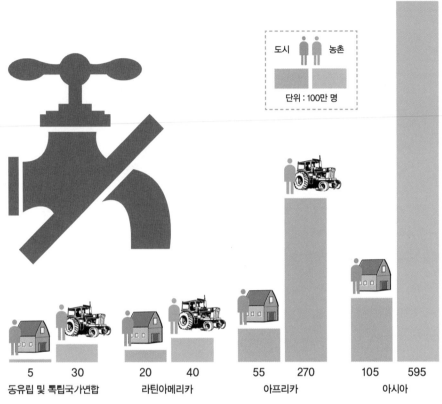

출처 FAO 2005, WRI 2005.

하고 있다. 도시 난개발도 이 상황을 부채질하고 있다. 슬럼 지역이 많아지면서 물을 공급받지 못하는 사람이 급격히 늘고 있는 것이다.[2]

여러 지역에서 상수도관의 누수와 운하로 엄청난 양의 물이 소실되고 있다. 유엔의 추정에 따르면, 이렇게 소실되는 물의 양은 40%에 이른다.[3] 하지만, 이렇듯 형편없이 열악한 급수 체계를 개선하는 데는 너무 많은 예산이 필요하다. 전 세계적으로 물 문제 해결을 위해 매년 2,000억 달러가 투입되어야 하지만, 실제로 쓰이는 돈은 미미하기 짝이 없다. 프랑스의 온데오^Ondeo, 비방디^Vivendi, 독일의 RWE 등 거대 다국적기업들은 1990년대 수많은 대도시의 물 공급 업무를 맡아왔다.

그러나 이 기업들이 한 일이라곤 부유한 도시를 상대로 한 물 공급 개선뿐이었으며, 그 결과 물 가격이 크게 올랐다. 결국, 가난한 사람들은 혜택을 전혀 받지 못했으며, 거대 다국적기업들은 빈곤층을 위한 물 공급으로 돈을 벌지 못하자 애초 계획을 포기하기도 했다.[3]

물 공급은 한 나라의 국민경제에서 필수 조건이다. 그러한 이유로 국경을 가로질러 흐르는 강물의 식수 분할 문제는 위험한 갈등 요인으로 여겨지고 있다. 물론 아직은 — 예컨대 나일 강, 요르단 강, 유프라테스 강과 티그리스 강가에서 — 국경을 접한 나라 간에 직접적으로 물 전쟁은 일어나지 않았다. 현재 전 세계적으로 국경을 넘나들며 흐르는 물 문제에 관해 체결된 국가 간 협약은 400개가 넘는다.[4]

하지만, 개별 국가 내에서는 물을 둘러싼 유혈분쟁이 심심치 않게 발생하고 있다. 이 분쟁들은 주로 유목민과 토착 농민 사이에서 그리고 산업 개발 계획으로 식수 공급이 위협에 처할 때 주로 발생하곤 한다.

---

1) 유엔개발계획(UNDP) – 인간개발보고서(Human Development Report) 2006.
2) 세계보건기구 & 유니세프(WHO & UNICEF) 2006 – 식수 및 공중위생 관련 새천년개발목표(MDG) 회의(Meeting the MDG Drinking Water and Sanitation Target).
3) 유엔(UN) 2006 – 제2차 유엔세계수자원개발보고서(Second UN World Water Development Report).
4) 미국 오리건주립대학(Oregon State University) 2003 – 접경 담수 분쟁 데이터베이스(Transboundary Freshwater Dispute Database).

숫자로 보는 세계화 교과서

해마다
아.동. 1100만. 명.이.
목숨을 잃는다

> 400만 명에 이르는 신생아가 태어나면서 혹은 태어난 직후
> 에 사망하고 있다. 채 다섯 살을 못 넘기고 목숨을 잃는 아
> 동 또한 700만 명에 이른다. 제대로 먹지 못해 질병이 치명
> 적인 죽음으로 이어지고 있다.

개발도상국 어디에선가는 3초마다 아기가 한 명씩 죽어가고 있다. 그것도
원래 피할 수 있는 질병으로 목숨을 잃는데, 절반 이상이 영양실조 때문이
다.[1] 아기의 몸이 너무 약해 저항력이 없어 사소한 감염에도 살아남지 못
하는 실정이다. 폐렴, 설사, 말라리아, 홍역이 이들에게 치명적인 위협이
되고 있다. 세계보건기구는 이렇게 영양실조 상태에 있는 아기들이 개발
도상국 전체 유아의 25%에 이른다고 밝힌다.

　세계적으로 평균 5세 미만의 아동 1,000명당 80명이 목숨을 잃지만, 이
는 10년 전에 비하면 그나마 10%가량 줄어든 것이다. 그러나 1990~2015
년에 아동 사망률을 2/3 줄이겠다는 유엔의 밀레니엄개발목표는 여전히
이루기 어려울 것으로 예상된다. 물론 라틴아메리카와 남아시아에서는 상

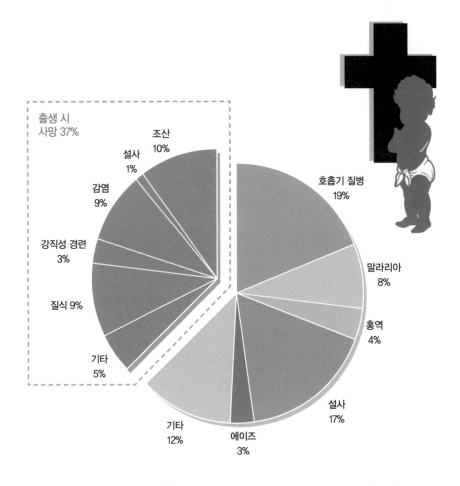

출처 WHO 2005 – World Health Report – Make Every Mother and Child Count.

황이 다소 호전되고 있는데, 최근 10년간 이 지역의 몇몇 나라에서는 아동 사망률이 40%나 감소했다.

반면, 사하라 남부 아프리카 여러 나라에서는 5세 미만 아동 사망자가 6명 가운데 한 명꼴로 여전히 높은 수준을 유지하고 있다. 이 가운데 제일 심한 국가는 5세 미만 아동 4명 중 사망자가 한 명이 넘는 시에라리온, 나이지리아, 앙골라다. 세계보건기구의 목록에 기록된 아동 사망률이 15%가 넘는 전체 26개국 가운데 25개국이 아프리카 국가다.[1]

아직도 많은 아이들에게 가장 위험한 전염병에 대한 예방접종이 실시되지 못하고 있다. 특히 헤아릴 수 없는 수많은 가정이 비참하기 짝이 없는 위생조건에서 생활하며, 그 때문에 아이들이 특히 호흡기 질환, 피부병, 설사로 고통을 겪고 있다. 결국 세계보건기구는 이런 끔찍한 상황과의 전쟁을 선포하기에 이르렀다. 1999년부터 1세부터 15세에 이르는 3억 6,000만 명을 대상으로 예방접종을 실시했으며, 그 결과 불과 수년 사이에 아동 사망률이 1/4가량 떨어졌다.[2]

아프리카에서는 기승을 부리는 모기로부터 효과적인 아동 보호책이 여전히 부족한 실정이다. 말라리아의 감염 속도가 너무 빨라서 말라리아에 걸려 죽는 아기만 해도 수백만 명에 이른다. 이는 간단한 약과 모기장만 있어도 큰 도움이 될 수 있지만, 해당 국가로서는 이러한 가장 초보적인 환경 개선을 위한 돈이 부족한 실정이다. 더욱이 많은 국가에서 이를 해결하려는 정치적 의지가 거의 없기도 하다.

단지 임산부들이 아무런 도움을 받지 못한 채 출산해야 하는 처지 때문에, 태어나면서 혹은 태어난 직후 목숨을 잃는 신생아가 약 400만 명에 이른다. 원래 막을 수 있는 조산, 출산 당시의 감염, 산소 부족 등 때문이다.

---

1) 세계보건기구(WHO) 2005 - 세계보건보고서(World Health Report) - 세상의 모든 엄마와 아이를 소중하게(Make Every Mother and Child Count).
2) 세계보건기구(WHO) 2007 - in: 랜셋(The Lancet) 2007; 369:191.

에이즈,
특.히. 아.프.리.카.에.서.
심각한

> 전 세계적으로 인체면역결핍바이러스(HIV) 감염자는 4000
> 만 명이 넘고, 해마다 400만 명이 새로 감염되고 있다. 이로
> 인해 아프리카에서만 매년 아동과 어른 200만 명이 목숨을
> 잃고 있다.

인체면역결핍바이러스 감염자의 2/3가 사하라 남부 아프리카 주민이다.
특히 최악의 상황에 빠진 남아프리카 주민의 평균 연령은 채 40세가 안 된
다. 비록 몇몇 지역에서 호전되는 기미가 있지만, 전체적으로 인체면역결
핍바이러스 감염률은 계속 오르고 있다. 2004년, 유엔에이즈계획˚은 인체
면역결핍바이러스 양성자가 2,360만 명에

이를 것으로 추산했으나 2006년 말에 벌써

2,470만 명에 육박했다.[1]

유엔에이즈계획UNAIDS
인체면역결핍바이러스와 에이즈
확산 방지 및 감염 예방을 위한
유엔 산하 전담기구.

　특히 여성 감염자 수가 폭발적으로 늘고 있는데, 아프리카의 에이즈 환
자 중 절반 이상이 여성이다. 심지어 15~24세 연령층이 무려 75%에 이른
다.[2] 아프리카에서 에이즈는 아동 1,200만 명을 고아로 만들었으며, 몇 년

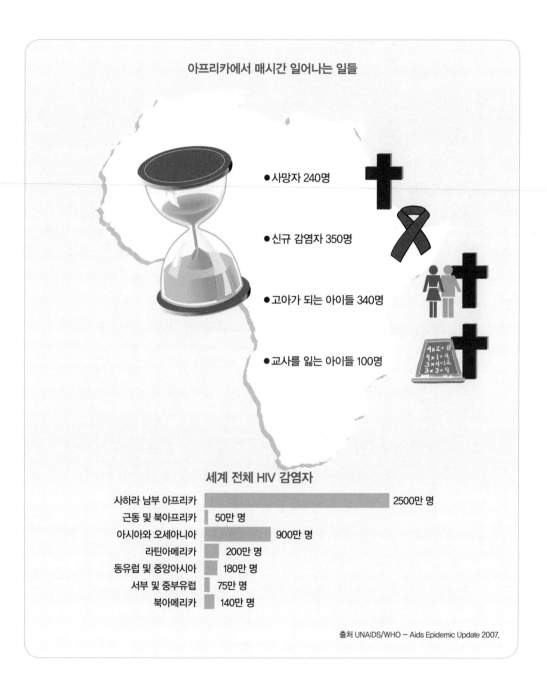

아프리카에서 매시간 일어나는 일들

- 사망자 240명
- 신규 감염자 350명
- 고아가 되는 아이들 340명
- 교사를 잃는 아이들 100명

세계 전체 HIV 감염자

사하라 남부 아프리카	2500만 명
근동 및 북아프리카	50만 명
아시아와 오세아니아	900만 명
라틴아메리카	200만 명
동유럽 및 중앙아시아	180만 명
서부 및 중부유럽	75만 명
북아메리카	140만 명

출처 UNAIDS/WHO – Aids Epidemic Update 2007.

안에 그 수는 2배에 이를 전망이다.[2]

아프리카에서는 2006년 중반 100만 명에게 항레트로바이러스 약*을

공급했다. 이는 3년 전에 비하면 10배 나 많은 사람이 약을 공급받은 것이지 만, 여전히 감염자 40명 가운데 한 명

> **항레트로바이러스 약**
> 인체면역결핍바이러스의 복제를
> 억제함으로써 인체면역결핍바이러스가
> 에이즈로 진행하는 것을 막는 치료제.

꼴에 불과하다.[1] 거의 모든 나라에서는 의료제도 자체가 큰 부담이라서

보츠와나, 나미비아, 레소토 같은 나라에서 인체면역결핍바이러스 양성자

가 전체 성인의 20~24%에 이른다는 사실은 전혀 놀랄 일이 아니다. 스와

질란드는 무려 33%가 넘는다.[1]

에이즈는 특히 일할 능력이 있는 연령층에서도 많이 감염되기 때문에

국가의 경제활동을 급격히 퇴행시킨다. 농촌에서는 농사지을 사람이 없어

서 농경지가 방치되고 있으며, 교사가 사망하고 학생이 에이즈로 죽은 부

모 대신 농사일에 매달리느라 학교에 올 수 없어 학교가 문을 닫는 지경까

지 이르렀다.

아프리카가 최악의 에이즈 감염 지역이지만, 동유럽과 중앙아시아 그

리고 남아시아에서도 에이즈는 급속히 확산되고 있다. 타이와 캄보디아는

현재 전체 국민의 2% 이상이 에이즈 감염자인데, 이 비율은 1990년 남아

프리카공화국의 에이즈 감염 수준을 넘어선 것이다. 남아프리카공화국의

에이즈 감염률은 현재 20%가 넘는다.[1] 구 소비에트연방 국가들의 감염자

수는 2001~2006년에 이미 2배에 이르렀다. 에이즈 치료와 간호를 위한

병원과 의사들이 미처 준비되지 못한 곳이 너무도 많기 때문이다. 물론 에

이즈 치료를 위한 임상시험 서비스 제공도 미비하기는 마찬가지다. 전 세

계적으로 에이즈 치료 임상시험 대상자가 되길 원하는 사람 가운데 혜택을 누리는 사람은 8명 중 한 명꼴에 그치고 있다.

미국국제개발처는 에이즈 치료비로 매년 200억 달러가 넘는 예산이 필요하리라 추정한다. 2007년 이 금액 가운데 사용된 것은 절반뿐이었다. 에이즈 치료 예산 확보와 함께 에이즈 예방을 위한 계몽 노력도 강화되어야 할 것이다. 지금도 여전히 15~24세 젊은이 중 절반이 인체면역결핍바이러스 감염경로에 대한 사전 지식이 전혀 없는 상태다.[3]

1) 유엔에이즈계획/세계보건기구(UNAIDS/WHO) - 에이즈 업데이트(Aids Epidemic Update), Dec. 2006.
2) 유엔에이즈계획(UNAIDS) 2006 - 에이즈 퇴치를 위한 하나 되기(Uniting the World Against AIDS).
3) 에이즈 문제에 관한 2006 유엔 총회 결의선언(Abschlusserklärung der UN - Vollversammlung zu Aids 2006).

부자와
가.진. 자.만.을. 위.한.
의약품 연구

> 지난 30년 동안 신약 약 1500개가 시장에 출시되었다. 그 가운데 열대성 질병과 결핵 치료 물질은 20개였다. 개발도상국은 제약업체들에게 결코 매력 있는 시장이 아닌 것이다.

말라리아, 결핵, 수면병, 기생충에 의해 전염되는 열대성 질병에 걸려 목숨을 잃는 사람이 매년 수백만 명에 이른다. 하지만 새로 개발되는 약은 주로 고혈압, 비만, 식욕부진, 불면증 치료약이 주류를 이룬다. 매년 1,000억 달러가 넘는 돈이 의약품 연구에 쓰이지만 이 가운데 90%가 세계 인구의 10%도 안 되는 사람들의 건강 증진에 사용되고 있다.[1] 제약업체들은 선진국에서 매출액의 90% 이상을 올리고 있다.[2]

개발도상국에서 창궐하는 수많은 질병은 부유한 국가에서는 그 이름조차 알려지지 않았다. 샤가스 병*, 부룰리궤양*, 림프사상충증* 등

샤가스 병Chagas disease
흡혈곤충에 의해 사람에게 전파되며 중앙아메리카와 남아메리카의 농촌 지역에서 발생하는 수면병의 일종.

부룰리궤양Buruli Ulcer
미코박테리아에 의해 감염되며, 특히 우간다에서 창궐하는 병.

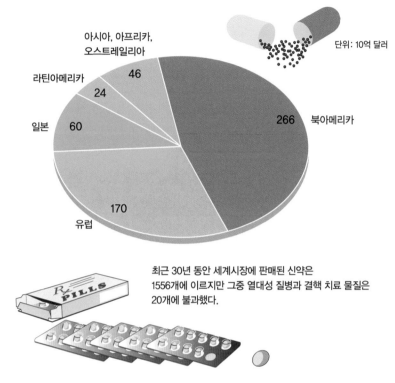

의약품 판매

아시아, 아프리카, 오스트레일리아

라틴아메리카

일본

46

24

60

단위: 10억 달러

266 북아메리카

170

유럽

최근 30년 동안 세계시장에 판매된 신약은 1556개에 이르지만 그중 열대성 질병과 결핵 치료 물질은 20개에 불과했다.

출처 IMS – Annual Health Report 2006, 2; Medecins sans Frontieres – Campaign for Access to Essential Medicines 2006.

이 그 예다.

가장 광범하게 퍼진 질병을 누그러뜨리기 위한 열대병 치료 의약품 연구 예

림프사상충증Lymphatic Filariasis
모기나 사상충에 의해 주로 감염되며, 이집트의 나일 삼각주에서 주로 발생하는 병.

산만도 지금보다 10배는 늘려야 할 것이다.[3] 그러나 제약사들에 그러한 노력을 기대하기란 쉽지 않다. 그래서 빌&멜린다 게이츠 재단, 국경없는 의사회, 록펠러 재단 등 여러 민간기구가 그에 상응하는 연구 계획을 지원

하고 있다. 지금까지 이에 동참한 제약사는 극소수에 불과하다. 감당할 수 있는 적정 가격에 새로 개발한 약을 개발도상국에 공급하겠다고 선언한 제약사들도 있다. 물론 대부분은 단지 홍보 효과성 선언에 그치고 있다.

반면 거대 제약업체들은 온갖 법적, 정치적 수단을 동원해 자신들의 특허권을 위해 투쟁하고 있다. 타이가 자체적으로 에이즈 치료약을 제조하려 하자, 미국은 제약사 손을 들어주면서 무역제재를 무기로 타이를 위협하고 나섰다. 결국, 타이 정부는 이 계획을 포기하고 말았다. 이 같은 경우를 위해 세계무역기구의 규정은 불가피한 경우에 한해 '특허 도용'을 허용하고 있다. 처음부터 제3세계에서의 제네릭(복제약품) 판매는 법적으로 논란의 소지가 있었다. 다른 개발도상국의 구매자에게 약을 계속 공급하는 것은 독자적으로 제약 산업을 구축할 수 없는 작은 나라 입장에서는 매우 중요한 문제다.

1950년대까지만 하더라도 선진국들은 의약품 특허권을 인정하지 않았다. 그런데 제약 생산이 이윤을 남기게 된 것이다. 현재 인도, 브라질, 타이 등은 이 흐름에 저항하고 있지만, 제약사들은 많은 예산이 투입되는 비싼 신약 개발비를 만회하려면 어쩔 수 없다고 말한다. 그러나 많은 이들은 제약사들이 지나치게 높은 가격을 적용한다고 비난한다. 나라별 의약품 공급가격 비교 자료를 참고하면 더욱 그러하다. 개발도상국에서 판매되는 의약품 가격이 선진국에서보다 훨씬 비싸기 때문이다.

1) 국경없는의사회(Médecins sans Frontières) 2006 - 필수의약품 접근을 위한 캠페인(Campaign for Access to Essential Medicines).
2) IMS(의료정보회사) 2006 - 연례건강보고서(Annual Health Report).
3) 세계건강연구포럼(Global Forum for Health Research) 2004 - 10/90갭(The 10/90 Gap).

점점 더 많은
물.이. 병. 속.에.
채워진다

> 2006년, 세계 전체에서 병 속에 채워져 팔린 물은 무려
> 1700억 리터에 이른다. 개발도상국에서 식수 시장은 급속
> 히 성장하고 있다. 그러나 가난한 사람들은 생수를 사 마시
> 는 일을 꿈도 꾸지 못한다.

생수 판매가 전 세계적으로 붐을 이루는데, 비단 선진국에서만이 아니다.
불과 수년 사이 생수 매출액은 2배나 늘었다.[1] 생수 시장은 네슬레, 다농
Danone, 코카콜라와 펩시, 유니레버 등 몇몇 대기업이 독점하고 있다. 이 회
사들은 수많은 개발도상국에서 해당 지역의 몇몇 주요 업자를 끌어들였으
며 대대적인 마케팅 활동으로 해마다 두 자리 수의 성장세를 보이고 있다.
주민 대다수가 깨끗한 물을 접할 수 없는 지역에서조차 이들은 병 속에 담
긴 '안전한' 생수 광고를 쏟아 내고 있다.

　병에 담겨 판매되는 생수는 비싸지만 가난한 사람들에겐 더더욱 비싸
다. 평균적인 인도 가정이 마실 물을 사 먹는 생수로 대체한다면, 물값으로
만 월 소득의 절반 이상을 지출해야 한다. 가나의 수도 아크라의 수돗물 가

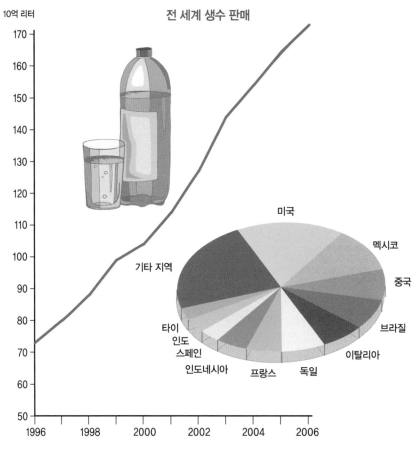

전 세계 생수 판매

10억 리터

미국
멕시코
중국
브라질
이탈리아
독일
프랑스
인도네시아
스페인
인도
타이
기타 지역

출처 Beverage Marketing Corp. 2007.

격이 100리터에 5센트인데, 같은 양을 생수 가격으로 계산하면 5~8달러
에 이른다.[2]

사 먹는 생수 때문에 정작 마실 물이 고갈되는 것을 속수무책으로 바라
볼 수밖에 없는 처지가 종종 발생하기도 한다. 기업들은 각 지역의 식수원
사용권을 사들이고 있는데, 예컨대 코카콜라는 생수를 위해 인도 남부의

숫자로 보는 세계화 교과서

플라치미다 지방에서 매일 물 35만 리터를 펌프로 끌어 올렸다. 그 때문에 주변 지역의 샘물이란 샘물은 모두 고갈되고 말았다. 주민들의 항의 시위가 잇따르자 인도 당국은 공권력을 동원하기도 했지만, 마침내 오랜 법정 다툼 끝에 코카콜라는 사업을 중단해야 했다.

네슬레사의 퓨어라이프Pure Life, 펩시콜라사의 아쿠아피나Aquafina, 코카콜라사의 다사니Dasani 같은 상표 이름이 매혹적으로 들리지만, 생수 판매가 대중에게 공급해야 할 식수원을 훼손하는 것이 더 큰 문제다. 물 사용권을 민간 기업에 매각한 나라에서 가난한 사람들에 대한 식수 공급은 철저히 실패했다. 더욱 화가 나는 사실은 기업들이 식수원을 마구 남용하는 대가로 지불하는 돈이 지극히 적은 상징적인 금액에 불과하다는 점이다.

생수 판매 호황은 생태학적으로도 심각한 문제를 낳는다. 2001년 세계자연보호기금은, 생수용 물병 생산에 플라스틱이 연간 1,500만 톤이나 필요하다고 추정했다. 이 중 재활용되는 것은 극소수에 불과하다. 플라스틱 물통 수십억 개가 쓰레기로 묻히고, 이러한 경향은 계속 늘기만 하고 있다.

1) 베버리지마케팅사(Beverage Marketing Corp.) 2007 – 세계 생수 시장(The Global Bottled Water Market).
2) 월드워치연구소(WorldWatch Institute) – 세계현황 2007(State of the World 2007).

출산으로 인한
죽.음.

매년 53만 명에 이르는 산모가 아이를 낳으면서 목숨을 잃고 있다. 특히 유럽에 비해 무려 40배나 되는 사하라 남부 아프리카 지역의 산모 사망률은 비참하기 이를 데 없다.

개발도상국 산모들은 출산할 때 전적으로 혼자 아이를 낳는 경우가 허다하다. 해마다 신생아 5,000만 명이 의사나 조산원, 간호사의 도움을 받지 못한 채 태어나며, 특히 사하라 남부 아프리카와 인도에서는 아무 도움도 없이 출산하는 산모가 10명 가운데 6명꼴이다.[1] 해마다 출산 때문에 죽는 여성은 53만 명에 이른다.[1] 그뿐만 아니라 여성 1,500만 명이 심각한 출산 후유증에 시달리고 있다.[2]

산모의 출산 사망률이 가장 높은 20개 국가 중 아프리카 국가가 무려 19개국이다. 아프리카 대륙의 동부와 서부 지역 사망률이 특히 높은데, 시에라리온과 말라위에서는 산모 10만 명 가운데 2,000명이 목숨을 잃고 있다. 반면 유럽은 10만 명당 평균 24명, 노르웨이와 스위스는 6명이 출산

산모 1000명당 사망자 수

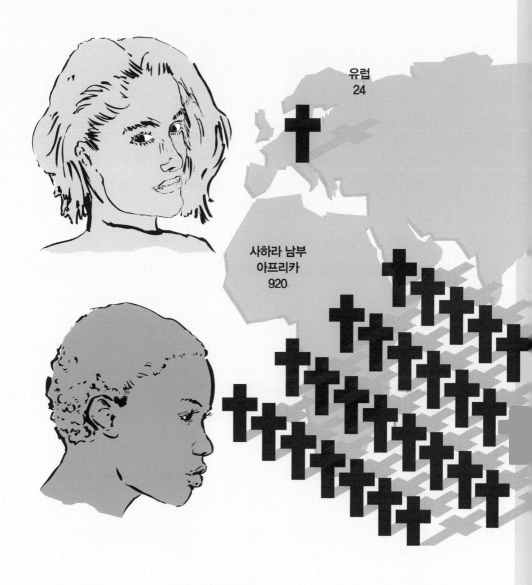

유럽
24

사하라 남부
아프리카
920

출처 WHO 2005; World Bank – Global Monitoring Report 2007.

중에 목숨을 잃는다.[3]

사망 원인의 2/3가량은 출혈, 순환마비, 감염 등이다. 이들이 의학적 보살핌을 제대로 받기만 했더라면 대부분 생명을 구할 수 있었다.[2] 그동안 많은 나라들은 출산 지원을 개선하려고 엄청난 노력을 기울여왔다. 아프리카 말리에서는 지자체들이 서로 협력해 분만 시 전문 의료진의 보살핌을 받을 수 있는 보건센터를 설립했다. 남아프리카공화국에서는 젊은 의사와 의학도들이 외딴 지역까지 가서 장기간 의료 서비스 업무를 맡고 있다.

연구 결과에 따르면, 어머니가 사망하면 유아의 생존 가능성도 떨어진다. 더욱이 어머니의 죽음은 맏딸에겐 더 비극적인 결과를 가져온다. 아버지들이 가사와 교육을 감당하는 일이 드물어서, 여자아이들이 어머니 역할을 떠안기 위해 불가피하게 학교를 그만두어야 하는 상황이 발생하곤 한다.

임신 기간 중의 건강 진단 및 질병 예방, 전문적인 출산 도움과 더불어 피임이야말로 산모 사망률을 떨어뜨릴 수 있는 중요한 요인으로 여겨지고 있다. 그렇게 해야 많은 여성이 자녀를 덜 낳고 또 위험한 임신을 피할 수 있을 것이다. 그러나 피임하지 않는 부부가 너무 많다. 유엔은 모든 여성이 현대식 피임법을 숙지하기만 해도 여성 1/3가량이 목숨을 잃지 않아도 될 것이라 분석한다.[4] 아울러 개발도상국에서 해마다 낙태 후유증으로 사망하는 1만여 명의 생명도 구할 수 있을 것이다.

1) 세계은행(World Bank) - 세계발전지수(World Development Indicators) 2007.
2) 월드워치연구소(Worldwatch Institute) - 바이탈 사인(Vital Signs) 2003.
3) 세계보건기구(WHO) 2004 - 2000년 모성사망(Maternal Mortality in 2000).
4) 유엔인구기금(UNFPA) 2003 - 모성사망 업데이트 2002(Maternal Mortality Update 2002).

건강은
돈.으.로.
살 수 없다?

현재 인구 10만 명당 의사 수는 평균 150명이다. 한 사람당 매년 의료비 지출액은 거의 650달러에 이르지만, 북반구와 남반구 간의 격차가 극심한 상황이다.

세계 전체 의료비 지출액은 3~4조 달러에 이르는데, 이는 전체 국민총생산의 10%에 해당한다.[1] 하지만, 의료체계에서 재정적으로 꼭 필요한 부문과 실제 지출되는 분야 사이에는 큰 틈이 벌어져 있다. 질병에 걸린 사람 가운데 90%가 경제적인 부담으로 의료 서비스를 원활히 제공받기 어렵고, 이 사람들 가운데 84%가 개발도상국 국민이다. 의료비 지출액의 88%를 선진국 국민이 독점하고 있다.[2] 부유한 국가의 1인당 의료비 지출액은 아프리카와 남아시아의 수백 배나 된다.

빈곤과 의료 서비스는 직접적인 관련이 있다. 질병이 유독 최빈국에서 창궐하고 있지만, 이들 나라의 국민들은 의료 서비스나 약품을 거의 제공받지 못하는 열악한 환경에 방치되어 있다. 최빈국의 인구 증가율이 가장

인구당 의사 수와 1인당 의료비

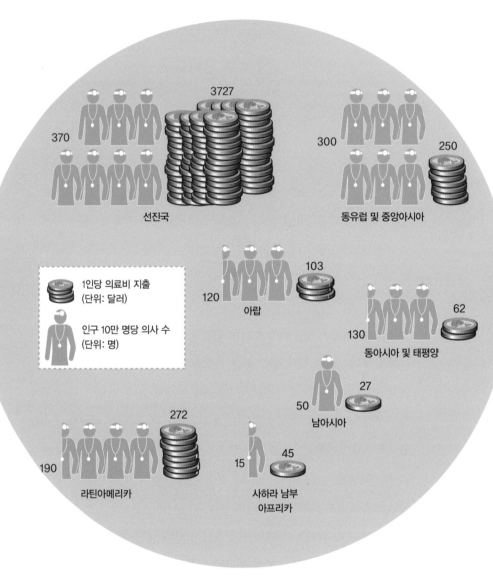

선진국 3727 370

동유럽 및 중앙아시아 300 250

1인당 의료비 지출
(단위: 달러)

인구 10만 명당 의사 수
(단위: 명)

아랍 120 103

동아시아 및 태평양 130 62

남아시아 50 27

라틴아메리카 190 272

사하라 남부
아프리카 15 45

출처 WHO 2005; World Bank – World Development Indicators 2006, 2007.

숫자로 보는 세계화 교과서

높아서 이러한 불균형은 점점 악화되고 있다. 세계보건기구와 세계은행 전문가들은 외부 지원 없이 예방과 질병 치료 예산을 거의 마련할 수 없는 상황에 우려를 표명한다.

저소득 국가에서는 기초적인 의료보험마저 전무하다. 이 국가들의 의료비 지출액은 공공 예산의 30%도 되지 않는다. 나머지 비용은 모두 환자가 부담해야 하는데, 그것도 주로 병에 걸렸을 때 직접 내야 한다. 가난한 사람들은 의사를 찾아간다든가, 더욱이 입원한다는 것은 엄두조차 내지 못한다. 게다가 치료비 선납을 요구하는 경우가 대부분이다. 부자 나라일수록 공공의료비 지출액 비율이 더 높은데, 선진국 국민은 공중보건제도의 지원을 받는 사람이 2/3나 된다.[2]

의사와 간호사들의 급료도 북반구와 남반구 국가 간에 엄청난 격차가 난다. 가난한 국가 출신의 수많은 의사와 간호사 들의 선진국행은 그래서 전혀 놀랄 일이 아니다. 해마다 이런 식으로 의사와 간호사 2만 명이 아프리카를 떠나고 있는데, 예를 들면 가나에서는 의사 정원의 절반 이상이 채워지지 않고 있다.[3] 짐바브웨와 잠비아도 이와 비슷하다. 이 때문에 수혜를 누리는 곳은 선진국이다. 미국 전체 의사의 1/4 이상이 외국 출신이며, 북아메리카의 아프리카 출신 의사 수는 7,000명이 넘는다.

1) 세계은행(World Bank) – 세계발전지수(World Development Indicators) 2007.
2) 세계은행(World Bank) 2006 – 보건재정 재고(Health Financing Revisited).
3) 유엔대학(UNU) 2006 – 국제의료인이동(International Mobility of Health Professionals).

EDUCATION

08
교육

진보를 위한 토대

개발도상국 섯이! 4명 중 1명은 글을 읽고 쓰지 못한나. 성인 문맹자의 2/3가 여성이다. 선진
국의 1인당 교육 예산은 개발도상국에 비해 35배나 높고, 학생 대비 교사 비율은 2배가 차
이 난다. 전 세계적으로 25세 미만 젊은이 8500만 명이 '통계상' 실업 상태에 있다.

◆

개발도상국 성인 4명 가운데 한 명은 글을 읽고 쓸 줄 모르며, 이 문맹자의 2/3는 여성이다. 이 비율은 수년간 변하지 않고 있다. 교육에서, 여성 차별은 다른 무엇보다도 개발도상국의 발전을 가로막고 있다. 그래서 2000년 세네갈 다카르에서 열린 세계교육포럼에서는 독자적으로 '밀레니엄 목표'를 정했다. 이 목표는 어린이 초등교육과 청소년의 기초학습 능력 향상을 위한 교육 지원 개선을 목적으로 하고 있다. 아울러 남녀 간 교육 격차를 줄이고 성인들의 문자 해독 프로그램에 중점을 두었다.

그 후 초등교육에서는 상당한 진전을 거두었다. 거의 모든 나라가 초등학교 의무교육을 입법화했다. 아프리카만 해도 불과 수년 사이 진학자 수가 1/3이나 늘었으며,[1] 더 많은 여자아이들이 학교에 다닐 수 있게 되었다. 물론 학업을 그만두는 아이의 비율은 여전히 높고, 학교를 다닐 수 없는 아이들은 아직도 전 세계적으로 1억 2,000만 명에 이른다.[2]

지금까지 취학 전 아동 교육은 너무 열악한 실정이다. 선진국은 취학 전 아동 3/4이 유치원 등 취학 전 교육을 받지만, 개발도상국은 1/3에 미치지 못하며 아프리카는 10%도 안 된다.

상급 학교 진학 학생은 전체 5억 명 정도인데, 아프리카는 여전히 상급 학교 진학률이 매우 저조한 수준이지만 상대적으로 큰 진전을 보이고 있다. 그러나 사하라 남부 아프리카에서는 지금도 초등학교 이상의 교육을

받는 학생이 전체 학생의 1/4을 넘지 못한다.[3]

전 세계적으로 학생은 1999년 이후 1억 3,000만 명으로 약 40% 증가했는데, 특히 중국과 발전 속도가 빠른 국가들의 증가세가 눈에 띄게 감지된다.[1] 유독 최빈국의 진전 속도가 느릴 뿐이다. 형편이 가장 좋은 학생들은 외국에서 공부할 기회를 얻으려 하며, 학업을 마친 후에도 고국으로 돌아가지 않고 있다. 선진국 젊은이들은 평균 3년의 학업과 직업교육 과정을 밟고 있지만, 아프리카에서는 통계상 2개월에 불과하다.[4]

전 세계적으로 교사 수백만 명이 부족한 실정이다. 전문가들은 모든 어린이가 학급당 최대 40명 정도 기준으로 일정한 수준을 갖춘 교육을 받게 하려면 교사 1,500만 명이 충원되어야 한다고 추산한다.[5] 그러나 현재 많은 교사가 교사가 되기 위한 교육을 제대로 받지 못했거나 심지어 전혀 받지 못한 채 교단에 서고 있고, 게다가 여러 학년 학생을 상대로 수업을 하는 실정이다. 80명이 넘는 학생이 콩나물 교실에서, 혹은 야외에서 땅바닥에 쪼그리고 앉아 수업을 받기도 한다.

그뿐만 아니라 교사가 받는 급료가 열악하기 그지없는 나라가 많다. 평가보고서에 따르면, 최빈국의 교사 임금은 1970년 이래 절반이나 줄었다.[6] 이는 무엇보다 세계은행과 국제통화기금의 의무이행 정책 때문이다. 이들은 채무 조건 변경이나 채무 변제 상황이 발생하면 정기적으로 공공

서비스 부문의 임금 지출을 줄이라고 요구한다. 이러한 요구는 종종 끔찍한 결과를 낳곤 한다. 잠비아는 예산 삭감으로 교사 수천 명을 신규 채용하지 못하고 있으며, 라틴아메리카 국가들도 국민소득에 비해 교육 지출 비율이 현저히 낮은 수준에 머물러 있다.

점점 더 많은 국가가 교육의 중요성을 인식하고 재정 부담을 감수하면서도 학비를 면제하고 있으며, 그 덕분에 가난한 가정의 자녀도 교육을 받을 수 있게 되었다. 케냐에서는 2002년부터 초등학교 무상교육을 시작했으며, 그 결과 100만 명이 넘는 아이들이 처음으로 학교에 갈 수 있게 되었다.[6] 우간다, 카메룬, 말라위도 비슷한 과정을 밟고 있다.

구호단체들과 유엔개발계획은 오래전부터 저개발국 원조기금의 더 많은 부분을 보건 및 교육과 같은 인간의 근본적인 사안에 투자할 것을 촉구하고 있다. 현재 초등교육에 공식적으로 투입되는 저개발국 원조기금 비율은 5% 미만이다. 더욱이 교육 원조기금이 지원하는 지원국 대다수는 지원이 정작 필요한 최빈국이 아니라 어느 정도 성장을 이룬 개발도상국들이다.[1]

유네스코는 어린이들이 충분히 먹지 못하고 제대로 도움을 받지 못하는 상황이 그 이후의 교육 성취도에도 계속 영향을 끼친다는 중요한 연관 관계에 다시 주목한다. 태어난 지 1년 이내에 병이 들고 충분히 먹지 못한 아이들은 제때 취학하는 비율도 떨어지고, 중도에 학교를 그만두는 경우가 많다는 것이다. 그래서 만 5세 미만의 전 세계 7억 5,000만 명에게 충분한 영양을 공급하고 살뜰히 보살피는 것이야말로 교육제도 개선을 위한 가장 중요한 전제 조건이다.

1) 유네스코(UNESCO) – '모두를 위한 교육' 지구보고서(EFA Global Monitoring Report) 2007.
2) 유니세프(UNICEF) – 세계어린이상황(Zur Lage der Kinder in der Welt) 2007.
3) 세계은행(World Bank) – 세계개발지수(World Development Indicators) 2007.
4) 유네스코(UNESCO) – 모두를 위한 교육 2005(Education for All 2005).
5) 글로벌교육촉진협회(Global Campaign for Education) 2006 – 모든 아이들에게 선생님을(Every Child Needs a Teacher).
6) 옥스팜(Oxfam) 2006 – 공익: 만인을 위한 보건, 교육, 물, 위생(In the Public Interest: Health, Education, and Water and Sanitation for All).

성인
문.맹.자.
7억 8000만 명

15세 이상 성인 연령층 가운데 읽고 쓸 줄 모르는 사람이 7억 8000만 명이나 된다. 이들 대부분은 개발도상국 사람들이다. 개발도상국 성인 4명 중 1명이 문맹자이며, 여성이 다수를 차지한다.

1990년대 이후로 15년간 문맹자 수가 1억 명 줄었지만, 그 가운데 무려 9,400만 명이 중국 사람이다. 아무튼 개발도상국 성인 문맹률은 37%에서 25%로 낮아진 셈이다.[1] 이러한 추세가 계속된다면, 1990~2015년에 문맹률을 절반으로 줄이겠다던 밀레니엄개발목표는 달성할 수 있을 것으로 보인다.

그러나 다른 부문과 마찬가지로 교육 부문에서도 중국을 제외하면 세계 나머지 지역은 더딘 발전 속도를 보이고 있다. 사하라 남부 아프리카의 문맹률은 40% 미만으로 떨어졌지만 문맹자 수는 1억 4,000만 명이 넘는다. 남아시아와 아랍 세계에서도 읽고 쓸 줄 모르는 성인 비율은 1990년과 변함이 없다.[1]

15세 이상 연령층 가운데 문맹률

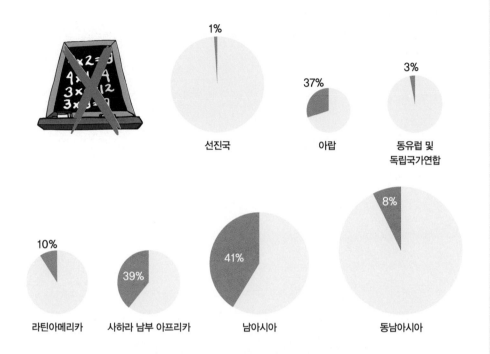

1%

선진국

37%

아랍

3%

동유럽 및
독립국가연합

10%

라틴아메리카

39%

사하라 남부 아프리카

41%

남아시아

8%

동남아시아

15세 이상 연령층 가운데 문맹률

남자: 2억 8000만 명
(전체 남성의 13%)

여자: 5억 명
(전체 여성의 23%)

출처 UNESCO Institute for Statistics(UIS) 2006.

더욱이 성인 문맹자의 2/3가 여성인데, 그간 면피용으로 수없이 열렸던 여성 지원 프로그램을 비웃기라도 하듯, 여성 문맹자 비율은 15년간 변함이 없다. 아프리카 국가들과 인도에서 여성에 대한 교육 차별은 특히 발전을 가로막는 가장 큰 장애요인 가운데 하나다. 이는 여성의 예속을 더욱 공고히 하고, 딸들에게 교육 혜택을 받지 못하게 하는 오류를 방치하고 있다.

자국의 몇몇 주민 집단, 이주민 그리고 신체장애가 있는 사람들도 소수만이 학교교육과 문자 해독 프로그램의 혜택을 누릴 수 있을 뿐이다. 이 때문에 통합은 더욱 힘들어지고 아웃사이더의 위치가 더욱 고착화하고 있다. 도시와 농촌 간 격차도 확연히 벌어지고 있다. 농촌 문맹률이 도시 문맹률보다 2~3배 높은 나라가 많다.[2]

문맹률을 낮추고 문자 해독력을 키우는 것은 정치인들이 이 문제를 얼마나 진지하게 받아들이느냐에 달렸다. 우리는 이러한 실례를 과거 라틴아메리카의 여러 나라와 탄자니아, 에티오피아에서 찾아볼 수 있다. 이 나라들에서는 1970~80년대 대대적인 문맹 퇴치 캠페인을 벌여, 불과 수년 안에 글을 쓰고 읽을 줄 아는 사람이 2배나 많아졌다. 하지만, 오늘날에는 이러한 설레는 기대감을 더는 느낄 수 없다. 많은 나라에서 문맹 퇴치 프로그램에 책정된 금액은 전체 예산의 1% 남짓에 불과하며,[2] 특히 성인교육은 거의 방치되다시피 하기 때문이다.

1) 유네스코(UNESCO) - '모두를 위한 교육' 지구보고서(EFA Global Monitoring Report) 2007.
2) 유네스코(UNESCO) - '모두를 위한 교육' 지구보고서(EFA Global Monitoring Report) 2006.

교육에 더 많은
투.자.가.
필요하다

여러 가난한 나라에서 많은 노력을 기울이고 있지만, 선진국의 1인당 교육 예산은 개발도상국에 비해 35배나 높은 수준이며, 학생 대비 교사 비율 또한 2배가 차이 난다.

복지는 더 나은 교육 기회의 문을 열어 주고, 더 나은 교육은 더 많은 복지를 이끌어 낸다. 이러한 이치는 개인 영역만이 아니라 국가의 여러 부문에도 똑같이 적용된다. 많은 개발도상국은 교육재정지출을 늘리고 있으며, 아프리카와 아시아 최빈국들도 공공지출의 10~20%를 교육에 쏟아붓고 있다.[1] 물론 재정지출의 총액에서는 여전히 많이 부족한 실정이다.

15년 전과 비교하면 오늘날에는 학교에 다니는 학생이 엄청나게 늘었지만, 부모가 학비를 낼 여력이 없어 초등학교도 졸업하지 못하고 학교를 그만두는 아이들 또한 여전히 많다. 그렇다고 정부 역시 재정 부담이 너무 커서 학비를 전액 면제해 줄 수도 없는 처지다.

특히 농촌 지역에서는 학교가 부족하고 그나마 있는 학교 시설도 형편

1인당 공공 교육비 예산
단위: 달러

교사 한 사람당
학생 수

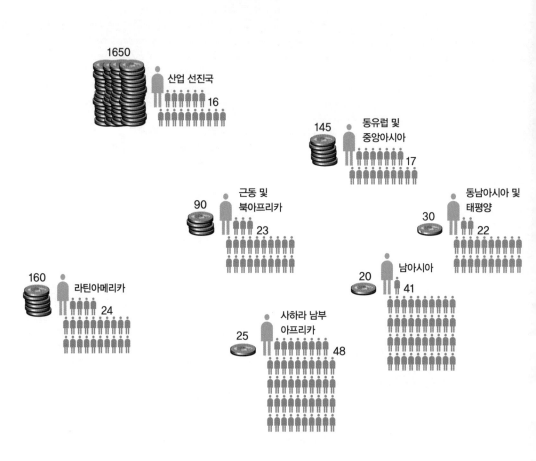

1650
산업 선진국
16

145
동유럽 및
중앙아시아
17

90
근동 및
북아프리카
23

30
동남아시아 및
태평양
22

160
라틴아메리카
24

20
남아시아
41

25
사하라 남부
아프리카
48

출처 OECD, 2005; World Bank – World Development Indicators 2007.

숫자로 보는 세계화 교과서

없는 실정이다. 적절한 교재가 부족하고, 수업은 허물어진 공간에서 이루어지며, 학급당 인원은 너무 많다. 나이와 학년 차가 심한, 80여 명이 넘는 학생이 한 교실에서 혹은 야외에서 서로 뒤섞여 수업을 받고 있으며, 이런 모습이 일상이 된 곳이 너무 많다.

교사 양성을 위한 예산도 거의 없다. 이를테면 토고를 비롯한 여러 나라에서 교사 대부분은 초등학교도 채 졸업하지 않았고, 보츠와나에서는 교사 교육을 받은 사람이 10%에 불과하다.[2]

유네스코는 모든 어린이가 초등교육을 받게 하려면 해마다 약 60억 달러가 필요할 것이라고 추산했는데, 이 금액은 지금까지 초등교육에 투입된 저개발국 원조기금의 3배에 이른다. 그러나 실제로 교육 부문에 사용되는 비율은 세계 전체 저개발국 원조기금의 2.5~5%에 불과하다. 그나마 이중 절반 이상은 가난한 국가가 아닌 중간 소득 수준의 개발도상국으로 흘러간다.[3]

대다수 최빈국에서 상급학교나 대학 예산은 아직도 열악한 실정이다. 사하라 남부 아프리카에서는 중학생 수가 늘고 있지만, 전체 어린이익 3/4 이상이 초등학교 이상 진학하지 못하고 있다. 이러한 상황이니 전문학교나 대학 공부는 말할 것도 없을 것이다.

1) 세계은행(World Bank) - 세계발전지수(World Development Indicators) 2007.
2) 유네스코 통계국(UNESCO Institute Statistics) - 모두를 위한 교육(Education for All) 2005.
3) 유네스코(UNESCO) - '모두를 위한 교육' 지구보고서(EFA Global Monitoring Report) 2006, 2007.

두뇌 유출,
전.문. 인.력.의.
'새로운' 이주

> 지구 남쪽 나라 출신 학자와 연구자 들이 행복을 찾아 선진
> 국으로 이주하는 추세가 늘고 있다. 개발도상국의 직업교
> 육 예산은 여전히 제자리걸음을 하는 형편이다. 전문 인력
> 의 절반 이상이 개발도상국을 떠나고 있다.

개발도상국은 전문 인력 부족으로 몸살을 앓고 있다. 자국 연구 인력이 주
로 외국에서 활동하기 때문이다. 세계은행의 보고서에 따르면, 전 세계 고
학력 학위취득자 80%가 외국에 거주하는 것으로 밝혀졌다.[1] 이들 고국의
직업교육 비용은 여전히 제자리걸음을 하고 있다. 최근에도 10만 명에 이
르는 인도 출신 IT 전문 인력이 미국으로 이민을 떠났고, 해마다 2만 명에
이르는 아프리카 출신의 우수한 의사, 간호사가 유럽과 미국행을 선택하
고 있다.[2]

거의 모든 이주민은 빈곤층이 주류를 이룬다는 일반적인 견해는 잘못된
생각이다. 선진국에 온 개발도상국 이주민 가운데 상당수는 대학 출신의
고학력자들이다.[2] 이들이 정착한 선진국들은 개발도상국들의 연구 인력

연구자들의 이주 비율

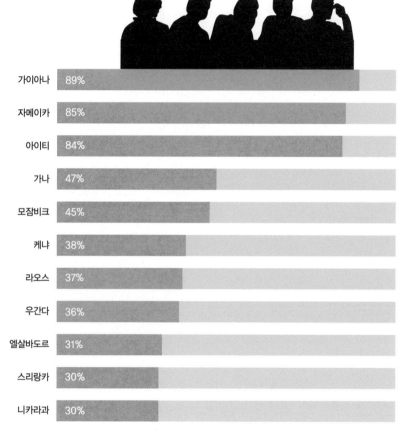

국가	비율
가이아나	89%
자메이카	85%
아이티	84%
가나	47%
모잠비크	45%
케냐	38%
라오스	37%
우간다	36%
엘살바도르	31%
스리랑카	30%
니카라과	30%

출처 World Bank 2005 – International Migration, Remittances and the Brain Drain.

손실과 반비례해 엄청난 이익을 얻는 셈이다. 미국에서 일하는 의사의 1/4 이 외국 출신이며, 오스트레일리아 의사의 1/3도 이주민 의사다. 외국 출신 의사와 간호사가 없다면, 영국의 의료 시스템은 붕괴할 정도다. 이에 따라 이 이주민들 고국의 전문 인력은 절대적으로 부족한 상태다.

매년 필리핀에서 신규 배출되는 간호사 가운데 70%가 고국을 떠나고 있으며, 그 때문에 비어 있는 필리핀의 간호사 일자리는 3만 개에 이른다.[3] 짐바브웨가 1990년대에 배출한 자국 출신 의사 1,200여 명 가운데서 고국에서 활동하는 의사는 360여 명에 그치고 있다. 영국 북부 도시 맨체스터만 하더라도 영국 출신 의사보다 아프리카 말라위 출신 의사가 훨씬 더 많다.[2]

미국외국간호학교졸업위원회˙는 인도 케랄라 주에 독자적으로 수료센터를 설립해 인도 출신 간호사를 현지에서 직접 미국 노동시장에 채

미국외국간호학교졸업위원회
외국의 간호학교를 졸업자가 미국에서 간호사 자격시험을 주관하는 기관.

용하고 있다.[3] 영국은 매년 외국 출신 간호사를 1만 2,000명 채용하며, 캐나다와 오스트레일리아는 2007~2011년까지 간호사를 각각 7만 8,000명과 4만 명 고용할 계획을 세웠었다.[2]

2006년 기준으로 고국을 떠나 다른 나라에서 사는 이주자는 2억 명에 이르는데, 그중 개발도상국 출신 연구 인력은 평균 비율을 웃돈다. 이들은 정기적으로 고국에 송금을 하고 있다. 그동안 '이주 노동자의 계좌이체'는 선진국의 공식적인 전체 저개발국 원조기금의 2배에 이른다.[4]

물론 투입된 교육 비용과 전문 인력 부족으로 입는 경제적 손실을 계산하면, 이러한 송금액을 감안하더라도, 개발도상국에는 오히려 엄청난 손

해다. '이주 노동자의 계좌이체'는 부자 나라를 위한 가난한 나라의 원조 기금이라고 하는 편이 더 정확할 것이다.

1) 세계은행(World Bank) 2005 – 국제이주, 외화 송금, 두뇌유출(International Migration, Remittances and the Brain Drain).
2) 유엔인구기금(UNFPA) – 세계인구현황(State of World Population) 2006.
3) 유엔대학(UNU) 2006 – 국제의료인이동(International Mobility of Health Professionals).
4) 세계은행(World Bank) – 세계경제전망(Global Economic Prospects) 2006.

여자아이들을 위한 교.육. 기.회.의. 확대

> 여성들은 교육에서도 여전히 남녀차별을 겪고 있다. 여학생을 위한 학교교육 및 직업교육은 빈곤 퇴치를 위해 매우 중요하며 성공적인 가족계획을 향한 지름길이기도 하다.

지난 수년 전부터 개발도상국에서 나온 연구 결과들은 교육 수준이 높은 여성은 결혼 연령이 늦어지고, 출산 자녀는 적지만 건강한 아이를 낳는다는 사실을 보여 준다. 통계적으로 보면, 여학생이 학교교육을 1년만 더 받아도 출산 자녀 수는 10%까지 내려간다.[1] 더욱이 이들이 그 후 받는 소득도 15%가량 많아진다고 나타나 있다.

학교교육 및 직업교육을 받은 여성은 가정을 훨씬 바람직한 방향으로 돌보는 경향이 있다. 이들은 소득의 상당 부분을 자녀들의 영양과 건강, 교육을 위해 투자할 줄 아는 안목이 있으며, 이로써 서서히 빈곤을 극복하는 데 적극 기여하고 있다. 그리고 이는 다시 출생률을 낮추는 선순환의 중요한 조건이 되고 있다.

여학생들에게 학교교육을
1년만 더 시켜도 기대되는 효과

소득 15% 향상

자녀 수 10% 감소

출처 UNDP – Human Development Report 1996.

하지만, 아직도 많은 개발도상국에서 여자아이의 교육 기회는 남자아이보다 훨씬 열악한 형편이다. 초등학교 입학 또래 가운데 1억 명 이상이 진학하지 못하는데, 여자아이가 남자아이보다 많음은 물론이다. 가난한 지역에서는 여자아이 5명 가운데 한 명은 초등학교를 조기에 자퇴해야 한다. 이유는 다양하다. 부모의 집안일을 도와야 하고, 어린 동생들을 돌봐야 하며, 혹은 딸이 폭행을 당할까 하는 부모의 염려 때문이기도 하다. 너무 멀고 위험한 등굣길과 열악한 위생시설도 여자아이들이 학업을 중도에 포기하는 원인이 된다. 어린 나이에 겪는 임신과 조기 결혼도 학업 포기로 이어진다. 그 결과 성인 문맹자 가운데 2/3가 여성이다.

특히 농촌에서는 많은 여성이 더 심한 불이익을 당한다. 학비를 낼 수 없는 가정에서 우선으로 학교에 보내는 것은 대부분 아들이다. 딸은 농사를 돕고, 땔감을 구해 오고, 물을 길어 오는 일을 도맡아야 한다. 어머니들이 이전에 딸로서 자신이 겪었던 인습적인 성 역할을 딸에게 대물림하는 것이다. 사하라 남부 아프리카 지역에서는 부모가 에이즈로 목숨을 잃는 바람에 맏이가, 특히 장녀가 가족 생계를 책임져야 하는 경우가 늘고 있다.

여성들의 선도적 사례를 소개하는 것이 중요할 것 같다. 지방정책위원회 등에 여성이 직접 참여하면 개선책이 더욱 빠르게 모색될 것이다. 인도의 몇몇 지방정부에서는 1998년 지방의회 의원의 33%를 여성 의원 몫으로 배정했다. 기초단체장으로 여성이 선출된 라자스탄에서는 기초단체장이 남성인 다른 지자체에 비해 남녀 초등학교 진학률 격차가 평균 13%나 줄었다.[2]

1) 유엔개발계획(UNDP) - 인간개발보고서(Human Development Report) 1996.
2) 유니세프(UNICEF) - 세계어린이상황(Zur Lage der Kinder in der Welt) 2007.

숫자로 보는 세계화 교과서

실업자의
절.반. 이.상.이.
25세 미만 젊은이

전 세계적에서 25세 미만 젊은이 8500만 명이 공식적으로
실업 상태에 있다. 이 수는 비율로 따지면 실업률 13%에 해
당하며, 기록에 잡힌 전체 실업자의 거의 절반에 이른다.

많은 나라가 교육에 관심을 두고 노력을 기울인 결과 20년 전보다 현재 청
소년의 교육 기간이 더 길어지고, 노동시장에 진입하는 나이는 다소 늦어
지고 있다. 그럼에도 이들 연령대에 적합한 일자리가 부족해서 청년 실업
률은 자꾸 높아지고 있다.

10억 명이 넘는 전 세계 15~24세의 젊은이 중 1/3 이상이 학교에 다
니고 있으며 나머지 사람들은 일을 할 수밖에 없는데, 그럼에도 통계상
8,500만 명은 실업자다.[1] 전체적으로 25세 미만 인구는 세계 인구의 약
1/4에 이르지만, 이 중 44%가 통계상 실업 상태에 있다.[2] 성인 실업률과
비교하면, 청년 실업률은 3배에 이른다.

그런데 문제는 이러한 공식 실업률은 빙산의 일각이라는 사실이다. 하

전 세계 젊은이들의 실업률 현황

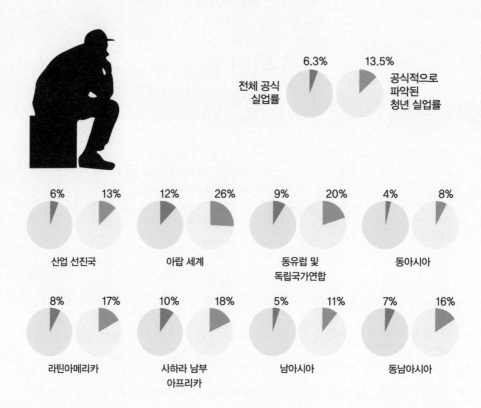

전체 공식
실업률   6.3%

공식적으로
파악된
청년 실업률   13.5%

산업 선진국	아랍 세계	동유럽 및 독립국가연합	동아시아
6% / 13%	12% / 26%	9% / 20%	4% / 8%

라틴아메리카	사하라 남부 아프리카	남아시아	동남아시아
8% / 17%	10% / 18%	5% / 11%	7% / 16%

전 세계 실업률

15~24세의 실업률(44%)   25세 이상 실업률(56%)

출처 UN 2006 – The Millennium Development Goals Report; ILO,
2006 – Facts on Youth Employment; ILO 2007 – Global Employment Trends.

루 2달러도 채 벌지 못하는 젊은이가 3억 명이 넘는다.[1] 이들은 대부분 비정규직이거나 전혀 임금을 받지 못한 채 일하고 있다. 약 2,000만 명에 이르는 젊은이가 아예 구직을 포기한 상태다. 더욱이 이러한 상황은 도무지 개선될 기미가 보이지 않는다. 고용 상황을 최소한 안정적인 상태로 유지하려면 근동과 북아프리카에서만도 2020년까지 일자리 1억 개가 만들어져야 한다.[3] 많은 아랍 국가에서는 현재 전체 실업자의 60% 이상이 25세 미만 젊은이다.

여러 연구보고서는 개발도상국 젊은이가 일자리를 찾는 데는 평균 18개월이 걸린다고 밝히고 있다.[3] 특히 젊은 여성은 남성보다 좋은 직장을 얻는 데 훨씬 더 힘든 싸움을 해야 한다.

글을 읽고 쓸 줄 모르는 젊은이들은 여전히 너무 많다. 15~24세 연령층 가운데 문맹자는 1억 3,000만 명에 이른다. 이들에게 전도유망한 일자리가 주어질 리 만무하다. 고학력 실업률 또한 특히 개발도상국에서 매우 높은 편이다. 스리랑카에서는 13년 혹은 그 이상의 학업 기간을 마친 젊은이 30%가 실업자다. 이는 1990년 이후 2배나 늘어난 비율이다.[4] 튀니지 상황도 이와 비슷하다.

국제노동기구는 이러한 역설적인 흐름에 대해 경제 발전이 교육제도 개선보다 뒤처지고, 노동시장의 요구에 상응하는 현장성 있는 지식 습득에 적응하지 못했기 때문이라 설명한다.

1) 국제노동기구(ILO) 2006 – 청년취업현실(Facts on Youth Employment).
2) 국제노동기구(ILO) 2007 – 세계고용동향(Global Employment Trends).
3) 세계은행(World Bank) – 세계발전지수(World Development Indicators) 2007.
4) 국제노동기구(ILO) 2006 – 청년취업현실, 제14차 아태총회(Facts on Youth Employment, Fourteenth Asian Regional Meeting).

ENVIRONMENT

09
환경

미래를 담보로 한 도박인가?

댐은 사람들을 고향에서 내쫓을 뿐 아니라 열대성 기후에서 화력발전소보다 온실가스를 더 많이 배출한다. 벌목으로 1분마다 축구장 35개 면적의 숲이, 15분마다 동식물종 1개가 사라지고 있다. 오늘날의 인간처럼 광범위하게 생태 순환에 개입한 종은 역사상 없었다.

◆

지구 역사상 오늘날 인간처럼 이렇게 광범위하게 생태 순환에 개입한 종은 없었다. 기후변화나 동식물 멸종, 해양 남획, 밀림 벌목, 오존층 파괴, 사막의 확산 등 모든 영역에서 인간의 활동은 유례없이 급속히 진행되는 이러한 모든 변화의 주요 원인이 되고 있다.

　　교토의정서˙ 의무조건을 이행하는 나라는 단 한 국가도 없으며, 그 어느 국가도 항구적인 고기잡이에 필요한 어획량

> **교토의정서**
> 1997년 12월 일본 교토 기후변화협약 총회에서 채택한 지구온난화 규제 및 방지를 위한 국제협약. 선진국의 온실가스 감축 목표치를 규정했다.

쿼터제를 준비하지 않고 있다. 독성 물질과 폐기물이 지구 구석구석까지 옮겨지고 있으며, 화석연료를 비롯한 모든 지하자원은 무자비하게 수탈 · 남용되고 있다.

　　여러 기업과 연구소는 지난 수년간 여러 측면에서 전 세계와 각 지역의 환경 변화 추이를 분석해 왔다. 이미 오래전부터 평균기온 및 해수면 상승, 숲과 농경지와 어장 난개발에 관해 상세하게 예측하고 진단해 온 것이다. 그럼에도 환경 파괴는 계속되고 있다.

　　이는 경제적 이해관계와 연관이 있기 때문이다. 자원의 장기적 안정보다는 눈앞의 단기적 이익을 우선시하는 태도는 여전히 변하지 않고 있다. 변한 것은 환경에 대해 내뱉는 말뿐이다. 환경보호에 대해 말하지 않는 정부나 대기업, 유엔 기구는 없다. 다만, 말과 행동의 불일치가 빠르게 확산

될 뿐이다.

밀림의 벌목은 점점 빠르게 진행되고 있다. 물론 나무를 새로 심는 조림도 계속되고 있다. 나무를 심는 곳이 생태학적으로 별 가치가 없는 곳이 문제지만 말이다.

전 세계적으로 자동차 수가 급증하고 있으며, 이에 따라 배기가스에서 나오는 이산화탄소 및 산화질소 방출량도 기하급수적으로 늘고 있다. 대기 중 배기가스 함유량도 차량 증가로 더욱 높아지고 있다. 자동차제조협회에서는 '대기 중 배기가스 배출량이 적은 자동차를 더 많이 만들겠다'고 결의한 적이 있다. 그러나 2007년, 독일 자동차 회사들은 국제 기준과 비교해 한층 더 엄격한 대기 중 배기가스 배출기준 적용을 '막아 내는' 데 성공했다.

어획 위기가 더욱 확연하게 고조되고 있다. 그런데 어장과 어업의 경제적 토대를 장기적으로 안정시키려는 노력은 전혀 하지 않은 채, 어업 회사들은 일자리 축소를 핑계 삼아 항구적으로 고기를 잡기 위해서는 당장 필요한 어획량 쿼터제를 수용하지 않고 있다.

로비스트들은 에너지 정책의 변화를 적극적으로 방해하고 있으며, 실질적으로 이들의 로비는 상당한 성과를 거두고 있다. 에너지 기업들은 여러 곳에 분산된 소규모 시설에 대한 지원 대신 거대한 핵심 시스템에만 관심을 보인다. 예상대로 이들은 전기 절약이나 지역별로 분산된 에너지 열량의 결합이 아닌 핵발전소만을 논의의 중심에 두고 있다. 특히 개발도상국에서는 핵발전소를 모든 에너지 문제를 해결해 줄 수단으로 인식하고 있다. 각 지역에 맞는 적절한 급수 및 에너지시설 대신 전체 개발도상국에 똑같은 기준을 적용한 거대한 댐 건설 프로젝트가 구체화하고 있다.

이러한 예는 얼마든지 찾아볼 수 있다. 항공운송은 급증하는데, 항공운송이 기후변화에 끼치는 영향은 지나치게 과소평가되고 있다. 비행기가 하늘에서 배출하는 온실가스는 화석연료에서 나오는 전체 배기가스 가운데 아주 적은 양일 뿐이지만, 피해 정도가 지상에서 배출되는 배기가스의 4배에 이른다는 사실은 거의 언급되지 않는다.

해수면 상승, 혹한과 폭염이 교차하는 급격한 기후변화, 화학물질이 원인인 지하수 독성화 등 그 어떤 것이든지 간에, 가장 큰 피해를 겪는 계층은 가난한 사람들이다. 이들은 맨 먼저 토양오염과 기후온난화로 곡물 수확량이 줄어들어 고통을 당하고, 다음으로는 물 부족과 질병 확산으로 더 큰 피해를 겪고 있다.

2004년 독일연방정부 산하 지구환경변화자문위원회는 다음과 같은 입장을 개진했다. "자연과 조화를 이루는 삶의 토대를 보호하고 빈곤 퇴치를 위해서는 선진국과 개발도상국 간의 책임 있는 상호협력이 더욱 절실하다. 지구환경변화자문위원회는 이를 위해 지구 선진국이 스스로 소비와 생산에서 모범적 모습을 계속 형성하고 개발도상국이 추구하는 현대화 과정이 미래에도 유지될 수 있는 방향으로 진행되도록 지원해 줄 것을 요구하는 바다."[1]

선진국이 보여 주어야 할 '지속적인 모범'은 맨 먼저 에너지 절약과 이산화탄소 배출량 감축을 말한다. 에너지 수요는 계속 늘리면서 그저 요즘 번창하기 시작한 바이오연료로 충당하는 것은 해결책이 될 수 없다. 그 이유는 첫째, 비료와 운송비를 비롯한 그 밖의 간접 후유증을 고려해 보면 사탕수수나 옥수수가 이산화탄소의 피해와 무관할 수 없기 때문이다. 둘째, 에너지 '개량화'는 굶주리는 사람의 희생을 대가로 하기 때문이다. 예컨대, 바이오원료로 사용되는 미국산 옥수수의 수요가 크게 늘면서 2007년 초 세계시장 가격을 기록적으로 경신한 적이 있다. 그런데 이 상황이 멕시코의 빈곤층을 극심한 고통으로 내몬 결과를 낳은 것이다. 이들 2명 가운데 한 명은 미국산 옥수수 빵을 주식으로 하기 때문이었다.[2]

1) 독일 지구환경변화자문위원회(WBGU) 2004 – 쟁점 소견서 "환경보호를 통한 빈곤 퇴치"(Hauptgutachten "Armutsbekämpfung durch Umweltschutz").
2) 라틴아메리카뉴스(Lateinamerika Nachrichten) 393/2007 – 바이오연료가 빈곤을 몰고 온다(Biosprit treibt den Hunger an).

더 많은 에너지를
필.요.로. 하.는.
세계

세계적인 에너지 소비 증가는 피할 수 없을 것이다. 에너지 소비 감축 기술을 통한 에너지 절감은, 특히 선진국과 중국에서 에너지 수요 폭증으로 대체효과를 기대할 수 없다.

해마다 원유 소비는 1%, 가스 소비는 3%, 석탄 소비는 6%가 넘는 증가세에 있다.[1] 최근에는 중국의 발전소에서만 미국과 러시아, 인도를 모두 합친 소비량보다 더 많은 석탄이 소모된다. 미국 한 나라에서 소비하는 원유가 세계 전체 원유 소비량의 1/4이나 된다. 전 세계 일차에너지의 거의 90%가 석탄, 천연가스, 석유로 충당된다.[2]

에너지 에이전트 전문가들은 2030년까지 에너지 수요량 증가율이 50%를 넘을 것으로 예측한다.[3] 물론 2030년에도 석탄, 천연가스, 석유가 전체 일차에너지의 80% 이상을 공급할 것이다. 이에 따라 국제 기후협약에 아무런 구속을 받지 않고 이산화탄소 배출량은 계속 많아질 것으로 예상된다.

숫자로 보는 세계화 교과서

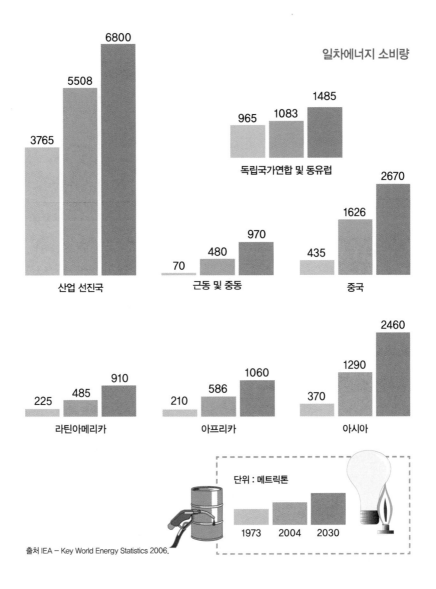

일차에너지 소비량

독립국가연합 및 동유럽

산업 선진국

근동 및 중동

중국

라틴아메리카

아프리카

아시아

단위 : 메트릭톤

1973 2004 2030

출처 IEA – Key World Energy Statistics 2006.

    2000년부터 경제적인 측면에서 에너지 효율성은 개선되지 않고 있다. 사용한 에너지 대비 국민총생산 비율은 1970년 이후 50% 이상으로 가파르게 오르고 있다. 오늘날에는 1970년과 똑같은 효율적인 경제 운용은 생

各조차 할 수 없다. 현재의 경제 생산 시스템에서는 해마다 사우디아라비아 같은 11개 나라가 공급하는 전체 원유 생산량보다 훨씬 더 많은 에너지가 필요하다.[4]

특히 중국을 비롯한 여러 아시아 국가의 에너지 수입 수요 상승이 에너지 가격 상승을 부채질하고 있다. 이는 수많은 가난한 나라에는 심각한 문제가 아닐 수 없다. 한편으로 이 때문에 현대적인 에너지 절약 기술을 개발하려는 욕구가 높아질 것이며, 또 한편으로는 예산 부족으로 어려움을 겪는 곳이 더 많아질 것이다. 그래서 이미 상당한 발전을 이룬 개발도상국과 저개발국가 간 격차는 더 크게 벌어질 가능성이 크다.

에너지자원 부족과 가격 상승으로 특히 가난한 사람들이 고통을 받는데, 지금도 전기 혜택을 받지 못하는 사람이 16억 명에 이른다.[3] 음식 조리, 조명, 냉동을 위해 간단한 펌프와 기타 가전 도구를 사용하는 데 필요한 에너지를 충분히 공급받지 못해서 고통받는 사람들은 특히 집안 살림과 농사일에 매달리는 여성들이다.

그래서 최빈국의 미래를 위한 전망은 새로운 에너지원을 얼마나 활용할 수 있느냐에 달렸다. 햇빛과 바람, 소규모 수력을 이용하는 발전소를 여러 지역에 분산 활용할 가능성은 얼마든지 있다. 그러면서 투자비는 높아지고 시간은 오래 걸리는 대규모 인프라 구조 건설 계획은 점점 설득력을 잃게 될 것이다.

1) 국제에너지기구(IEA) – 세계에너지통계(Key World Energy Statistics) 2006.
2) BP – Statistical Review of World Energy 2007.
3) 국제에너지기구(IEA) – 세계에너지전망(World Energy Outlook) 2006.
4) 월드워치연구소(Worldwatch Institute) – 바이탈 사인(Vital Signs) 2006~2007.

숫자로 보는 세계화 교과서

이산화탄소
배.출.량. 증.가.와.
기후변화

산업 선진국들은 교토의정서에 따라 의무적으로 유해가스 배출량을 1990년에 비해 절반으로 감축해야 한다. 그러나 이 목표 달성에는 아직 한참 미치지 못하고 있다.

영국 기상청 해들리 센터는 2006년 말 모든 사람을 경악케 한 평가서를 내놓았다.[1] 브레이크가 풀린 듯 멈출 줄 모르는 기후변화가 지구 면적의 1/3에 이르는 땅에 농사지을 수 없을 만큼의 극심한 가뭄을 불러오다는 것이다. 2007 유엔 기후보고서도 이와 비슷한 결과를 발표한 바 있다.[2] 이러한 결과는 모든 발전 목표를 무력화하고, 식수 대란과 식량 위기를 낳고, 여태껏 상상할 수 없었던 대대적인 탈출과 이주 물결을 불러올 것이다.

세계은행의 경제학자였던 니컬러스 스턴은 해마다 전 세계 국민총생산의 10%는 기후변화를 막는 데 써야 할 것이라고 진단했다. 만일 이러한 노력을 기울이지 않은 채 이상기후로 생기는 피해를 막으려면 20배나 더 비싼 대가를 치러야 한다는 것이다.[3]

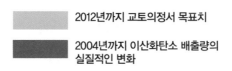

	2012년까지 교토의정서 목표치
	2004년까지 이산화탄소 배출량의 실질적인 변화

1990년 기점

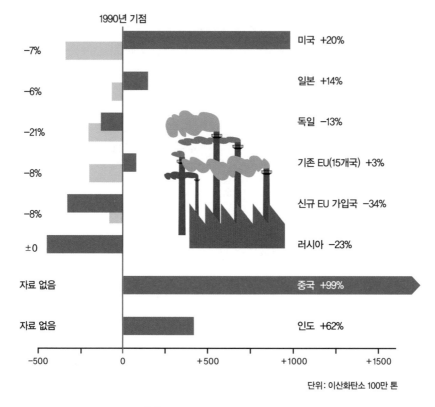

-7%	미국 +20%
-6%	일본 +14%
-21%	독일 -13%
-8%	기존 EU(15개국) +3%
-8%	신규 EU 가입국 -34%
±0	러시아 -23%
자료 없음	중국 +99%
자료 없음	인도 +62%

-500   0   +500   +1000   +1500

단위: 이산화탄소 100만 톤

출처 IEA – Key World Energy Statistics 2006; World Bank 2006; UNFCCC 2006.

국제에너지기구는 2030년까지 이산화탄소 배출량이 현재의 270억 톤에서 400억 톤으로 늘어날 것으로 예측했는데, 이 증가분 가운데 3/4 이상을 개발도상국이 배출할 것이라고 한다.[4] 중국 한 나라의 이산화탄소 배출량만 해도 앞으로 20년 동안 2배에 이를 전망이다. 하지만, 국민 1인당 이산화탄소 배출량은 여전히 부유한 선진국이 훨씬 더 많다.

미국 한 나라가 전 세계 이산화탄소 배출량의 25%를 차지하고 있다. 미국은 아직 교토의정서 비준을 거부하고 있다.

저명한 기후경제학자들은 기후변화가 무엇보다 인간에 의해 발생했다는 점에 동의하며, 2007 유엔 기후보고서 또한 이 점을 분명히 밝혔다.[2] 그럼에도 이해 당사자인 기업들은 여러 차례 이러한 인식을 흐려 놓으려 하고 있다. 이 방해 공작에 가장 적극적인 회사가 바로 미국의 거대 정유사인 엑슨모빌ExxonMobil이다. 영국왕립학회는, 수많은 사이비 기관 및 기구에 뒷돈을 대 주고 이들로 하여금 이산화탄소 축적과 온도 상승의 연관성을 부인하는 연구 결과를 내놓도록 사주한다고 엑슨모빌사를 비난한 바 있다.[5] 이러한 사이비 기관들의 '연구' 결과는 정기적으로 세계 언론을 통해 유령처럼 등장해 일반에 알려지곤 한다.

1) 영국 기상청 해들리 센터(Met Office Hadley Centre) 2006 – 개발도상국에서의 기후변화 영향(Effects of Climate Change in Developing Countries).
2) 유엔 정부간기후변화위원회(IPCC) – 기후변화(Climate Change) 2007.
3) 스턴 리뷰: 기후변화의 경제학(Stern Review: The Economics of Climate Change) 2006.
4) 국제에너지기구(IEA) – 세계에너지전망(World Energy Outlook) 2006.
5) http://image.guardian.co.uk/sys-files/Guardian/documents/2006/09/19/ LettertoNick.pdf.

점점
심.해.지.는.
기상이변

대규모 기후변화로 자연재해의 빈도가 점점 늘고 있다. 격렬한 폭풍과 홍수, 지반 침하와 우박은 국민경제에 엄청난 피해를 준다.

미국 동부 연안에 주로 나타나는 허리케인이 점점 북쪽으로 방향을 옮기고 있고, 오스트레일리아는 유사 이래 최악의 가뭄에 시달리고 있다. 북해는 기록적인 고온 현상을 보이고, 전 세계적으로 해수면은 이전에는 관찰되지 않았던 빠른 속도로 높아지고 있다. 기상학자들은 지구 대기 온도가 점점 따뜻해지고 있는데, 이 현상이 특히 인간에 의한 것이라는 점에 인식을 같이한다.[1]

대기 온도 및 해수 온도 상승과 더불어 극단적인 기상 상황의 빈도 또한 늘고 있다. 갑자기 폭설이 내려 혹한이 몰아치자마자 한겨울인데도 금방 따사로운 날씨로 급변하고, 끔찍스러운 가뭄이 끝나고 나면 금방 엄청난 폭우가 쏟아지곤 한다. 또한, 허리케인 바깥 지역에서도 더욱 강력한 토네

숫자로 보는 세계화 교과서

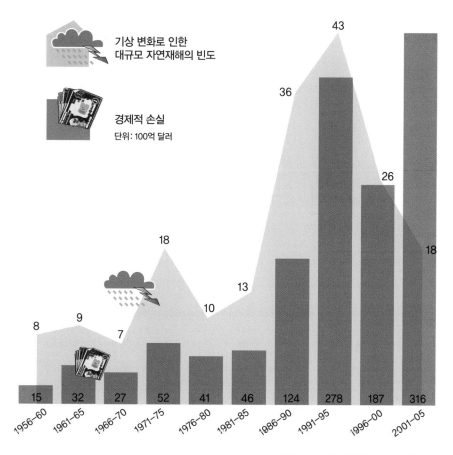

기상 변화로 인한
대규모 자연재해의 빈도

경제적 손실
단위: 100억 달러

	1956–60	1961–65	1966–70	1971–75	1976–80	1981–85	1886–90	1991–95	1996–00	2001–05
빈도	8	9	7	18	10	13	36	43	26	18
손실	15	32	27	52	41	46	124	278	187	316

출처 Müchener Rück 2007 – Geo Topics 2006.

이도가 국민경제에 심각한 타격을 주곤 한다.

특히 허리케인의 위험에 노출된 지역에 점점 많은 주택을 짓고 있어서
피해는 엄청나게 늘고 있다. 똑같은 규모의 폭풍도 지난 50년 전에 비하면
오늘날엔 훨씬 큰 재산 손실을 준다. 재산상의 피해는 일부분일 뿐이다. 지
구 온도 상승으로 자연재해는 더 크고 위험한 파괴력을 보이고 있다.[2]

유엔 정부간기후변화위원회 학자들은 온실가스 방출량을 줄이지 않으면 앞으로 30년 이내에 지구 온도가 0.6도 상승할 것으로 예측한다.[1] 이 예측이 맞다면 2040년이면 북극 얼음은 모두 녹아 버릴 것이며[3] 급속한 지구온난화와 계속되는 극단적인 기후 상황 때문에 차마 가늠할 수 없는 상황이 벌어질 것이다.

점점 심해지는 대기 중 이산화탄소 축적량은 바다 온도의 산성화를 더욱 부채질할 것이다. 그렇게 되면 산호초와 플랑크톤이 피해를 볼 것이고, 이는 해양생태계 전체 먹이사슬을 위험에 빠뜨릴 것이다.

오늘날 해수면 온도의 상승 속도는 지난 20년에 비해 2배에 이른다. 이러한 흐름이 지속되면 해변의 수많은 도시가 해일 피해의 위협에 노출되고, 바다 연안에 있는 드넓은 땅은 사람이 살 수 없는 곳이 될 것이다. 베트남과 방글라데시 두 나라에서만 무려 3,000만 명이 살 수 있는 7만 제곱킬로미터에 이르는 땅이 사라졌다. 선진국들, 특히 지중해 연안 및 미국 대서양 연안 주민 역시 이 피해에서 비켜 갈 수 없을 것이다.

1) 유엔 정부간기후변화위원회(IPCC) - 기후변화(Climate Change) 2007.
2) 뮌헨재보험(Münchener Rück) 2007 - Geo Topics 2006.
3) 미국 국립대기연구센터(NCAR) 2006 - 여름철 북극해 빙항의 가파른 감소(Future Abrupt Reductions in the Summer Arctic Sea Ice).

댐,
의.심.스.러.운.
대규모 프로젝트

1950년 이후 전 세계적으로 높이가 15미터가 넘는 제방 4만
개가 건설되었다. 하루 2개꼴로 세워진 것이다. 인공 호수
의 절반이 중국에 만들어졌다. 오늘날 선진국은 새로운 댐
을 거의 건설하지 않고 있다.

전체 댐 가운데 거의 2/3가 농업용 물 공급을 목적으로 건설되었다. 나머
지는 산업시설 및 도시의 물 공급, 전력 공급에 쓰이고 있다.[1]

　수력은 청정 에너지원으로 인식되지만, 열대성 기후에서 댐은 화력발전
소 용량보다 온실가스를 훨씬 더 많이 배출한다. 브라질의 발비나 발전소
의 예를 보면 실태가 분명히 드러난다. 호수는 2,500제곱미터의 밀림과 동
물, 농지와 마을을 모두 집어삼켰다. 그 결과 호수의 생물량은 급격히 줄어
들었고, 생물학적 산소요구량이 부족해진 물은 치명적인 메탄가스를 포함
한 온실가스를 점점 더 많이 방출하고 있다.

　인공호수는 강 하류에도 끔찍한 결과를 낳는다. 한때 비옥한 수풀로 가
득했던 갠지스 강, 인더스 강, 리오그란데 강은 계속 말라붙고 있다. 볼타

강 하구 삼각주에서는 과거 번창했던 조개 산업이 붕괴되었으며, 수천 가구가 생활 기반을 잃었다.

댐 건설은 필연적으로 추방을 동반하기 마련이다. 1950년 이후 댐 건설로 고향을 떠난 사람은 8,000만 명에 이른다.[2) 이들은 거의 농민들로서 대부분 적절한 보상을 받지 못한 채 고향을 떠나야 했다. 특히 아프리카와 아시아에서는 이런 식으로 수백만 가구가 빈곤의 나락으로 떨어졌다.

댐의 지역별 분포도

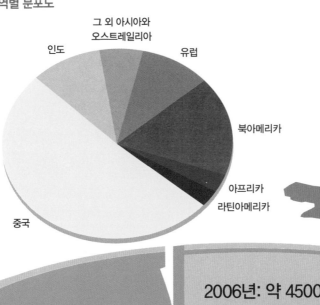

그 외 아시아와
오스트레일리아

인도

유럽

북아메리카

아프리카
라틴아메리카

중국

2006년: 약 45000개

1950년: 약 5000개

출처 World Commission on Dams 2005; Chinese National
Committee on Large Dams 2006.

한때 수리시설 전문가들은 거대한 댐 건설 프로젝트보다는 소규모로 분산해서 활용하는 해결책이 훨씬 저렴하고 환경친화적이며 사회적 합의를 더 잘 이끌어 낼 수 있다고 생각한 적도 있었다.[2] 그러나 이들은 독자적인 사회적, 생태적, 경제적 표준안을 만드는 데는 전혀 신경 쓰지 않았다. 더 나은 방법과 지식 대신 이들은 항상 독일의 라마이어 인터내셔널Lahmeyer International과 지멘스Siemens, 미국의 AES코퍼레이션AES Corporation 등 대부분 선진국에 본사를 둔 설계사와 시공사의 구미에 맞는 거대한 콘크리트 건축물만을 강요하고 있다.

500개가 넘는 댐을 건설하는 역사상 가장 거대한 댐 건설 프로젝트 중 하나였던 인도의 나르마다 강 유역에서, 100여 개에 이르는 대규모 댐 건설을 계획했던 아마존 공급지에서, 수많은 도시 행정, 조합, 시민단체가 고향이 침수되는 것에 반대한 터키 남동부 티그리스 강 유역의 일리수 댐 지역에서, 세계 곳곳에서 새로운 댐 건설에 맞서서 환경보호주의자들과 인권운동가들은 적극적인 투쟁을 벌이고 있다.

---

1) 국제대댐회(ICOLD) – 세계댐등록부(World Register of Dams) 2003.
2) 세계댐위원회(World Commission on Dams) 2000 – 댐과 발전(Dams and Development).

전 세계적인
물.소.비.의.
증가

지난 100년 동안 전 세계 물 소비량은 거의 10배가 늘었다. 이 기간에 전체 농경지의 18%에 급수시설을 설비했다. 벌써 30개가 넘는 국가에서 물 부족 현상이 심각해지고 있다.

세계 전체 물 소비량의 2/3는 농업용으로 쓰인다. 밀 1킬로그램을 생산하는 데는 물 약 1,000리터가 필요하다. 어류 양식을 위해서는 그보다 5~10배나 많은 물이 필요하다.[1] 유럽인 한 사람이 매일 식사 시간에 평균 물 4,000~1만 7,000리터를 마신다.[2]

전체 농지 사용 면적의 1/5에 급수시설을 설비했다. 그러나 더는 늘릴 수 있는 처지도 아니다. 유엔환경계획은 머지않아 물 때문에 농업 생산이 한계에 부딪힐 지역이 상당히 많다는 점에 우려를 표명한다. 아시아의 급수 면적은 기껏해야 10% 정도 늘릴 수 있을 뿐이다. 그것으로는 늘어나는 인구를 모두 먹이기엔 턱없이 부족하다. 그래서 급수 시스템을 현대화하고 물 손실을 막는 조치를 취해야 한다. 낙수관개급수와 같이 꼭 필요한 기

증가하는 물 소비량

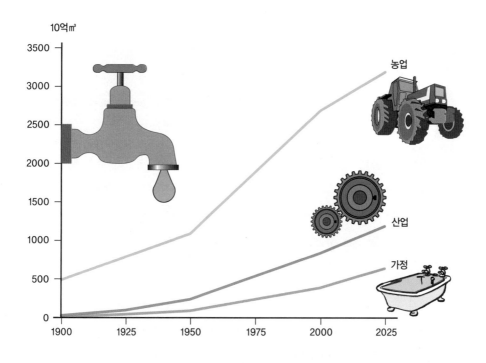

10억㎥

2004년 물 소비량

출처 UNEP 2002 – World Water Graphics; FAO: Summary of World Food and Agricultural Statistics 2005.

술이 있지만 투자할 돈이 부족한 경우가 많다.

도시의 식수 공급은 더욱 심각하다. 대부분 지역에서 지표면 물과 지하수가 충분하지 못해 사람들은 멀리 떨어진 저수지까지 가서 물을 길어 와야 한다. 강과 호수, 지하수는 더러운 폐수에 오염되었고, 수많은 도시에서는 수도관 누수와 운하 때문에 마시는 물의 1/3가량이 사라지고 있다.[3]

지구의 여러 곳에서 샘물을 새로 개발하고 있다. 그러나 여기에서 비롯한 후유증은 장기적으로는 끔찍한 결과를 낳고 있다. 아프리카 국가에서는 지하수 수위가 급격히 내려가고 있으며 가정집, 농업 및 산업시설에서 흘러나온 독성 물질이 지하수로 흘러들고 있다. 방글라데시에서는 1980년대 중반 이후로 20년간 400만 개가 넘는 샘을 파헤쳤다. 이로써 주민의 95%가 물을 공급받게 되었지만 높은 비소砒素 축적률은 역사상 가장 끔찍한 대량 독성화를 가져왔다.

산업 분야에서도 많은 물을 절약할 수 있다. 유엔의 '2006 물 보고서'에 따르면, 각 공장에서는 이미 기존 기술을 효율적으로 응용하기만 해도 물을 40~90% 덜 사용하고도 공장을 충분히 가동할 수 있다. 그러나 기업들은 확실한 경제적 이익이 보장될 때서야 틀을 바꾸곤 한다.

---

1) 세계물위원회(World Water Council) 2005 – 가상물(Virtual Water).
2) 국제생수협회(IBWA) 2006 – 우리에게 필요한 물의 양(How Much Water Do We Use?).
3) 유네스코(UNESCO) – 제2차 유엔세계수자원개발보고서(Second UN World Water Development Report) 2006.

점점 더 많은
숲.이.
사라진다

1990~2005년에 전 세계적으로 숲 2억 헥타르가 벌목으로
사라졌다. 이 면적은 서유럽 및 남유럽 전체 면적과 맞먹는
규모다. 그러나 유용 가능한 숲에 새로 나무를 심는 것으로
밀림이 사라지는 것을 대신할 수는 없다.

지구는 현재 3,900만 제곱킬로미터가 숲으로 덮여 있다. 이는 지구 전체
면적의 30%에 해당한다. 월드워치연구소는 지난 8,000년 동안 원래 지구
에 있었던 원시림의 절반이 파괴되었는데 그 가운데 상당히 많은 원시림
이 최근 30년 동안 없어진 것으로 파악한다.[1] 오늘날 지구 숲의 1/3은 원
시림이며, 나머지는 인간이 조성한 숲이다.

유엔 통계보고서에 따르면, 지난 수년간 숲 손실 속도는 다소 줄어들었
다. 물론 이는 밀림 보호와는 전혀 관계가 없다. 오히려 열대 활엽수림의
손실을 빠르게 자라나는 침엽수림으로 대체하기 때문이다. 이는 특히 '파
괴'가 의미하는 개념 정의와 밀접하게 들어맞는다. 그래서 환경보호론자
들은 지속적으로 자행되는 벌목의 실제 규모를 유엔이 의도적으로 축소하

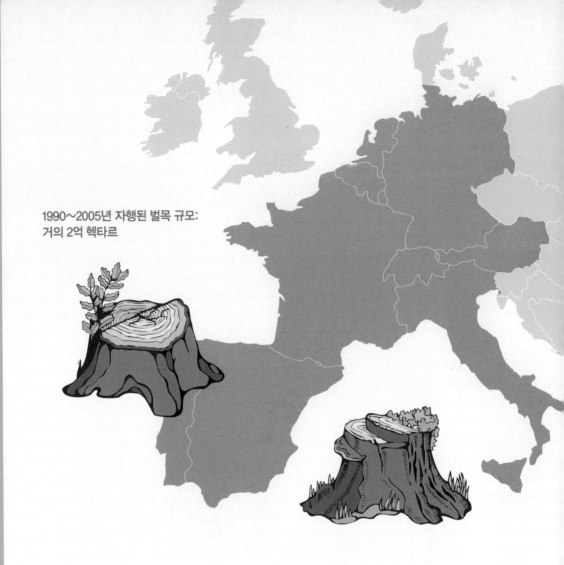

1990~2005년 자행된 벌목 규모:
거의 2억 헥타르

출처 World Watch Institute – Vital Signs 2006~2007; FAO 2006 – Global Forest Resources Assessment 2005.

숫자로 보는 세계화 교과서

고 있다고 비판한다.

꾸준한 인구 증가도 숲 손실에 한몫하고 있다. 점점 많은 사람이 자기 땅을 갖고 싶어 한다. 법적인 보호가 없고 토지개혁이 충분히 이루어지지 않은 곳에서는 농사와 목장을 위한 불법적인 벌목이 자행되고 있으며, 땔감과 건축용 목재 수요 또한 꾸준히 늘고 있다.

점점 더 많은 숲이 거대 다국적기업의 상업적 이익의 제물이 되고 있다. 유전油田과 광상鑛床이 숲 한가운데 마구잡이로 건설되고, 콩, 바이오연료의 대규모 재배농장이 들어서면서 무수히 많은 나무가 잘렸다. 특히 판매용 원목 수요는 줄어들 줄 모른다. 합법적인 목재 판매로는 세계 전체의 수요를 충족시키지 못한 지 이미 오래다. 예를 들면 그린피스 연구보고서는 인도네시아산 원목이 말레이시아산 원목으로 둔갑해 중국을 경유, 전 세계로 수출되고 있다는 결과를 내놓았다.[2] 어느 평가보고서에 따르면, 독일이 수입한 열대 목재의 1/3~2/3가 불법적인 벌목으로 잘린 나무다.[3]

이 때문에 자연뿐만 아니라 그곳 토착 주민들은 좌절 상태에 내몰리고 있다. 자연과 토착 주민들은 벌목으로 이익을 얻지 못하고 오히려 땅이 침식되고, 대지는 메말라 가며, 비옥한 농토가 불과 몇 년 사이에 잡풀로 뒤덮인 황량한 땅으로 뒤바뀌는 후유증으로 몸살을 앓고 있다. 아프리카에서 빠른 속도로 확산되는 마구잡이식 남벌은 특히 그곳 기후에 심각하고도 끔찍한 악영향을 주고 있다.

1) 월드워치연구소(WorldWatch Institute)– 바이탈 사인(Vital Signs) 2006~2007.
2) 그린피스(Greenpeace) 2006 – 공동책임: 세계 소비와 산림 파괴에서 중국의 역할(Sharing the Blame: Global Consumption and China's Role in Ancient Forest Destruction).
3) 독일연방임업임산연구센터(Bundesforschungsanstalt für Forst – und Holzwirtschaft) 2006 – 1960~2005년 독일의 열대목재 수입(Die Tropenholzeinfuhr der Bundesrepublik Deutschland 1960~2005).

벌채와
조.림.의.
실제 효과

아프리카와 라틴아메리카, 남아시아와 달리 유럽과 중국
에서는 사라지는 숲보다 더 많은 숲에 나무를 심고 있다.
1990~2005년 세계 전체의 숲 순손실 규모는 125만 제곱킬
로미터에 이른다.

1분마다 최소 25헥타르의 숲이 벌목으로 사라지고 있다. 축구장 35개 면
적이다. 특히 아프리카, 라틴아메리카, 동남아시아의 열대수림이 무자비
하게 파괴되고 있다. 반면, 중국에서는 나무가 잘리는 면적보다 더 많은
면적에 조림 계획을 세워 놓았고, 유럽에서도 자르는 나무보다 심는 나무
가 더 많다. 그렇게 해서 15년 이내에 숲 2억 헥타르가 사라짐과 동시에 숲
7,000만 헥타르가 새로 생겨났다. 새로 생긴 숲 2/3 이상이 중국에서 조성
된 숲이다.[1]

　브라질 아마존 지역에서는 목장과 콩 재배 농장 용도로 매일 7,000헥타
르에 이르는 숲이 사라지고 있다.[2] 브라질의 콩 재배 면적은 총 1,800만
헥타르에 이르며, 여기서 생산된 콩 곡물의 3/4이 돼지와 소의 사료로 유

지역별 벌채와 조림

단위: km^2

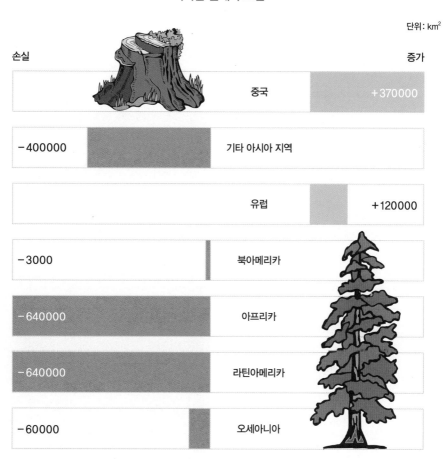

손실		증가
	중국	+370000
−400000	기타 아시아 지역	
	유럽	+120000
−3000	북아메리카	
−640000	아프리카	
−640000	라틴아메리카	
−60000	오세아니아	

출처 FAO 2006 – Global Forest Assessment 2005.

럽연합으로 수출된다. 다국적기업들이 콩 수출을 거의 독점하다시피 하는데, 그중 가장 큰 회사가 미국의 카길이다. 물론 콩 수출을 전담하는 브라질 기업이 없어서다. 유럽의 광우병 위기 덕분에 육류 수출의 고공 행진은 계속되고 있다. 현재 브라질 아마존 지역 초원에서 기르는 소는 1990년보다 무려 4배나 늘어난 6,000만 마리에 이른다.[2] 점점 더 많은 원시림이 기름야자 공장시설을 위해 개간되고 있다. 대부분 '식물성 기름'이라고 표기되는 야자유는 세제나 마가린, 초콜릿 들에 들어 있다. 전 세계에서 생산되는 전체 야자유의 90%가 인도네시아와 말레이시아산이다.

콩 재배 농장과 기름야자 공장을 위한 원시 열대우림熱帶雨林 파괴는 다국적은행들의 자금 마련으로 이루어지고 있다. 이 은행들은 채권자로서 그리고 많은 경우에 공동출자자 자격으로 환경보호 의무규약의 제재를 무시하고 사업을 추진할 만한 권력을 갖고 있다. 더욱이 이 사업과 관련한 회사들이 주식회사 형태로 조직되어 정치적 영향력이 있는 패밀리들을 주주로 참여시키고 있다.

사하라 남부 국가들의 숲도 급속히 사라지고 있다. 해마다 가장 심각한 숲 손실을 겪는 10개국 가운데 수단, 잠비아, 탄자니아, 나이지리아, 콩고민주공화국, 짐바브웨 등 6개국이 아프리카 국가다.[1] 그로 인한 사회적, 경제적 결과는 비참하기 짝이 없다. 숲이 사라지면 기후도 따라서 바뀌게 마련이다. 아프리카에서 수년간 계속되는 가뭄을 불러온 주범 가운데 하나가 바로 무자비한 벌목이다.

1) 유엔식량농업기구(FAO) 2006 - 세계산림자원평가(Global Forest Resources Assessment) 2005.
2) 세계야생생물기금(WWF) 2006.

급격히
늘.어.나.는.
종이 소비

라틴아메리카와 남아시아의 밀림 한복판에 대규모 종이 공장이 들어서고 있다. 점점 더 많은 나무들이 선진국의 제지 공장과 섬유 소재 공장에 공급되고 있다.

신문에서 주방용 천에 이르기까지 모든 형태의 종이 제품이 전 세계적으로 산업용으로 베어 낸 목재의 40%를 차지한다. 종이 손수건과 화장지를 만드는 데만 27만 그루 나무가 매일 베어지고 있다. 종이와 섬유 소재 수요는 점점 늘고 있다.[1] 1970년 종이 생산량은 1억 3,000만 톤이었지만, 2005년엔 3억 2,000만 톤에 이르렀고, 전문가들의 견해를 빌리면 2015년에는 무려 4억 4,000만 톤에 이를 것이라 한다.

종이 대부분은 선진국에서 소비된다. 독일에서 필요한 종이량만도 아프리카 전체와 남아메리카를 합친 것보다 많다.[2] 독일은 2004년 처음으로 2,000만 톤이 넘는 종이와 마분지를 생산했는데,[3] 이는 1인당 무려 240킬로그램에 이른다.

위생 용지 용도로
베어 내는 나무만 해도
매일 27만 그루에 이른다

매년 전 세계 종이 생산량

1970년	1억 3000만 톤
2005년	3억 2000만 톤
2015년	4억 4000만 톤

출처 WWF 2006 – Kein Kahlschlag fur Papier; Verband deutscher Papierfabriken e.V. 2006;
Greenpeace 2006 – Sharing the Blame; Global Consumption and China's Role in Ancient Forest Destruction.

숫자로 보는 세계화 교과서

독일의 각 사무실과 가정에서 매년 소비하는 A4 용지만 해도 80만 톤이 나 된다. 이 종이를 하나하나 쌓으면 높이가 1만 6,000킬로미터나 되는 어마어마하게 높은 산이 된다. 이는 지구에서 국제 우주정거장을 40번 갈 수 있는 길이다. 독일인 한 사람이 해마다 A4 용지 한 장씩만 절약해도 에베레스트 산 높이에 해당하는 분량의 종이를 절약하는 셈이다.

해마다 독일에서 판매되는 노트는 약 2억 권이지만, 그중 재생 용지로 만든 것은 5%에 불과하다.[4] 이른바 '환경'이라는 명칭이 붙은 수많은 라벨은 실상과는 전혀 다르게 생태학적으로 안심할 수 있는 제품이라는 눈속임일 뿐이다. 독일에서 생산되는 종이용 섬유 소재는 주로 불법적인 벌목이 일상이 된 국가에서 거의 90%가량을 수입하고 있다. 농장시설을 위해 원시림을 파괴하고 있어서 농장 목재도 생태학적으로 안심할 수 없다.

개발도상국들에서도 목재 수요는 점차 늘고 있다. 인도네시아 목재 산업은 연간 3,000만 세제곱미터의 나무를 소모하고 있다. 그 가운데 농장 목재는 채 10%도 안 되고 90% 이상이 우림雨林에서 충당하고 있다. 한때 무한정 있을 것 같았던 수마트라 원시림은 몇 년 내 모두 파괴되고 말 것이다. 아직은 미국의 1인당 종이 소비량의 10%에 불과하지만, 특히 엄청나게 빠른 증가세를 보이는 중국이 이에 큰 몫을 하고 있다. 중국이 오늘날 미국과 같은 종이 소비량을 보인다면, 매년 16억 세제곱미터의 나무들을 추가로 베어야 할 것이다. 이는 전 세계 목재 수확량의 2배에 이른다.[5]

1) 세계야생생물기금(WWF) 2006 – 종이를 얻기 위한 벌목 금지(Kein Kahlschlag für Papier).
2) Initiative 2000 plus NRW – 비판적인 종이 보고서(Kritischer Papierbericht) 2004.
3) 독일제지공장협회(Verband deutscher Papierfabriken e.V.) 2006.
4) Initiative 2000 plus NRW – 비판적인 종이 보고서(Kritischer Papierbericht) 2005.
5) 그린피스(Greenpeace) 2006 – 공동책임: 세계 소비와 산림 파괴에서 중국의 역할(Sharing the Blame: Global Consumption and China Role in Ancient Forest Destruction.

지구가
자.동.차.로.
뒤덮인다면?

지금 전 세계에서 운행 중인 자동차는 모두 9억 대에 이르며, 이 중 승용차만 7억 대에 육박한다. 유럽에서는 차를 두 사람당 한 대꼴로 갖고 있다. 중국과 인도가 이와 비슷한 수준까지 이르면 이 세상은 과연 어떻게 될까?

2006년 한 해 생산된 자동차는 7,000만 대에 이른다. 그중 승용차는 4,600만 대다. 이는 2년 전보다 10% 증가한 수치다.[1] 이러한 증가세는 꺾일 줄 모르며, 특히 개발도상국에서 자동차 생산과 판매가 급격히 늘고 있다.

선진국에서는 1,000명당 보유 차량 대수 약 630대 중에서 승용차가 약 430대인 반면, 중국은 1,000명당 승용차가 16대가량이다. 중국이 서구 선진국 모델에 따라 발전하면 이 나라에만 해도 현재 세계 전체의 승용차 대수와 맞먹는 7억 대의 승용차가 도로를 뒤덮을지도 모를 일이다.

전문가들은 현재 전 세계를 통틀어 7억 대에 이르는 승용차가 2030년에는 13억 대, 2050년에는 20억 대로 늘어날 것으로 예측한다.[2] 물론 지구환경이 이렇듯 엄청난 차량 증가세를 어떻게 극복할 수 있을지에 대해

2006년

유럽
1000명당 승용차
보유 대수 500대

중국
1000명당 승용차
보유 대수 16대

인도
1000명당 승용차
보유 대수 8대

2050년

중국과 인도에서도
1000명당
승용차 보유 대수가
500대가 된다면?

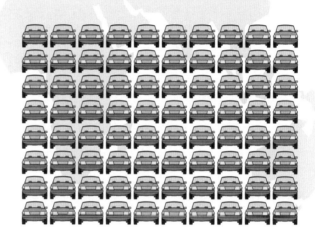

출처 World Bank – World Development Indicators 2007; International Organization of Motor Vehicle Manufacturers 2007.

서는 확실한 대책이 없다. 그리고 아시아의 자동차 생산 공장들에서는 이제 겨우 3리터 자동차°나 내연 및 전기 겸용 복합 자동차를 생산하려고 준비하는 중이다. 그사이 중국은 이미 독일보다 더 많은 자동차를 생산하고 있는데, 중

3리터 자동차
100킬로미터를 주행하는 데 단 3리터의 연료를 사용하는 자동차.

국에서 생산되는 자동차들은 더 많은 연료를 소비하는 강력한 마력의 차량이다. 그리고 독일, 일본, 미국의 자동차 회사들이 중국과 인도로 옮겨가고 있다. 이 회사들은 이 지역에서 자국에서는 절대 허용될 수 없는 대기 중 배기가스 배출량 기준을 훨씬 초과하는 자동차를 생산하고 있다.

자동차 운행이 세계 환경오염의 가장 중요한 원인인데, 특히 미국이 최악의 사례를 보여 준다. 미국에서는 자동차 한 대가 100킬로미터당 평균 12리터의 연료를 소모한다.[3] 미국에서 전체 승용차의 30%만 운행한다 해도, 자동차에서 나오는 세계 전체 이산화탄소 방출량의 45%가 미국 자동차 운전자들 때문에 생긴 것이다. 매년 방출되는 이산화탄소는 석탄 기차 한 대가 8만 8,000킬로미터를 운행할 수 있는, 즉 적도를 두 번 갈 수 있는 석탄 양과 같다.[3]

자동차 생산업자들은 친환경적인 자동차를 만들려 노력하고 있지만, 과거의 예로 보아 기술적으로 가능한 차량을 생산한 경우는 거의 없고 대부분 법적 이산화탄소 배출 허용 기준을 충족하는 차량을 만들어왔음을 알 수 있다. 자동차 회사들의 로비도 상당한 영향력을 발휘하고 있다. 자동차 생산 및 서비스업 종사자가 900만 명이나 되고, 전 세계 국민총생산의 1/7이 자동차 관련 산업에서 창출된다는 점을 근거로 내세우면서 말이다.[4]

1) 세계자동차공업연합회(International Organization of Motor Vehicle Manufacturers) 2007.
2) 세계지속가능발전기업협의회(WBCSD) 2004 – 이동성2030(Mobility 2030).
3) 미국환경보호기금(Environmental Defense Fund) 2006 – 도로의 지구온난화(Global Warming on the Road).
4) 메르세르 메니지먼트 컨설팅사(Mercer Management Consulting) – 미래 자동차 공업 구조(Future Automotive Industry Structure, FAST) 2015.

바다,
약.탈.의. 표.적.이.
되다

점점 더 많은 어로선단이 점점 더 줄어든 고기를 찾아 나서고 있다. 수많은 어로수역이 폐쇄되었지만 거대 수산협회의 단기 이익이 물고기 개체 수를 회복하려는 노력을 방해하고 있다.

전 세계 원양어장의 70%가 이미 한계 용량의 범위를 넘어섰다. 그 때문에 원양의 7% 이상은 고갈되었는데, 바다가 회복되는 데는 수십 년이 걸린다.[1] 무자비한 마구잡이식 포획 방법을 동원해도 지난 몇 년 전부터 어획량이 늘지 않는 것은 어쩌면 당연한 결과다.

유엔환경계획은 전체 어로수역의 3/4에 해당하는 지역에서 '파괴적인 어업 방식'이 사용되고 있다고 비판한다.[2] 특히 끔찍한 환경 폐해를 가져오는 것은, 무거운 쇠사슬로 바다 밑바닥까지 긁어 올리는 저인망식 남획이다. 해양생물학자들은 이러한 행위가 '다람쥐를 잡으려고 숲에 있는 나무를 모조리 베어 버리는 것과 같은 짓'이라고 말한다.

학자들은 바다 생물의 멸종이 지금처럼 계속되면, 2050년에 이르러 전

전 세계 해양 선단들의 어획량

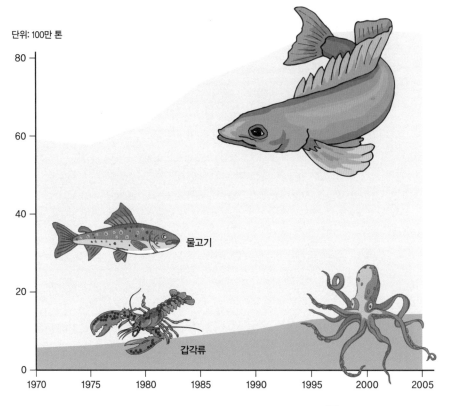

단위: 100만 톤

물고기

갑각류

출처 FAO – FISHSTAT, 2006.

체 어종과 해양 동물이 모두 사라질 것이라고 경고한다.[3] 그로 인해 유해
물질을 분해하고 남획과 기후변화에 따른 피해를 치유하는 해양 생태계의
자정 능력을 완전히 잃게 될 것이다.

촘촘한 그물로 고기를 잡게 되면, 원하는 어종만 잡히는 게 아니다. 어망
끝이를 통한 고기잡이에서는 (원하는 어종은 아니지만) 같이 잡히는 어종이

50%에 이르며, 이 어종 대부분은 쓸모없이 버려진다. 더욱 심각한 것은 트롤선으로 크릴 사냥을 하는 경우인데, 1킬로그램의 크릴을 잡으면 함께 잡히는 다른 어종은 무려 20킬로그램이나 된다고 한다. 그래서 유엔식량농업기구는 기존 어종을 보호하는 기술 개발을 강력히 요구하고 있다.[4]

전 세계를 통틀어 고기잡이에 종사하는 사람은 2억 명가량 된다. 미국, 일본, 유럽연합의 대형 어로선단들은 매년 200억 달러에 이르는 보조금을 받고 있다. 어종이 줄어 자국 해안에서 고기 잡기가 어려워지자, 유럽 및 일본의 어로선단들은 오래전부터 먼 대양까지 진출하고 있다. 지금은 중국 어선들마저 멀리 떨어진 어로수역에까지 출몰하는 실정이다.

특히 개발도상국 연안 어민들이 이 때문에 직접적인 피해를 겪고 있다. 자기 바다에서 대형 선단들이 무자비하게, 그것도 종종 불법적으로 고기를 싹쓸이하는 것이다. 반대급부로 자신들에게 기껏 허락된 권리, 즉 먼 대양까지 가서 고기잡이를 허락한다는 계약서를 보면서 이들은 모멸감을 느끼곤 한다. 그들에게는 먼 바다까지 항해해서 고기를 잡을 장비가 없다.

1) 유엔식량농업기구(FAO) 2007 – 세계 수산 및 양식 현황(State of the World Fisheries and Aquaculture).
2) 유엔환경계획 – 세계국제수역평가(UNEP-GIWA) 2006 – 국제수역이 직면한 도전: 지구적 관점에서 본 지역적 평가(Challenges to international Waters: Regional Assessments In a Global Perspectives).
3) 보리스 웜(Worm, Boris) 2006 – 해양생태계에 관한 생물다양성 손실(Impact of Biodiversity Loss on Ocean Ecosystem Services). Science 312. S.787-790.
4) 유엔식량농업기구(FAO) 2006 – "새우 트롤어선, 조용한 혁명(Aboard Shrimp Trawlers, a Quiet Revolution)."

점점
사.라.져.가.는.
농경지

> 침식과 토양의 염분 축적 때문에 그리고 땅이 메말라가고
> 있기 때문에, 매년 농경지 500만~700만 헥타르가 사라지
> 고 있다. 20년 동안 그렇게 농경지 약 100만 제곱킬로미터
> 가 파괴되었다.

농업 활용 면적은 사람들의 먹을거리를 위한 제일 중요한 근간이라 할 수 있다. 그렇지만 5~6년 사이 독일 전체 면적에 맞먹는 기름진 농지가 사라졌다. 이러한 극단적인 토지 손실은 벌목과 지나친 목초지 전용, 집약화된 농지 사용, 산업 활동, 택지 및 도로 시설 등 대부분 인간의 개입으로 생긴 것이다.

새로운 농지 개발은 점점 심각해지는 생태적 위기와 맞물려 있다. 헥타르당 수확량을 마음대로 늘릴 수도 없는 상황에서 세계 인구는 점점 증가하고 있다. 장기적으로 세계적인 식량 문제가 현실이 될 듯 하다. 아시아와 아프리카 등 인구가 폭발적으로 증가하는 지역에서도 토지 파괴는 심각한 단계에 이르렀다. 유엔식량농업기구는 2025년까지 농지 면적이 확연하게

1985~2005년
세계 전체의 토지 손실:
약 100만㎡

출처 BMZ 2005.

줄어들어 1990년과 비교해서 아프리카는 1/3~2/3, 라틴아메리카는 1/3
에 불과할 것으로 진단한다.[1]

　현재 아프리카 면적의 3/4이 심각한 토지 손실 위기에 처해 있다. '국제
토양산출력 및 농업개발연구소'의 연구보고서에 따르면, 침식과 영양소

부족은 그칠 줄 모르고 앞으로 15년 내 수확량은 30%나 감소할 것으로 예측된다.[2]

과거 소비에트연방에 속했던 많은 국가에서는 관개용수시설을 설치한 면적 가운데 1/4이 넘는 토양에 염분이 쌓이고,[3] 중국에서는 4억 명이 생활하는 공간에 있는 농경지의 1/4가량이 수확 피해를 보고 있다.[4] 황사는 현재 인근 농경지 2만 4,000여 곳을 위협하고 있으며, 살충제와 화학약품 성분이 뒤섞인 먼지와 모래가 강한 바람에 실려 수 킬로미터 떨어진 마을까지 덮치고 있다. 이 때문에 중국에서는 호흡기 질환, 피부 질환, 장 질환 환자가 속출하고 있다. 이와 비슷한 사례는 계속 이어지고 있다.

이러한 토지 파괴는 국민경제에 엄청난 타격을 주고 심각한 사회문제를 낳고 있다. 땅에서 얻는 수확이 줄어들면, 이농과 빈곤 그리고 굶주림이 늘어나게 마련이다. 그렇기에 바람과 물의 침전에서 농업을 보호해야 하고, 이를 위해서는 돌로 작은 방벽을 쌓고 관개용 수로를 덮는 등 비교적 비용이 적게 드는 조치부터 먼저 시작해야 할 것이다. 엄청난 비용을 들여 사막 한가운데 인공 물뿌리개를 설치하는 것은 적절한 해결책이 될 수 없다.

1) 독일연방경제개발부(BMZ) – 미디어연보 개발 정책(Medienhandbuch Entwicklungspolitik) 2006/2007에서 인용.
2) 국제 토양 산출력 및 농업개발연구소(IFDC) – 보고서(Report), 2006 – 아프리카 녹색혁명을 위한 세계 지도자 계획(Global Leaders Plan For an African Green Revolution).
3) 유엔 사막화방지협약(UNCCD) 2007 – 중 · 동유럽에서의 토지황폐화/사막화 방지(Combating Land Degradation/ Desertification in Central and Eastern Europe).
4) 유엔 사막화방지협약(UNCCD) 2007 – 아시아에서의 사막화 방지(Combating Land Desertification in Asia).

위협받는
다.양.한.
생물 종

매년 멸종하는 동식물군 개체 수는 무려 1만 개가 넘는다.
15분마다 생물 종 1개가 사라지는 것이다. 산림 파괴, 농업
의 집약화, 전쟁, 수역 오염 등이 그 주요 원인이다.

지금까지 지구상에 있는 것으로 추측되는 동식물 종 1,000만~3,000만 개
가운데 학계에 보고된 것은 200만 개 정도다. 2006년, 동식물 종 4만 개에
대해 조사한 적이 있는데 그중 40%가 '멸종 위기' 단계에 있었다.[1] 세계지
연보존연맹의 학자들은, 자연에 대한 인간의 간섭이 자연적 멸종보다 최
소한 100배에서 1,000배나 더 빠른 속도로 멸종을 부추긴다고 진단한다.

이 같은 현상은 동물과 식물을 막론하고 똑같다. 조류 8종 가운데 1종은
1년이 지나면 영원히 사라질 것이며, 구과 식물 4종 가운데 1종은 이미 멸
종 직전의 상태다. 포유류의 1/4, 양서류의 1/3 역시 멸종 위기에 직면해
있다.[1] 인간이 미처 발견하기도 전에 이미 수많은 곤충과 버섯이 사라져
버렸다.

15분마다 한 개체가
멸종하고 있다

출처 IUCN 2006 – Red List of Threatened Species;
FAO 1996 – Report on the State of World's Plant and Genetic Resources for Food and Agriculture.

숫자로 보는 세계화 교과서

단종^{單種} 재배의 확대로 풍부하고 다양한 전통적인 재배식물이 사라지고 있다. 지난 수백 년 동안 중국에서는 무려 1만 종에 이르는 밀 품종이 사라졌고, 인도에서는 어림잡아 3만 종에 이르는 쌀 품종이 사라졌다. 미국에서는 옥수수와 양배추, 완두콩 품종 가운데 거의 90% 이상이 멸종했다. 유엔식량농업기구는 이 같은 문제가 현대식 농업 및 고소득 품종 때문이라고 밝힌다.[2] 그러나 이와 동시에 원래 품종에 대한 수요는 점점 느는데, '현대식' 유용식물을 계속 개발하는 데 새로운 유전자가 더 많이 소비되기 때문이다.

특히 열대지방에 있는 풍부한 생물 종들은 약초와 신약물질을 만드는 데 꼭 필요한 자원이며, 그 자체가 거대한 유전자은행이기도 하다. 의학 치료 분야에서만 세계적으로 식물 종 2만 개가 사용되고 있다.[1] 선진국들은 식물 유전자 자원의 거의 90%를 개발도상국에 의존하고 있다.

---

1) 세계자연보존연맹(IUCN) 2006 – 멸종위기종 적색목록(Red List of Threatened Species).
2) 유엔식량농업기구(FAO) 1996 – 세계 식물 상태 및 식량·농업 유전자원 보고서(Report on the State of World's Plant and Genetic Resources for Food and Agriculture).

TRADE

10
세계시장

국경 없는 정글에서 강자의 권리

선진국이 농업보호주의와 보조금으로 개발도상국이 입는 피해는 매년 700억 달러에 이른
다. 농업 보조금을 받은 싼 가격의 미국산 옥수수 때문에 멕시코 옥수수 농민은 농사를 포기
해야 했다. 7만 7000여 개 다국적기업과 그 자회사가 세계 교역량의 2/3를 독점하고 있다.

지난 몇 년 전부터 세계무역은 해마다 10%가 넘는 성장세를 보이고 있다. 2006년 상품 수출액은 약 12조 달러이고, 서비스 수출액은 약 2조 5,000억 달러다. 세계무역에서 개발도상국이 차지하는 비율은 1/3로 높아졌으며, 2030년까지는 45%에 이를 것으로 예상된다.[1] 이미 지금도 선진국들은 완제품의 40%를 남반구 국가에서 수입하고 있는데, 이 수치는 2030년에는 65%가 넘을 것이다. 개발도상국들이 기지개를 켜는 것이다. 하지만, 여기에도 승자와 패자가 있다.

특히 최근 몇 년 사이 세계무역에서 아시아의 비중이 커지고 있는데, 이 흐름을 선도하는 국가는 물론 중국이다. 중국의 빠른 경제성장은 원자재와 에너지 수요를 폭등시키고, 세계시장 가격을 급속히 끌어올리고 있다. 이는 수십 년 동안 수익 하락의 고통을 겪던 원자재 수출국에는 반가운 일이지만, 원자재를 수입에 의존하는 가난한 나라에는 파국을 의미한다.

그러나 대다수 사람은 경제성장의 혜택에서 철저히 소외당하고 있다. 중국의 빈부 격차는 급격히 벌어지고 있으며, 이른바 제3세계의 거의 모든 성장 지역에서는 가공할 만한 환경 파괴가 잇따르고 있다. 일자리를 찾아 고향을 등지는 사람 또한 점점 많아지고 있다. 배우지 못해 전문 능력을 제대로 갖추지 못한 사람들이 일자리를 찾아 국경을 넘고 있다. 가난한 사람들의 임금은 자꾸 내려가고, 도시 슬럼 지역은 계속 많아지고 있다. 지구상

숫자로 보는 세계화 교과서

에 사는 사람 가운데 절반 가까이가 하루에 채 2달러도 안 되는 돈으로 연명하고 있다.

이러한 세계무역의 증가로 이익을 챙기는 대상은 무엇보다 다국적기업들이다. 약 77만 3,000개 자회사를 거느린 약 7만 7,000개 다국적기업이 세계 전체 교역량의 2/3를 독점하고 있지만,[2] 이들은 극소수의 일자리만을 제공할 뿐이다. 다국적기업들은 외국 자본을 유치하려고 해당국 정부가 제공하는 엄청난 투자 지원금을 교묘히 이용하고 있다. 이러한 일은 전 세계적으로 3,000개에 이르는 이른바 경제특구에도 적용되고 있다.[3]

경제특구 내에 있는 다국적기업들은 거둬들인 이익금을 무한정 본국으로 이체하고 있다. 수년간 세금 한 푼 내지 않으면서 환경기준 및 사회기준에 신경을 쓸 필요도 없다. 노동조합과 얼굴을 붉힐 필요도 없음은 물론이다. 경제특구 내에서 노동조합의 권리는 극도로 제약받기 때문이다.

다국적기업은 소규모 토착 기업과는 비교가 안 될 정도로 경쟁에 유리한 위치를 선점하고 있다. 다국적기업 내에서는 고정가격으로 정산할 수 있음은 물론이고 해당국 내에서의 이익과 손실을 세금의 높낮음에 따라 마음대로 조율할 수 있다.

예컨대 어느 자동차 회사가 세금이 높은 나라에서 이익금을 숨기려는 의도가 있다면, 세율이 낮은 국가에 소재지를 둔 자회사로부터 V벨트를 1

개당 1만 2,000달러에 구매하는 것이다. 이런 식으로 부품 가격을 터무니없이 비싸게 매김으로써, 세금을 부과하지 않는 곳에서 얻은 순익을 축소하는 것이다. 이를 위해 다국적기업들은 지주회사에 회사 자본을 이체시키고, 출자회사 및 특허관리회사를 끌어들이고, '세금 천국' 지역에 위장회사를 설립하는 것과 같은 온갖 술수를 모두 동원하고 있다.

세계무역에서 정당한 조건을 만들기 위한 협상은 이미 몇 년째 중단된 상태다. 개발도상국들은 시장 개방과 관세 인하에 반기를 들고 있으며, 특히 의약품 분야에서 특허권의 예외 인정을 줄기차게 주장한다. 보호무역주의가 없었다면 산업 선진국들은 오늘날 같은 부유한 나라가 될 수 없었을 것이다.

그럼에도 산업 선진국은 개발도상국에 지나치게 부당한 요구를 하고 있다. 경쟁력이 떨어지는 자국 산업에 대한 보호 정책을 철회하라고 요구하면서도, 산업 선진국은 거꾸로 진정한 경쟁을 왜곡시키는 자국민을 위한 보조금 축소는 망설이고 있다. 유럽연합과 미국이 자국 농업에 쏟아부은 엄청난 농업 보조금 혜택을 받은 농산품 수출만으로도, 개발도상국 수백만 농민의 삶의 기반이 파괴되고 있다.

선진국들은 새로운 글로벌 무역협약에 관한 협상 진전을 기다리지 않고 있다. 선진국들은 개별 국가 간에 그리고 지역별로 자유무역협정을 체결하는 방향으로 선회한 것이다. 물론 이 자유무역협정 원안에는 세계무역기구의 틀 안에서 관철하지 못한 조건이 부과되어 있다. 공공서비스 분야에의 자유로운 시장 접근, 대폭적인 관세 인하, 특정 특허권 승인 및 세계 전역의 투자보호협약 등이다.[4]

이 자유무역협정들은 세계무역기구 틀의 포괄적 협상에서 그나마 개발도상국이 얻어 냈던 것을 완전히 무용지물로 만들었는데, 이는 지역 간 타결된 교역조건을 더는 축소할 수 없도록 했기 때문이다.

1) 세계은행(World Bank) - 세계경제전망(Global Economic Prospects) 2007.
2) 유엔개발계획(UNDP) - 세계투자보고서(World Investment Report) 2006.
3) 국제노동기구(ILO) 2003 - 수출가공지대 데이터베이스(Database on Export Processing Zones).
4) 옥스팜(Oxfam) 2007 - 미래를 처분하다(Signing Away the Future: How Trade and Investment Agreements Between Rich and Poor Countries Undermine Development).

세계무역의
심.각.한.
불균형

전 세계 수출의 40% 이상을 유럽 국가가 차지하고 있다. 그러나 세계 인구의 1/4이 넘는 사하라 남부 아프리카 지역의 상품 수출은 2%에 불과하다.

완제품과 서비스의 절반 이상이 수출되고 있다. 2006년 세계 전체 상품 수출액은 12조 달러에 이르렀으며, 서비스 수출액은 약 2조 5,000억 달러다.[1] 상품 수출은 생산보다 2배나 빠른 연 10%가 넘는 성장률을 보이고 있다.

　세계무역에서 개발도상국이 차지하는 비율은 1990년 1/5에서 현재 1/3로 높아졌다.[2] 물론 이러한 시장점유율 증가는 매년 25%에 이르는 성장세를 기록하는 중국의 수출 증가 때문이다. 이 때문에 원유가가 폭등하고 있으며, 이는 몇몇 석유 수출 개발도상국에 큰 소득을 안겨 주고 있다.[3] 문제는 세계 인구의 84%가 살고 있지만 세계 교역에서 차지하는 비중이 너무도 미미한 가난한 나라들이다.

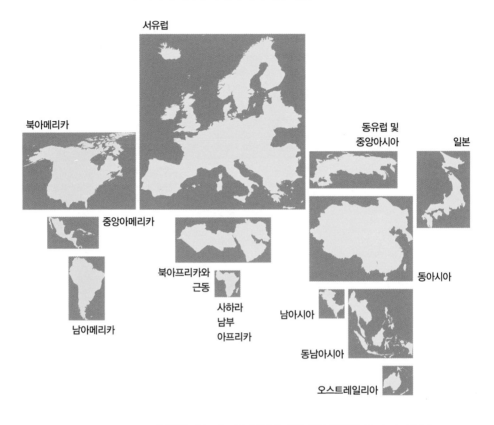

각 지역이 세계무역에서 차지하는 비중

서유럽

북아메리카

동유럽 및
중앙아시아

일본

중앙아메리카

북아프리카와
근동

사하라
남부
아프리카

남아시아

동아시아

남아메리카

동남아시아

오스트레일리아

출처 WTO – International Trade Statistics 2006 ; UNCTAD 2007 – Handbook of Statistics.

수출 비율은 판매한 상품의 양과 가격에 좌우된다. 지난 세기 말까지만
해도 낮은 원자재 가격으로 많은 개발도상국이 철강과 농산품을 더 많이
수출하면서도 돈은 더 적게 받을 수밖에 없는 구조가 지속되면서 세계무
역에서 개발도상국이 차지하는 비중은 낮았다. 반면, 넉넉한 공급 물량 때
문만이 아니라 원유가 폭등으로 석유 수출국의 비중은 높아졌다.

개발도상국들도 이제는 서서히 원자재를 재가공하고 완제품을 수출할 수 있는 능력을 갖추게 되었다. 1980년 이후 이 비율은 3배나 증가해 23%에 이르렀다.[2] 주요 완제품 수출국 12개국이 개발도상국 전체 수출의 70%를 점유하는데, 브라질과 멕시코를 제외하면 모두 아시아 국가다. 이는 거꾸로 생각하면 150여 개 나머지 개발도상국이 수출하는 제품은 30% 밖에 안 된다는 것을 의미하며, 이는 세계 전체 수출 상품의 10%에도 못 미치는 양이다.

최근 중국의 수요 증가로 광물 원자재와 금속 가격이 급상승하고 있는데, 이러한 현상은 최소 몇 년간은 그 자원을 가진 나라들의 수출 비율을 끌어올릴 것으로 보인다.

1) 세계무역기구(WTO) 2007 – 세계무역(World Trade) 2006.
2) 유엔무역개발회의(UNCTAD) 2007 – 통계편람(Handbook of Statistics), Online.
3) 세계은행(World Bank) – 세계경제전망(Prospects for the Global Economy) 2007.

숫자로 보는 세계화 교과서

원자재 가격이
가.난.한. 나.라.에.
미치는 영향

> 많은 개발도상국은 국가 수입을 원자재 수출에 주로 의존하고 있다. 수십 년간 세계시장에서 원자재 가격은 낮았지만, 요즈음 광물 원자재 가격이 점점 오르고 있다.

수십 년 동안 실질 원자재 가격은 하락세를 보였다. 이는 생산국으로 하여금 수출량을 더 늘리고, 그럼으로써 가격은 더 내려가게 했다. 결국 개발도상국은 점점 빈곤이 늘고, 원자재를 재가공하는 선진국은 더욱 부유해졌다. 그러나 금세기 초부터 금속과 광물, 원유 가격이 다시 오르고 있는데, 중국의 엄청난 수요가 가격 상승을 부채질하고 있다. 수십 년간의 하락세가 끝나고 원자재 가격은 다시 1960년대 수준으로 회복되고 있다.

원자재가 풍부한 개발도상국은 수익을 더 많이 올리고 있다. 그러나 원유도, 금속도 없는 나라들은 더 힘겨운 상황에 부닥쳐 있다. 지난 몇 년간 몇몇 농산물 원료가 폭등했지만, 다른 원자재 가격의 하락세가 뚜렷했기 때문이다. 수익 하락세는 예컨대 서아프리카의 면화 재배농과 코코아 농

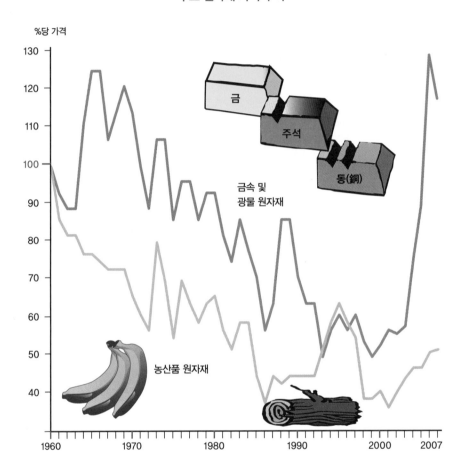

주요 원자재 가격 추이

%당 가격

130
120
110
100
90
80
70
60
50
40

금

주석

동(銅)

금속 및
광물 원자재

농산품 원자재

1960   1970   1980   1990   2000   2007

출처 Hamburg Institute of International Economic 2007; World Bank 2007.

숫자로 보는 세계화 교과서

가에서 특히 심각하다. 라틴아메리카의 커피 농장에서 일하는 많은 사람들은 실업자로 전락하고 말았다.

최근에는 에너지 공급원으로 이용되는 식물성 원료 가격이 급등했다. 특히 유럽과 미국에서 설탕, 옥수수, 콩, 평지(유채) 수요가 대폭 늘었으며, 그에 따라 선물환先物換시장에서 선물 거래 및 원료 주식을 사들이는 방법으로 식물성 원료에 투자하는 투자자도 늘기 시작했다.

많은 농업 기업은 가격 상승의 덕을 톡톡히 보고 있다. 그러나 에너지 생산을 위한 옥수수 활용이 늘어나는 데는 부정적인 측면도 있다. 자국 옥수수 농민에게 지원한 미국의 농업 보조금과 미국과 멕시코 간 체결된 자유무역협정은 미국 옥수수를 덤핑 가격으로 거래할 길을 터주었다. 멕시코 옥수수 생산자들은 농사를 포기해야 했고, 멕시코는 결국 자국 옥수수 수요의 절반을 미국에서 수입하는 처지가 되었다. 이후 옥수수 가격이 폭등함에 따라 멕시코 농민들은 땅을 치고 한탄하는 처지가 된 셈이다.

수십 년 전부터 원자재 가격은 큰 부침을 겪었다. 예측할 수 없는 등락을 거듭함에 따라 개발도상국은 장기적인 경제계획을 세우기가 어려웠다. 수출로 벌어들인 이익금이 공공 예산에서 차지하는 비중이 높을수록 원활한 경제계획 수립에 큰 차질이 생기기 때문이었다. 전문가들은 앞으로 몇 년 동안 원자재 가격이 비교적 높은 수준을 유지할 것으로 전망하는데, 그렇게 되면 몇몇 국가만이 장기적 발전 계획을 세우는 데 도움이 될 것이다.

개발도상국을
짓.누.르.는.
관세장벽

유럽연합은 개발도상국에서 들여오는 원자재 수입품에는
거의 관세를 부과하지 않고 있다. 그러나 재가공품에는 높
은 세금을 매기고 있다. 부유한 국가들은 달갑지 않은 경쟁
으로부터 자국 산업을 그렇게 보호하고 있는 것이다.

유엔개발계획은 최빈국에 대해 가장 높은 무역장벽을 쌓은 이런 행위를
'왜곡된 과세'라고 일컬었다. 선진국은 수입품의 1/3을 개발도상국에서 조
달받고 있지만, 이 수입품에서 거둬들인 관세 수입은 2/3에 이른다. 가난
한 나라에서 수입한 제품에 대해 선진국끼리 거래하는 제품보다 평균 3배
가 넘는 관세를 부과하는 것이다.[1] 이는 농산품뿐만 아니라 공산품에서도
마찬가지다.

　개발도상국은 서서히 자국 내에서 원자재를 재가공해 가공품으로 판매
하려 노력하고 있다. 원자재 가격이 수십 년 동안 떨어졌고 완제품 가격이
훨씬 비싸졌기 때문에(많이 회복되었다지만 지금도 1960년대 수준에는 미치
지 못하는 실정이다), 이 같은 노력은 경제적으로 큰 의미가 있다. 그러나 선

카카오 '원료'와 초콜릿 '가공품'에 대한 관세

관세
세관

관세
세관

초콜릿
30.6%

카카오 원료
0.5%

출처 World Bank 2005; BMF 2005.

진국은 개발도상국의 이러한 재가공산업 구축을 전력을 다해 저지하는데, 관세 강화 조치가 그 예다. 예컨대 유럽연합은 원료인 카카오에 대해서는 거의 면세하고 있지만, 가공품 초콜릿에 대해서는 30%가 넘는 관세를 부과한다.

일본은 가공식품 수입 시 원료보다 무려 600%나 더 많은 관세를 부과한다. 이는 유럽연합이 2배의 관세를 정한 것과 비교해도 너무 심한 조치라 할 수 있다. 농산품에도 세금을 높게 부과하지만 자국 생산업자들이 경쟁할 필요가 없는 원료품에는 과세를 거의 부과하지 않고 있다.

재가공품에 대해 높은 관세를 부과하는 것만이 선진국이 가난한 나라들과의 경쟁을 피하는 유일한 수단은 아니다. 수입 제품 할당량을 제한하고, 계절에 따라 제약을 가하고, 규정 지침을 복잡하게 적용하는 불공정 무역 장벽이 바로 더 효과적인 수단이다. 계약 자체가 가난한 나라들로 하여금 수출품을 어쩔 수 없이 유럽연합이 요구하는 조건에 맞춰 공급할 수밖에 없게 하는 불합리한 것으로 변질하는 셈이다.

'원산지 규정' 역시 자의적이긴 마찬가지다. 생산자가 각각의 제품에 대해 제품 가치별로 30~50% 범위에서 수출국에서 실제로 만든 것을 사용했음을 증명해야 한다는 것이다. 이를테면, 셔츠의 단추나 실이 제3국 제품이라면 관세 특혜를 받을 수 없다. 유럽연합과 특별조약을 맺었음에도 지난 30년 동안 유럽연합의 수입 비율에서 아프리카, 카리브 국가와 태평양 국가의 비중이 늘지 않은 이유를 이해할 수 있을 것이다.

1) 유엔개발계획(UNDP) – 인간개발보고서(Human Development Report) 2005.

파멸을
불.러.오.는.
농업 보조금

산업 선진국들은 자국 농업에 해마다 3800억 달러를 지원하고 있다. 이렇게 함으로써 세계시장에 자국 농산품을 덤핑 가격에 내놓을 수 있는 것이다. 물론 이는 개발도상국 농민들에겐 끔찍스러운 결과를 안겨 주는 일이다.

선진국은 자국 농업에 매일 10억 달러의 보조금을 주고 있다.[1] 선진국들이 농업 보조금으로 지급하는 금액은 국민총생산의 1.1%를 차지한다.[1] 그렇지 않아도 부유한 거대 기업들이 엄청난 금전 혜택을 받는 것이다. 수혜자 목록에는 거대 육류 수입 업체와 네슬레를 비롯한 식품 회사, 테이트앤드라일[Tate&Lyle] 같은 거대 제당 회사와 낙농 기업, 심지어 영국 여왕과 찰스 황태자도 있다. 전체 보조금의 80%가량이 이러한 유럽연합의 거대 기업에 전달되고 있다.[3]

보조금은 유럽연합 농산품 전체 가격의 1/3에 이르며, 일본은 그 비율이 50%가 넘는다.[2] 이는 가난한 나라 농민들에게 파국적인 결과를 낳고 있다. 넉넉한 보조금을 받는 북반구 선진국 농산물이 세계시장에 헐값으

선진국들의 지나치게 많은 농업 보조금

3800억 달러

1000억 달러

공식적인 저개발국 원조기금　　　　　**농업 보조금**

출처 OECD 2006 – Agricultural Policies in OECD Countries: At a Glance; OECD 2007 – Net ODA in 2006.

로 공급되면서 국가 보조금을 받지 못한 가난한 나라 농업 생산자들은 버텨 낼 재간이 없다.

　멕시코 옥수수 농민은 농업 보조금을 받고 밀려오는 싼 가격의 미국산 옥수수와 도저히 경쟁할 수 없어 옥수수 농사를 포기해야만 했다. (그사이 옥수수 곡물 가격이 폭등함에 따라 이들은 옥수수 농사를 포기한 것을 뼈저리게 후회하는 처지가 되고 말았다.) 유럽연합산 냉동 가금류가 덤핑 가격으로 서

아프리카를 유린하면서, 그 지역 가금 사육자들은 거의 파산하고 말았다. 이렇게 농업보호주의와 보조금 때문에 개발도상국들이 매년 입는 피해는 어림잡아 700억 달러에 이를 것으로 추산된다.[2]

물론 세계무역기구를 통한 국제협약이 있긴 하다. 이에 따르면, 미국과 유럽연합은 앞으로 몇 년 이내 자국 농업에 지원하는 농업 보조금을 축소해야 한다. 그러나 실제 상황은 정반대로 흐르고 있다. 2002년 미국 농림법은 2012년까지 자국의 농업 기업에 70%나 더 많은 보조금을 지급하기로 했고, 유럽연합은 수출 보조금으로 살짝 이름만 바꾸었을 뿐이다. 직접적인 생산 보조금 대신 농민들의 농업 촉진을 위해 쓰이도록, 생산과 무관한 장려금을 지급하기로 한 것이다. 이 장려금은 새로운 세계무역협정 협상에서는 파악할 수 없다. 특히 경쟁을 왜곡하는 이러한 온갖 보조금 중 2/3는 세계무역기구의 협상에서도 처음부터 제외된 여러 예외 규정으로 인정받았다.

1) 경제협력개발기구(OECD) 2006 – 경제협력개발기구 국가의 농업 정책: 개관(Agricultural Policies in OECD-Countries: At a Glance).
2) 유엔개발계획(UNDP) – 인간개발보고서(Human Development Report) 2005.
3) 유럽위원회(Europäische Kommission) 2005.

D E B T

11
외채

태엽이 다시 돌아가다

외채 탕감을 받은 최빈국들은 공공부문 감축, 국영기업 민영화, 농업 및 식량 관련 보조금 철폐, 수입제한 철폐 및 금융시장 자유화 등을 이행해야 한다. 이런 의무조항을 받아들인 나라들에서는 실업률은 오르고, 실질임금은 줄고, 빈부 격차는 더욱 커지고 있다.

사실 빚 자체는 그리 큰 문제가 되지 않는다. 그 자본을 투자해 번 돈으로 빌린 돈을 갚을 수 있다면 말이다. 1970년대 초반만 해도 이러한 기대 속에서 개발도상국은 산업 선진국으로부터 상당히 많은 대부금을 받을 수 있었다.

그러나 1982년 멕시코와 브라질이 처음으로 심각한 채무 지급 불능 상황에 빠진 채무국이 되고 말았다. 그 후 거의 모든 채무국에 대해 온갖 채무 조건 변경과 관련한 대출 및 지급 기한을 새로 타결하거나 연기함으로써 국제 금융 시스템의 붕괴를 간신히 막을 수 있었다.

1970년대 초 석유파동에 따른 급격한 유가 상승은 산업 선진국을 경제 혼란에 빠뜨렸다. 그 결과 극소수 자금만이 투자에 사용되었으며, 돈의 가치가 '헐값'이 되었다. 이 기간에 여러 개발도상국은 유리한 조건으로 대부금을 받아 수입하는 데 썼고 선진국의 경제 회복에 큰 도움을 주었다. 소비재를 구입하는 데 많은 돈이 지출되었으며, 유망 대상에 투자하거나 혹은 '어두운 터널' 속으로 사라지기도 했다.

그러나 빌린 돈에 대한 이자는 점점 오르고 원자재 가격은 내려가고, 동시에 수입품 가격이 오르면서 불길한 징조를 알리는 태엽이 서서히 작동하기 시작했다. 1980년 개발도상국의 외채 총규모는 6,000억 달러에 육박했고, 15년 후에는 이미 2조 달러에 이르렀다.

현재 개발도상국이 떠안은 외채는 모두 3조 달러가 넘는다.[1] 외채가 연간 전체 국민소득을 초과하는 빈곤국도 많다. 여러 나라, 특히 라틴아메리카 국가들은 수출로 벌어들인 돈의 1/4 이상을 외채 원금 및 이자 상환에 지출해야 하는 처지다. 이미 오래전부터 개발도상국은 북반구 선진국이 준 것보다 훨씬 더 많은 돈을 내고 있다.

최빈국 국민들은 특히 경제적 문제로 큰 고통을 당하고 있다. 사하라 남부 아프리카의 여러 지역에서는 농업, 교육, 식수 및 에너지 공급, 의료시스템 등 가장 기초적인 분야에 투자할 예산마저 부족한 실정이다. 다소 부유한 개발도상국에도 국가 채무는 끔찍한 결과를 낳을 수 있다.

아르헨티나에서는 1990년대 자국 화폐 페소화가 지나치게 과대평가되어 채무액이 급상승했다. 아르헨티나 수출품은 세계시장에서 너무 비싸도저히 팔리지 않았으며 경기 불황은 예외 없이 자본 이탈로 이어졌다. 결국 2001년 말 아르헨티나 금융 시스템은 전부 붕괴되고 말았다. 2003년 이후 아르헨티나 경제가 다시 성장세로 돌아서긴 했으나 후유증은 여전히 사라지지 않고 있는데, 공식적인 수치로도 아르헨티나 국민 2명 가운데 한 명은 여전히 빈곤층이며, 7명 가운데 한 명은 실업자다. 더욱이 외채는 계속해서 늘고 있다.

이미 오래전부터 세계은행과 국제통화기금은 채무 조건을 재편성하고 있다. 그러나 여기서도 채무국들은 엄격한 의무 조건을 이행해야 한다. 이는 공공자금의 지출을 줄이고 채무국 국민들에게 높은 세금 부담을 지우는 결과를 낳고 있다. 이러한 흐름은 지난 수년간 여러 최빈국에 심각한 후유증을 불러왔다. 유엔개발계획의 평가에 따르면, 그러한 '구조조정 정책'이 예컨대 사하라 남부 지역의 아프리카 국가에서 1인당 소득을 1970년대 수준 이하로 떨어뜨리는 데 결정적인 영향을 끼쳤다.

1996년 이후 특히 최빈국들은 HIPC 외채 경감 전략'을 통해 채무 중 일부를 변제받게 되었다. 전체 채무액이 연간 수출 수익의 150%까지 이르러도, 이자 및 상환액이 수출 소득의

HIPC 외채경감 전략
'고채무 최빈국', 즉 HIPC(Heavily Indebted Poor Countries)의 채무 부담을 덜어주기 위해 국제통화기금과 세계은행이 제안한 시행 방안.

1/4이 되어도 이 국가들은 '지급 능력'이 있는 것으로 간주되었다.

대부금과 수출로 번 수익금, 저개발국 원조기금을 제외한다면, 직접투자야말로 개발도상국의 주요 자금원이다. 물론 그 이면에는 기업 합병 및 출자, 기업 인수와 창립을 위한 자금 전용과 같은 위험 요인이 도사리고 있다. 세계적으로 국외투자자본 7,000억 달러 가운데 1/3가량이 개발도상국으로 흘러가고 있다.

아울러 개발도상국에 이보다 더 중요한 것이 외국에 사는 자국 출신 노동자들이 보내오는 송금이다. 그동안 이 노동 이주자들은 외국 기업이 자

숫자로 보는 세계화 교과서

국에 투자한 것과 맞먹는 자금을 고국으로 보내고 있다. 물론 둘 사이에는 엄청난 차이가 있다. 즉 국외투자자본이 성장세에 있는 몇몇 개발도상국에만 몰리면서 가난한 국가 대부분에는 아무 이익을 주지 않는 반면, 본국으로 송금되는 자본은 특히 최빈국에는 아주 중요하고 요긴한 자금원이며, 저개발국 원조기금이나 직접투자 자본을 합친 것보다 훨씬 중요시되는 경우가 종종 있다.

1) 국제통화기금(IMF) – 세계경제전망(World Economic Outlook) 2007.

계속 늘어나는
가.난.한. 나.라.들.의.
외채

> 요란한 온갖 빚 탕감 조치에도, 가난한 국가들의 외채는 3
> 조 달러나 많아졌다. 더욱이 이 채무액 가운데 1/4은 단기로
> 빌린 돈이다.

개발도상국들의 채무액은 매번 기록을 경신하고 있으며, 그사이 외채는
계속 늘어나 3조 달러가 넘었다. 이는 통계상으로 개발도상국 국민 한 사
람이 평균 560달러의 빚을 지고 있음을 의미한다. 물론 지역적으로 편차
가 큰데, 라틴아메리카는 1,500달러에 육박하며, 그에 비해 아프리카와 아
시아는 300달러에 불과하다.[1] 하지만, 1인당 채무액보다 더 심각한 것은
국민총생산 대비 외채 금액이다. 수많은 국가가 국민총생산 대비 수백 퍼
센트에 이르는 '외채 비율'을 안고 있다.

대부분 개발도상국의 외채는 달러를 기준으로 정해졌다. 그렇게 함으로
써 채권국들은 자국의 화폐가치 하락으로 손해를 입을 리스크를 피할 수
있게 되었지만, 거꾸로 (예를 들면 국제통화기금의 압력으로) 자국 화폐가 평

숫자로 보는 세계화 교과서

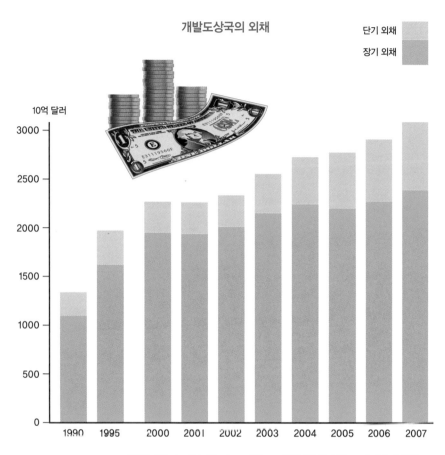

개발도상국의 외채

단기 외채
장기 외채

10억 달러

출처 World Bank – Global Development Finance 2006; IMF: World Economic Outlook 2007.

가절하되어 상대적으로 달러로 고정된 채무액이 오를 때는 채무국의 부담
은 더욱 커진다.

세계은행은 외채가 연간 수출 수익의 150%까지 이르러도 지급 능력이
있는 것으로 간주하고 있다. 고채무 최빈국^{HIPC}이 이 상한선을 초과하면 외
채를 탕감받을 수 있다. 이 'HIPC-외채경감 전략'은 1996년 세계은행이

제안한 것이며, 2006년 이후에는 다자간 부채 탕감 구상˚이 발표되었다.

이 두 가지 구상안의 틀 내에서 그

후 약 30개 최빈국이 진 600억 달

러가 넘는 외채가 탕감되었다.[2] 물

론 해당국들은 큰 부담을 덜었지만,

전체 채무 규모에 비하면 아직 시

다자간 부채 탕감 구상 MDRI
2005년 6월 스코틀랜드에서 열린 서방선진 8개국 재무장관 회의에서 제안된 최빈국에 대한 외채 탕감 정책안. 38개 외채과다 저소득국의 국제통화기금, 세계은행, 아프리카개발은행에 대한 채무 약 476억 달러를 100% 탕감할 것을 결의했다.

뻘겋게 달구어진 큰 돌판 위에 떨어진 물 한 방울에 불과한 금액이다.

더욱이 이 외채 탕감 혜택을 받은 해당 최빈국들은 더욱 엄격한 구조조정 정책을 이행할 수밖에 없다. 이 의무조항은 국제통화기금과 세계은행이 채무완화 조건을 제시할 때 요구한 것과 비슷한 내용으로, 공공부문 감축 및 감원, 국영기업 민영화, (농업 및 식량 관련) 각종 보조금 철폐, 수입제한 철폐 및 금융시장 자유화 등을 골자로 하고 있다. 이 의무 조항은 과거에는 아시아 개발도상국이 세계무역의 흐름에 성공적으로 편입하는 데 도움을 주었지만 대다수 국민을 고통에 빠지게 했다. 실업률은 오르고, 실질 임금은 줄었으며, 빈부 격차는 더 벌어졌기 때문이다.

그동안 채무 지급 거부권이 필요하다는 견해를 피력한 전문가도 많다. 각 지자체와 국가 공공사업 부문의 전례에 따라 미국에서는 과중한 부채에 대해서 조정 신청이 가능하도록 했다. 2003년 라틴아메리카 국가 국회의원들이 '몬테비데오 선언'을 통해 이 요구를 정식으로 제기했으며, 세계 각국 의원들도 이에 동조해 서명한 바 있다.

---

1) 국제통화기금(IMF) 2007 – 세계경제전망(World Economic Outlook).
2) 세계은행(World Bank) 2007 – 뉴스&방송: 부채 삭감(News&Brodcast: Debt Relief).

이자와 복리,
가.난.한.채.무.국.의.
이중부담

> 개발도상국들이 2006년 한 해 북반구 선진국들에 이자와
> 복리로 지출한 돈은 3800억 달러에 이른다. 많은 나라가
> 수출로 벌어들인 돈의 1/4 이상을 빚을 갚는 데 쏟아붓고
> 있다.

전체 국가 예산 지출 항목 중 외채 상환이 가장 큰 비중을 차지하는 개발도상국이 많다. 아르헨티나는 예산의 1/4 이상을 외국 채권자에 이자로 지출해야 하며, 자메이카와 레바논우 이자액으로만 전체 지출 예산의 절반을 쏟아부어야 한다. 인도 역시 이자 납부액이 교육 지출 예산의 3배에 이르며, 필리핀은 전체 의료분야 지출액의 6배를 외채 상환 이자로 지출하고 있다.[1]

개발도상국들은 수출로 벌어들인 수익금 중 평균 1/7을 이자 또는 상환금으로 북반구 채권국들에 되돌려 주고 있다. 특히 라틴아메리카 국가들이 빚을 상환하는 데 지출하는 비용은 수출 수익금의 1/4이나 된다.

그러면 비교해 보도록 하자. 제2차 세계대전 후 독일은 마셜플랜을 통

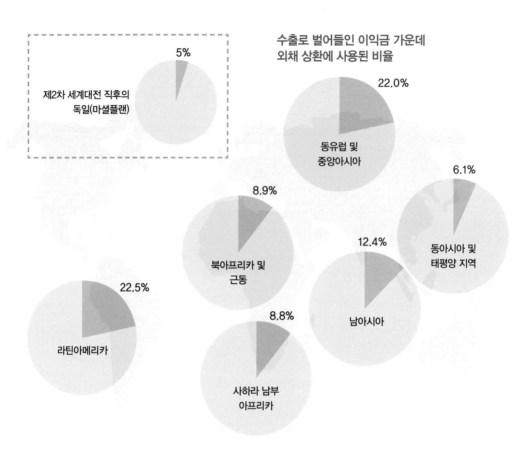

제2차 세계대전 직후의
독일(마셜플랜)

5%

수출로 벌어들인 이익금 가운데
외채 상환에 사용된 비율

22.0%

동유럽 및
중앙아시아

8.9%

북아프리카 및
근동

6.1%

동아시아 및
태평양 지역

12.4%

남아시아

22.5%

라틴아메리카

8.8%

사하라 남부
아프리카

출처 World Bank. – World Development Indicators 2007; IMF, 2007 – World Economic Outlook.

해 외채를 탕감받을 수 있었는데, 수출로 벌어들인 이익금의 5% 미만 내에서만 나머지 외채를 상환하는 조건이었다. 이러한 외채 상환 비율은 오늘날의 개발도상국들에는 머나먼 꿈나라 이야기일 뿐이다.

비정부기구들은 국민에 대한 기본적인 복지가 보장된 후 개발도상국이 외채를 갚게 할 것을 채권국들에 요구하고 있다. 2005년 당시 코피 아난

숫자로 보는 세계화 교과서

유엔 사무총장도 비슷한 주장을 했다.[2] 코피 아난 총장은 한 나라의 '채무 이행 능력'을 새로 규정할 것을 제안했다. 이 제안대로 하면, 더 많은 부채를 떠안지 않고서도 빈곤을 절반으로 줄이려는 밀레니엄개발목표를 이룰 수 있을 것이다. 이는 부채 탕감의 범위를 '고채무 최빈국'에만 적용하지 않고 더 확대하는 결과를 가져올 수도 있었다. 그러나 '대규모' 부채 탕감의 규모에 대해서는 이후 더는 논의되지 않았다.

많은 이들은 부채 탕감이 어차피 상환할 수 없는 외채에만 제한적으로 적용되는 문제점을 제기한다. 따라서 부채 탕감 이후 실질적인 이자와 상환 지급액은 그전과 비교해서 절대 낮아지지 않은 결과를 빚은 경우가 허다하다.

아울러 많은 개발도상국의 국내 부채 증가에 대해서는 지금껏 관심을 두지 않았다. 불과 15년 전만 해도 개발도상국의 국민총생산 대비 외채 비율은 국내 부채의 2배에 이르렀으나, 시간이 흐르면서 국내 부채가 외채보다 더 많아졌으며 그 때문에 공공 예산 집행에서 위험 부담은 가중되었다.

---

1) 세계은행(World Bank) - 세계발전지수(World Development Indicators) 2007.
2) 유엔(UN) 2005 - 보다 큰 자유: 모든 사람을 위한 개발, 안보, 인권을 향하여(In Larger Freedom: Towards Development, Security and Human Rights for All).

이주 노동자가
고.국.에.
보내는 돈

약 2억 명이 고국을 떠나 타국에서 살면서 일을 하고 있다. 이 중 많은 이들이 고국에 돈을 보내고 있다. 자국 출신 이주 노동자의 송금액은 많은 나라에서 가장 중요한 수입원이다.

전 세계 이주 노동자가 2005년 한 해 고국으로 보낸 송금액은 2,600억 달러에 이른다. 이 돈은 주로 가족의 생활비에 쓰이고 있다. 이주민의 송금액 가운데 1,900억 달러가 개발도상국으로 보내졌다.[1] 세계은행 자료의 총계에 따르면, 개발도상국으로 이체된 금액은 2006년 2,000억 달러에 이를 것으로 추정되지만,[2] 실제 금액은 이보다 훨씬 많을 것이다. 세계은행 전문가들은, 이 금액이 통계에 잡힌 공식 금액보다 100% 정도 많을 것으로 추정한다.

이 송금액은 외국의 직접투자 자본과 함께 개발도상국의 가장 중요한 자금원이 되며, 선진국이 지원하는 저개발국 원조기금보다 비중이 훨씬 큰 자금원이다. 외국 기업의 직접투자가 극소수 고성장 개발도상국에만

숫자로 보는 세계화 교과서

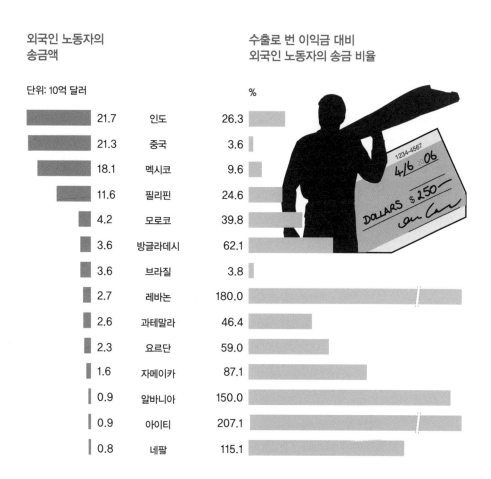

외국인 노동자의 송금액

단위: 10억 달러

	금액	국가
	21.7	인도
	21.3	중국
	18.1	멕시코
	11.6	필리핀
	4.2	모로코
	3.6	방글라데시
	3.6	브라질
	2.7	레바논
	2.6	과테말라
	2.3	요르단
	1.6	자메이카
	0.9	알바니아
	0.9	아이티
	0.8	네팔

수출로 번 이익금 대비 외국인 노동자의 송금 비율

%

국가	%
인도	26.3
중국	3.6
멕시코	9.6
필리핀	24.6
모로코	39.8
방글라데시	62.1
브라질	3.8
레바논	180.0
과테말라	46.4
요르단	59.0
자메이카	87.1
알바니아	150.0
아이티	207.1
네팔	115.1

출처 World Bank – World Development Indicators 2007; World Bank – Global Economic Prospects 2006.

집중되기 때문에, 가난한 국가들은 대부분 이주 노동자들이 보내오는 돈이 가장 중요한 재정수입이며, 더 나아가 많은 나라에서 송금액이 전체 수출 이익금을 초과하고 있다.

외국인 노동자의 송금액은 많은 나라로 하여금 빈곤을 확연하게 줄이는

데 도움을 주고 있다. 더욱이 경제적으로 힘겨운 국면에도 일정한 소비수준을 유지하고 어려운 시기를 극복하게 해 주며, 특히 고향에 있는 가족이 교육과 건강을 위해 필요한 돈을 지출할 수 있게 해 주고 있다.[3] 아울러 송금을 통한 외환 유입의 증가는 외국인 투자자들에게 국가 신용도를 높이고, 유리한 신용 조건으로 이어지는 효과를 유도한다.

많은 노동 이주자들은 정식 자격증을 갖지 못한 사람들로, 일하는 외국에서 형편없는 대우를 받으면서도 가족이 자신이 보내 주는 돈에 의지해서 살고 있어서 힘든 타향 생활을 견디고 있다. 물론 개발도상국 출신의 많은 전문 인력이 외국에서 돈을 벌어들이고 있다. 고국으로 보내는 이들의 송금액은 자국 경제를 위해 아주 중요하지만, 한편으로는 정작 고국의 발전을 위해 기여해야 할 인재의 역량이 고국에서 활용되지 못하는 결과를 빚고 있다.

세계은행은 이 송금액에 부과하는 10~15%에 이르는 높은 수수료 비율에 대해 비판한 바 있다. 특히 가난한 이주민들은 고향에 송금하는 대가로 고용주에게 소정의 금액을 지출하고 있는데, 고용주들은 외환 지급 부담금 명목으로 터무니없이 높은 돈을 요구하곤 한다.[1]

1) 세계은행(World Bank) – 세계발전지수(World Development Indicators) 2007.
2) 세계은행(World Bank) 2007 – 노동 이주자의 송금액에 관한 제2차 국제콘퍼런스 Second International Conference on Migrant Remittances.
3) 세계은행(World Bank) 2005 – 국제이주, 외환 송금, 두뇌유출(International Migration, Remittances and the Brain Drain)

전 세계의
자.본. 흐.름.

> 산업 선진국은 이미 오래전부터 신규 대부금이나 저개발
> 국 원조기금으로 개발도상국에 주는 돈보다 훨씬 많은 돈
> 을 개발도상국으로부터 되돌려 받고 있다. 민간 투자만이
> 비교적 안정된 형식으로 북반구 선진국에서 남반구 국가로
> 유입되고 있다.

유엔무역개발회의는 "지난 수십 년 동안 가난한 나라에서 부유한 나라로
금융 자금이 흘러들어 가는 역설적인 상황이 형성되었다"고 핵심을 짚어
지적했다.[1] 유엔무역개발회의가 추산한 내용을 보면, 지구 남반구 국가가
북반구 선진국에 이체한 총액이 매년 6,500억 달러까지 올랐다.[1] 더욱이,
사하라 남부 아프리카 지역 최빈국으로부터도 선진국으로 돈이 유입되고
있다.

물론 이렇게 유입된 총액 가운데 일부분은 몇몇 개발도상국이 여유 자
금을 외환보유액에 투자한 사례가 포함된 것이다. 중국 한 나라만 해도 1
조 달러가 넘는 외환을 보유하고 있는데, 이로써 중국은 세계 최대 외환보
유국이 되었다.

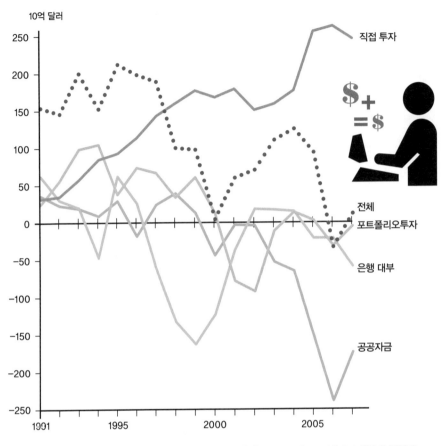

10억 달러

직접 투자

전체
포트폴리오투자

은행 대부

공공자금

출처 IMF – World Economic Outlook 1999, 10, 2006, 9

　이미 오래전부터 공공자금은 더는 가난한 국가로 유입되지 않고 있다. 2006년, 약 2,390억 달러에 이르는 공적자금이 북반구 선진국으로 흘러갔다. 이로써 분명해진 사실은 부유한 선진국의 국고는 2006년 한 해에만 남반구 개발도상국에서 거둬들인 외채 상환금 3,770억 달러로 채워졌다는 점이다.

숫자로 보는 세계화 교과서

이러한 엄청난 금액은 선진국이 저개발국 원조기금, 가난한 국가에 대한 신규 대부금 및 보증금으로 예비해 놓은 예산액의 4배에 이르는 규모다.[2] 중동 국가들은 외부 자본의 유출을 이겨 내야 했는데, 여러 선진국과 국제기구가 정치적 긴장상황에 대한 반작용으로 2003~2006년에 이 지역에서만 무려 3,200억 달러를 빼 갔기 때문이다.

개발도상국은 공적자금과 다르게 주로 직접투자로 인한 돈의 실질적인 유입으로 혜택을 얻고 있다. 기업과 투자자가 남반구 국가에 투자하는 이 돈은 몇 년 전부터 꾸준한 수준을 유지하고 있지만, 북반구 선진국 투자자에게 투자할 매력이 있다고 판단되는 나라는 소수에 불과하다. 매년 2,500억 달러에 이르는 직접투자 자본의 2/3가 10개국에만 유입되고,[1] 가난한 나라는 전혀 실익을 얻지 못하는 실정이다.

원자재 가격 상승에 따라 최근에는 다시 원유와 광산에 대한 투자가 늘고 있다. 이러한 흐름에서 중국은 아프리카에 대한 개입과 관심 비중을 늘리고 있다. 중국의 아프리카 투자는 선진국 전체 투자 규모를 합친 것보다 훨씬 더 많은 일자리를 창출하고 있다.[2]

포트폴리오투자[*], 주식과 기타 유가증권 매입 등으로 훨씬 많은 자금이 남반구 개발도상국에서 북반구 선진국으로 거꾸로 유입되고 있다. 이와 똑같은 상황이 민간 대부업자에게도 일어나고 있다.

> **포트폴리오투자**portfolio investment
> 기업 경영권 확보가 목적인 직접투자가 아니라 경영 참가엔 관심이 없고 투자 수익만을 위해 각종 유가증권에 투자하는 것.

---

1) 유엔무역개발회의(UNCTAD) – 세계경제동향및전망(World Economic Situation and Prospect) 2007.
2) 국제통화기금(IMF) – 세계경제전망(World Economic Outlook) 2006.

PEACE

12

평화

군비 확장, 전쟁 그리고 테러에 맞서서

세계 인구 1인당 160달러가 군비로 지출되며, 이 중 절반가량을 미국이 지출하고 있다. 통계적으로, 개발도상국의 경제성장률이 5% 떨어질 때마다 그곳에서 분쟁이 일어날 개연성은 50%나 더 높다. 빈곤이 분쟁(내전과 테러, 전쟁)을 낳고, 분쟁은 빈곤을 더욱 증폭시킨다.

'동서 냉전' 종식 이후, 그리고 1990년대의 군축 시대가 지나고 2001년 9·11사태 이후, 전 세계는 또다시 과도한 군비 지출 경쟁 속으로 빠져들고 있다. 계속될 것 같았던 세계적인 군비 감축에 대한 희망은 산산이 부서지고 말았다.

세계 유일 초강대국 미국이 전체 군비 지출액의 절반을 차지하고 있다. 엄청난 경제성장세를 보이는 중국과 인도 역시 군사 예산 증강에 박차를 가하고 있다. 이들 몇몇 나라가 전 세계 군사 예산에서 차지하는 비율은 점점 높아지고 있다. 15개국이 전체 군사 예산의 84%를 독점하고 있다.[1]

기업들도 군수산업에 손을 뻗치고 있다. 특히 라틴아메리카와 유럽에서는 과거 국가가 직영했던 군수업체들이 민간 기업으로 전환되었으며, 수백 개에 이르는 무기 생산업체의 무기 판매액은 2005년 2,680억 달러에 이르렀고, 이 매출액의 절반을 불과 5개 기업이 독식하고 있다.[1]

군수산업에서 민간 기술의 중요성이 점점 커지고 있는데, 정보통신 기술과 전자공학이 무기 기술을 선도하는 흐름이 확산되고 있다. 아울러 군사 분야에서 민간 회사로 이관되는 업무가 많아지고 있는데, 민간 회사들은 수송에서 기술 지원과 보안 업무까지 과거 군이 맡았던 역할을 맡고 있다.

1945년 이후 발발한 전쟁과 내전은 모두 200건이 넘고, 이 분쟁들은 대부분 가난한 지역에서 일어났다. 최근 몇 년 동안 실제로 전투가 발생한 횟

수는 지속적으로 줄고 있지만, 분쟁 기간은 길어지고 있다. 특히 전쟁 기간과 전쟁 이후의 차이를 구분하기가 더 어려워졌다. 콩고민주공화국에서는 공식적으로는 전쟁이 종식되고 나서도 폭력 사태는 줄지 않고 있으며, 이라크에서는 '전후戰後' 상황에서 전쟁 기간보다 오히려 더 많은 사람이 폭력과 테러로 죽어가고 있다.

여러 갈래로 나누어진 비非국가 집단이 전쟁 당사자로 등장하는 횟수도 점차 늘고 있다. 특히 각 반군 집단이 서로 총을 겨누기 때문에, 콩고민주공화국과 수단 다르푸르 지역에서 평화를 정착시키려는 노력은 갈수록 힘겹기만 하다. 이로 인해 고통 당하는 사람들은 서로 총부리를 겨누는 여러 전선 틈에 끼여 있는 민간인들이다.

곳곳에서 벌어지는 수많은 분쟁은 특히 용병들이 전투에 참여함으로써 더욱 예측할 수 없는 상황으로 치닫고 있다. 이 민병대는 전쟁 수행국 정부로부터 돈을 받는 것이 아니라 독자적인 지휘 체계를 갖추고 스스로 전쟁 비용을 마련하고 있다. 특히 거대 다국적기업은 예컨대 다이아몬드 생산지, 원유 수송 지역이나 광산 지역 안전을 위해 때로는 용병 공급 에이전트로 변모하기도 한다. 많은 이들이 이러한 용병 부대에 대해 알고 있지만, 그 어떤 통계자료에서도 용병 부대의 실체에 대한 정보를 얻을 수 없다.

지난 몇 년간 정규군 규모는 2,000만 명 이하로 축소되었지만,[2] 군사 장비는 더욱 '첨단화'하고 있다. 물론 이라크와 아프가니스탄에서처럼, 기술적으로 우위에 있는 강대국이 주도하는 전쟁이 재래식 무기를 쉽게 이길 수 없다는 사실을 보기도 한다. 베트남전쟁 이후 이러한 양상은 변하지 않은 것 같다.

전쟁이 항구적인 평화를 보장해 줄 것이라 생각하는 사람들은 자신들의 개발 관점이 무엇인지 밝혀야 할 것이다. 여전히 많은 사람들은 군사 '소탕 작전'을 과대평가하고 있으며, 민간 재건 활동을 과소평가하고 있다. 2006년 유엔이 7만 병력으로 구성된 16개 대규모 평화유지군과 정찰 및 경찰 병력 등 평화 유지 임무에 쓴 비용이 50억 달러에 이른다.[3]

그러나 휴전을 통한 군사적 안정이 재건 지원과 병행해서 이루어진 경우는 극히 드물다. 그 이유는 다시 들어올 가능성이 있는 금융자본(예컨대 투자자 회의 등) 가운데 해당 분쟁 지역에 유입되어 그 지역에 생산적으로 투자되는 자본 비율이 극소수에 불과하기 때문이다. 이러한 일들을 우리는 동티모르와 아프가니스탄, 이라크와 콩고에서 목격할 수 있다.

수년 전부터 정치적, 종교적 동기에 의한 테러 음모가 전 세계를 위협하고 있다. 수십 년 동안 '서양과 동양'이라는 이분법적 도식은 '선과 악'의 대립으로 단순화해 온갖 분쟁 원인을 올바로 인식하지 못하게 했다. 실상은 식량과 물, 에너지와 원자재를 둘러싼 분쟁인데도 말이다. 광적인 민족

숫자로 보는 세계화 교과서

주의자와 종교적 광신도들은 자신들의 맹목적인 목적에 이 기폭제를 이용하고 있으며, 게다가 미국과 같은 초강대국 스스로 '악의 축'이라는 도식적인 규정을 만들어 여론에 불을 지르고 있다. 이런 식으로는 합리적인 판단과 의식 있는 정치를 기대하기가 더욱 어렵기 마련이다. 아울러 무수히 많은 정치인과 여론도 분쟁과 갈등을 극복하기보다는 '종교전쟁' 같은 개념을 함부로 언급함으로써 오히려 분쟁과 갈등을 증폭하는 데 앞장서고 있다.

1) 스톡홀름국제평화문제연구소(SIPRI) – Yearbook 2006.
2) 본 국제군축센터(BICC) – 컨버전 서베이(Conversion Survey) 2005: 세계의 군축, 무장해제, 복원(Global Disarmament, Demilitarization and Demobilization).
3) 월드워치연구소(Worldwatch Institute) – 바이탈 사인(Vital Signs) 2006~2007.

군사비 지출이
점.점.
많아진다

전 세계적으로 군비 지출액이 또다시 1980년대 후반 수준
까지 증가하고 있다. 세계 인구 1인당 평균 160달러가 군비
로 지출되고 있으며, 이 가운데 절반가량을 미국이 지출하
고 있다.

2001년 이후 미국 국방 예산은 폭발적인 증가세에 있다. 이라크와 아프가
니스탄 전쟁을 수행하는 데만 미국은 2007/2008 회계연도 말까지 이미
7,400억 달러를 쏟아부었다.[1] 미국이 이 두 전쟁에서 쓴 돈은 매달 100억
달러에 이르는데, 이는 유엔의 모든 개발 프로그램이 1년 동안 사용하는
돈보다 많은 금액이다.

미국의 방위비 지출액 증가는 '국제적인 테러와의 전쟁'에 근거를 두고
있다. 물론 미국 내에서도 이에 대한 반발이 점차 커지고 있다. 과도한 국
방 예산은 국가재정을 악화시키고 필연적으로 사회복지 분야의 예산 감축
으로 이어지기 때문이다.

지출 규모가 점점 커지자, 미국 정부는 방위비 예산을 늘리는 데 애쓰고

숫자로 보는 세계화 교과서

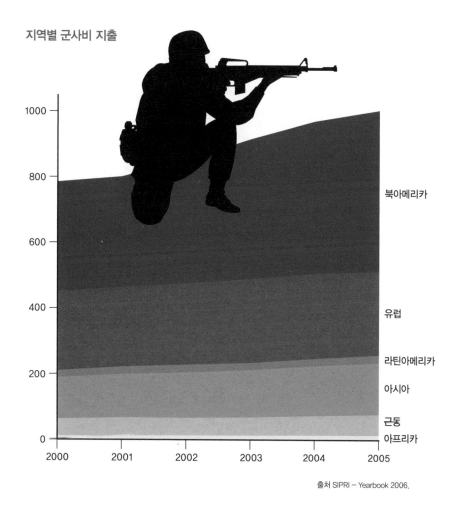

지역별 군사비 지출

북아메리카

유럽

라틴아메리카

아시아

근동
아프리카

출처 SIPRI − Yearbook 2006.

있다. 특히 저개발국 원조기금에 대한 정의를 다시 규정하고 있다. 이에 따르면, 해당국의 질서 유지를 위한 군사 지원도 저개발국 원조기금으로 인정할 수 있다. 이 논리대로 한다면 콜롬비아에 대한 미국의 군사 지원이나, 과거 분쟁지역에서 '재건을 위한 안전조치'도 저개발국 원조기금에 포함될 수 있다.

미국과 더불어 지난 수년 전부터 러시아, 이란, 중국과 인도가 국방 예산을 대폭 올리고 있으며, 근동 및 중동에서도 군비 지출이 늘고 있다. 정규군 수는 2,000만 명 이하로 줄었지만, 과거 전투가 벌어졌던 분쟁 지역을 시민사회 속에 성공적으로 통합시키는 데 필요한 예산은 턱없이 부족한 실정이다. 엄청난 재고가 쌓인 재래식 무기와 생화학 무기를 처리하는 데도 비용이 너무 많이 들어서 각국 입장에서는 큰 부담이 아닐 수 없다.

무기와 군인들을 위해 사용되는 돈은 빈곤 퇴치에는 아무 쓸모가 없다. 그래서 가난한 국가의 국방 예산은 정말 큰 문제이다. 1955년 이후 세계의 모든 지역에서 국민총생산 가운데 국방 예산이 차지하는 비율이 (북아메리카를 제외하면) 줄어들고 있지만, 개발도상국도 국가 예산의 평균 14%를 여전히 국방비로 지출하고 있다. 반면 유럽연합 국가의 비율은 5% 이하로 확연히 감소했다.[2]

1) 워싱턴포스트/AP(Washington Post/Associated Press) 2007.
2) 세계은행(World Bank) – 세계발전지수(World Development Indicators) 2007.

숫자로 보는 세계화 교과서

무기 거래로
엄.청.난.
이윤을 챙기다

> 대형 무기체계의 수출액이 한 해에 200억 달러에 이르고
> 있다. 이 가운데 거의 2/3를 미국과 러시아가 공급하고 있
> 다.

2003년 이후 대형 무기의 국제 거래가 다시 늘고 있다. 미국과 러시아가 세계 전체 무기 수출의 1/3을 차지하며, 유럽연합이 세 번째 주요 무기 공급자다. 전체 수출 무기의 27%가량이 유럽연합 국가에서 유럽연합 이외 국가로 공급되고 있다. 반면, 중국의 무기 수출 비율은 아직 1%에도 미치지 않는다.

그러나 중국은 최대 무기 수입국이다. 대형 화력무기 7개 가운데 하나가 중국으로 공급되며, 근동 지역에도 점점 성능이 좋은 무기가 계속해서 공급되고 있다. 주요 무기 수출국이 모두 이곳에 무기를 공급하면서, 근동은 지구상에서 가장 첨예하게 무장된 지역이 되었다.

소형 무기 판매까지 합치면 무기 시장에서 연간 무기 수출액은 전체 세

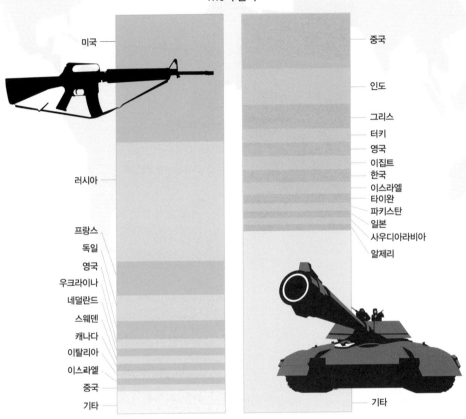

무기 판매국　　무기 수입국

1110억 달러

미국

러시아

프랑스
독일
영국
우크라이나
네덜란드
스웨덴
캐나다
이탈리아
이스라엘
중국
기타

중국

인도

그리스
터키
영국
이집트
한국
이스라엘
타이완
파키스탄
일본
사우디아라비아
알제리

기타

출처 Sipri – Yearbook 2006.

계무역의 1.5%인 500억 달러에 이를 것으로 추산된다.[1]

　군수산업에 참여한 기업도 엄청나게 많아졌다. 무기 수출에 관한 통제
가 없는 지역에서 조립된 부품이 더 많이 그리고 더 자주 공급되고 있으며,
이렇게 제조된 무기는 인권을 훼손하는 여러 전쟁 지역과 망명정부에 아

무런 문제없이 체계적으로 전달되곤 한다.[2]

북아메리카 및 유럽연합 기업들은 이런 식으로 무기 수출 규정을 교묘히 피하고 있다. 이를테면 중국과 인도, 이집트, 이스라엘, 터키에서 전투헬기와 전차를 조립, 생산하면 수출 승인을 받을 수 있다. 이곳에서 만들어진 무기는 후에 수단과 우즈베키스탄에서 모습을 보이고, 종종 민간인을 대상으로 사용되기도 한다. 예를 들면, 유럽연합이나 미국, 캐나다도, 중국에 전투헬기를 보급하지 않지만 중국의 최신 전투헬리콥터 Z-10은 영국과 이탈리아의 아우구스타웨스트랜드AugustaWestland, 캐나다의 프래트앤드휘트니Pratt&Whitney, 미국 로드코퍼레이션Lord Corporation, 독일과 프랑스의 유로콥터Eurocopter 같은 미국 및 유럽 회사의 기술과 부품이 없다면 날아다닐 수 없다.[2] 중국은 그사이 이 최신예 헬기를 수단에 공급했다.

인권단체들은 이미 오래전부터 전쟁 지역 및 위험 지역에서 무기 판매를 막고자 국제 효력이 있는 무기거래협약 제정을 줄기차게 요구해 왔다. 하지만, 무기 시장에서 경쟁이 점점 가열되면서 여러 국가에서는 군수업체의 경쟁력을 강화한다는 명목으로, 오히려 무기 거래 제한 조치를 완화하고 있다.

---

1) 스톡홀름국제평화문제연구소(SIPRI) - 연감(Yearbook) 2006.
2) 옥스팜(Oxfam), 소형무기국제행동네트워크(International Action Network on Small Arms, IANAS) 2006 - 국경 없는 무기: 세계화 무역이 전 세계적 통제를 필요로 하는 이유(Arms without Borders: Why a Globalised Trade Needs Global Controls).

오히려
고.통.의. 원.인.이. 되.는.
원자재

> 많은 나라들, 특히 아프리카의 지하자원이 무자비하게 수
> 탈되고 있지만, 정작 그곳 주민들은 아무 이득도 못 보고 있
> 다. 금, 다이아몬드, 원유, 콜탄, 고급 목재를 판 돈이 무기를
> 구입하고 전쟁 자금을 마련하는 데 쓰이기 때문이다.

콩고민주공화국의 광활한 지역에서 유혈 분쟁이 점점 더 기승을 부리고 있는데, 1990년대 중반 이후로 10년 동안 이 분쟁으로 목숨을 잃은 사람이 300만 명이 넘는다. 분쟁의 원인은 주로 지하자원이다. 수많은 반군과 용병 집단은 금속, 다이아몬드, 열대 목재를 팔아 돈을 벌고 있으며, 이 지하자원 구매자들은 대부분 선진국에 본사를 둔 기업들이다.

특히 사람들이 탐을 내는 광물은 콜탄Coltan이다. 콜탄에 함유된 탄탈 tantalum이라는 물질은 고성능 칩과 응축액을 만드는 데 사용되며, 이 탄탈이 없다면 우리가 매일 쓰는 휴대폰을 만들 수 없다. 르완다와 우간다 등 인근 국가의 군인과 사업가들도 북반구 선진국 구매자들과 커넥션을 이루며 콩고민주공화국산 콜탄 판매에 뛰어들고 있다. 콜탄 구매 기업 가운데

원자재를 판 돈으로 무기를 사 들인다

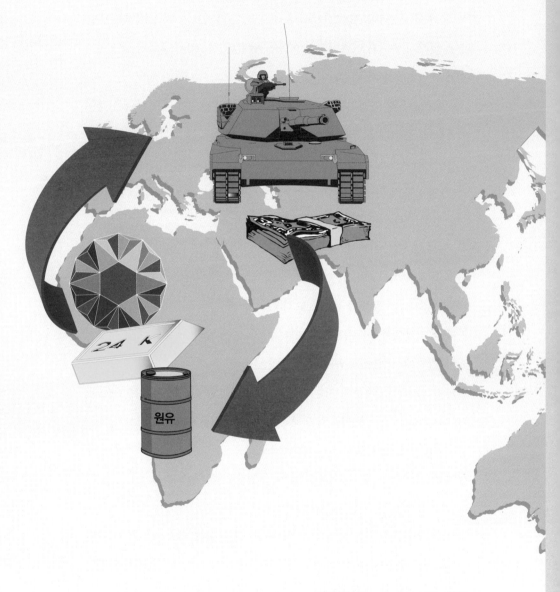

출처 UNDP – Human Development Report 2005.

가장 유명한 회사가 바로 독일 바이엘 그룹 자회사인 HC스타르크^{HC Starck}이다. 유엔 보고서(S/2002/1146)에 따르면, 스타르크는 내전 지역에서 콜탄을 헐값에 들여와 어마어마한 이윤을 남긴다. 콩고민주공화국에는 세계 전체 콜탄의 80%가 매장되어 있다.

시에라리온과 앙골라에서 벌어진 수십 년간의 내전에서 반군들은 다이아몬드를 팔아 매년 7억 달러에 이르는 수입을 올리고 있다. 문제는 이 돈이 다시 전쟁에 사용된다는 데 있다. 2003년부터 소위 킴벌리 프로세스'가 시행되면서 '유혈 다이아몬드^{Blood diamond}'가 거래되지 못하도록 했지만, 이 통제 조치는 아직 결함이 너무 많다.[1] 특히 서아프리카 내전 지역에서 채굴되는 다이아몬드가 불법으로 대량

> **킴벌리 프로세스Kimberley Process Certification Scheme**
> 시에라리온과 앙골라, 라이베리아 등 아프리카 내전 지역에서 반군이 전쟁 수행을 위한 군비 마련 목적의 다이아몬드 불법 매매를 방지하기 위한 국제 협의기구. 40여 개국이 2003년 1월부터 이 규정을 지키기로 합의했다.

거래되고 있으며, 이 '유혈 다이아몬드'가 인근 말리와 가나로 몰래 반입되어, 그곳에서 '분쟁과 무관한 다이아몬드^{Conflict-free diamond}'라는 증명서를 받아서 판매되기 때문이다.[2] 어쨌든 2003년 이후 합법적인 다이아몬드 판매로 채광 국가가 벌어들인 수입은 폭발적으로 늘고 있다.

수단 정부는 중국에 석유를 팔아 번 돈으로 다르푸르 지역 내전 비용을 충당하고 있다. 중국으로서는 수단이 가장 큰 무기 판매 대상국이어서, 이는 당연한 일인지 모른다. 나이지리아에서 유혈이 낭자하게 자행되는 인권 유린과 위협은 그 나라 남부 지역의 석유 저장고와 관련이 있다. 그러나 주민들은 석유 판매 혜택을 전혀 누리지 못하고 있다. 강제 이주와 환경 파괴에 반대하면, 주민 대부분은 오히려 폭력에 의해 추방당하는 처지다.

유엔은 투명성을 더 높일 것을 요구하고 있다. 가난한 나라에서 원자재를 공급받은 기업이 거래 내역을 당당하게 밝히고 유통 경로와 매출액을 공개하라는 것이다.[3] 그러나 이러한 요구는 은밀한 사업 파트너와의 거래를 선호하는 부패한 해당국 정부 때문에 번번이 좌절되고 있다.

1) 세세한 질문에 대한 연방정부의 답변(Antwort der Bundesregierung auf eine Kleine Anfrage – Drucksache) 16/3969 vom 22. 12. 2006.
2) 이코노미스트(Economist) – 2006년 11월 11일판.
3) 유엔개발계획(UNDP) – 인간개발보고서(Human Development Report) 2005.

지뢰,
폭.발.하.는.
지구

세계 곳곳에 묻혀 있는 1억 개가 넘는 지뢰가 현재 70개국이 넘는 곳을 오염시키고 있다. 해마다 지뢰 폭발로 8000명이 목숨을 잃고 있으며, 1만 6000명 이상이 중상을 입고 있다.

거의 20분마다 한 명이 지뢰 폭발로 죽거나 다치고 있다. 지뢰 희생자 4명 가운데 한 명은 어린이다. 지뢰로 인한 오염 때문에 과거 전쟁 지역에선 비옥한 땅조차 활용할 수 없다. 특히 최빈국들은 전쟁이 남긴 이 끔찍한 유산으로 고통을 겪고 있지만 비싼 지뢰 제거 프로그램에 쓸 돈도, 기술적 방법도 없다.

전문가들은 앙골라에만 1,500만 개, 아프가니스탄에 1,000만 개, 캄보디아에 600만 개 지뢰가 묻혀 있는 것으로 추정한다.[1] 지뢰 때문에 토지를 활용할 수 없는 나라들은 새로운 빈곤의 위협에 직면해 있다. 전쟁이 끝나고 몇 년이 지나도 발전 기회는 여전히 위협받는 것이다.

1997년 채택된 오타와 협약*은 대인지뢰의 제조, 보관, 운송 및 설치를

숫자로 보는 세계화 교과서

세계 곳곳에 묻혀 있는 지뢰

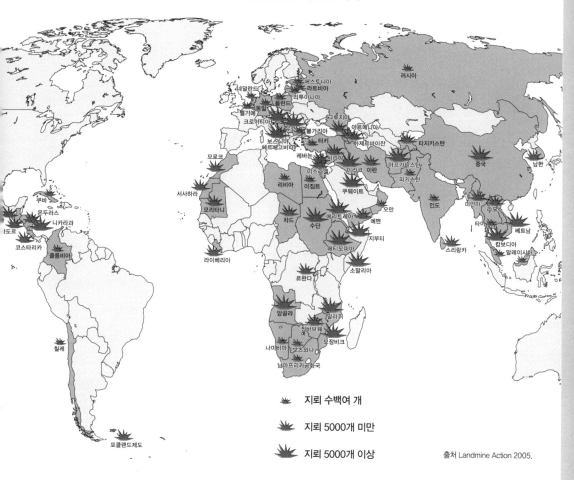

지뢰 수백여 개

지뢰 5000개 미만

지뢰 5000개 이상

출처 Landmine Action 2005.

금하고 있다. 미국, 중국, 러시아 같은 강대 국은 이 협약에 아직 가입하지 않았다. 그 러나 독일, 영국, 프랑스, 이탈리아, 오스트리아 같은 협약 서명국도 대형 무기창고에 여전히 대인지뢰를 보관하고 있다. 이 국가들은 그것이 대인

오타와 협약 Ottawa Treaty
대인지뢰의 사용, 비축, 이전 금지 및 폐기에 관한 협약.

지뢰가 아니라 '대전차지뢰'라 주장하고 있다. 지뢰 대부분은 이렇듯 '폐기용 보관'으로 남아 있다. 수많은 '대전차지뢰'는 극도로 민감해서 누군가 접근하기만 해도 폭발하곤 한다. 독일제 AT-2 지뢰는 살짝 닿기만 해도 폭발한다. 파급 면에서 이 '대전차지뢰'는 금지된 대인지뢰와 다를 게 하나도 없다. 그렇지만 오타와 협약이 발효되고 나서 수많은 군수업체가 대전차지뢰에 대한 개발과 제작을 계속하고 있다.

유럽의 지뢰 제조 업체 목록을 보면 모든 주요 군수업체가 망라되어 있다. 2007년 3월, 벨기에는 어떤 형태나 공정 과정이건 지뢰 제조에 참여한 모든 기업에 제재를 한 지구상의 첫 번째 국가가 되었다. 이 법은 이 기업들에 대한 재정 지원도 금지시켰다. 은행과 보험사, 투자펀드들은 적어도 벨기에 내에서는 지뢰 생산 및 보관에 참여한 기업들에 직간접적 금융 지원을 일절 할 수 없게 되었다. 더욱이 이 회사 및 주주들도 당국의 '블랙리스트'에 올리도록 했다.

벨기에의 제재 조치는 '확산탄' 제조에도 적용되었다. 확산탄은 직접적인 사용만으로 끔찍한 결과를 낳는 것이 아니다. 하지만 불발탄들이 남아서 오랜 시간이 지난 후에도 닿기만

확산탄 cluster bomb
하나의 폭탄 속에 여러 개의 소형 폭탄이 들어 있는 폭탄. 폭발 시 파편이 사방으로 넓게 퍼져 대량살상이 가능한 폭탄으로, 산탄폭탄 또는 모자폭탄이라고도 한다.

해도 터지는 지뢰와 똑같은 위험성을 안고 있다. 미국, 러시아, 중국 세 나라가 보유한 확산탄만 해도, 무려 30억 개라는 차마 상상할 수 없는 어마어마한 양이다.[2]

1) 테레 데스 호메스(Terre des hommes) 2006 - 지뢰 개관(Landminen, ein Überblick).
2) 지뢰행동(Landmine Action) 2005 - 치명적인 대안(Tödliche Alternativen).

내전,
가.난.한. 사.람.만.을.
대상으로 한 폭력

나라가 가난할수록 내전이 발발할 위험성은 더 커진다. 여러 연구보고서를 종합해 보면, 통계적으로 무력분쟁이 일어날 개연성은 1인당 국민총생산과 밀접한 관련이 있다.

1990년 이후 무력분쟁이 주로 발생한 지역은 '인간개발지수'가 가장 낮은 10개국 가운데 9개국이다.[1] 유엔개발계획 자료에서 개발지수가 낮다고 파악돼 전체 나라 중 2/3가 최근 15년간 일어난 내전의 무대가 되고 있다.[2] 통계적으로 개발도상국의 경제성장률이 5% 떨어질 때마다 그곳에서 분쟁이 일어날 개연성은 50%나 더 높은 것으로 밝혀졌다. 이것은 거꾸로, 1인당 국민총생산이 2배 증가하면, 앞으로 5년 이내 내전이 발발할 가능성은 반으로 줄어드는 것을 의미한다.[3]

전쟁의 원인은 다양하다. 그러나 한 가지 분명한 사실은 빈곤과 전쟁 발발의 위험성은 서로 밀접한 관계에 있다는 점이다. 빈곤이 분쟁을 낳고, 분쟁은 빈곤을 증폭시킨다. 제2차 세계대전 후 40년 동안 벌어진 모든 분쟁

분쟁이 일어날 확률

US 달러 기준 1인당 국민총생산

출처Macarten Humphreys 2003 - Economics and Violent Conflict; UNDP - Human Development Report 2005.

의 2/3가 특히 저소득 개발도상국에서 발발했으며, 이런 상황은 오늘날에도 50%를 넘고 있다.[2)]

자국 내 개발 양극화도 분쟁의 빌미가 된다. 네팔에서는 1996년 내전이 터지기 전에 서부 지역 주민 가운데 3/4이 극도의 빈곤 상태였던 반면, 카트만두 지역의 빈곤층은 4%에 불과했다. 유엔은 분쟁의 가장 중요한 뿌리가 지역적, 인종적 경계지에 따라 구분된 이러한 개발 불균형에 있다고 보

숫자로 보는 세계화 교과서

고 있다.[2]

　개발 정책에 관한 결론은 분명하다. 내전과 테러를 예방하려면 먼저 빈곤과의 싸움을 시작해야 한다. 유엔은 '2005 세계개발보고서'에서 분쟁 지역 내에서 군사적 해결책이 과도하게 강조되고 있지만, 인간을 위한 발전은 도외시된다고 지적한 바 있다. 이는 아프가니스탄과 이라크의 경우만 보더라도 분명하게 드러난다.

　점점 증가하는 여러 개별 지역에서의 유혈 무력분쟁은, 테러리스트들이 다른 나라에 근거지를 구축하거나 지역적인 국지전이 국제 전쟁으로 확대되는 형태로 세계 전체의 안정에 위협이 되고 있다. 또한 이는 세계무역과 국제 주식 동향에 심각한 영향을 주기도 한다. 그래서 최빈국과의 개발 협력은 부유한 국가의 이해와도 맞물려 있다고 볼 수 있다. 하지만, 교역 당사자들과 판매 시장이 눈길을 보내는 나라들은 대부분 빠른 성장세를 보이는 몇몇 개발도상국에만 집중되어 있다.

---

1) 인간개발지수(Human Development Index), 유엔개발계획(UNDP) 참조.
2) 유엔개발계획(UNDP) – 인간개발보고서(Human Development Report) 2005.
3) M. 험프리스(M Humphreys) 2003 – 경제 갈등과 폭력 갈등(Economics and Violent Conflict).

HUMAN RIGHTS

13
인권

오랫동안 도처에서 실현되지 않는

전 세계적으로 해마다 소녀를 포함해 200만 명에 이르는 여성이 인신매매로 팔려가고 있다. 14세 미만 아동 1억 9000만 명이 강제노동에 시달리고 있다. 난민 2400만 명이 국경을 넘지 못하고 자기 나라 안에서 공격과 탄압에 노출된 채 피난처를 찾고 있다.

대부분 나라가 1948년 12월 제3차 유엔 총회에서 채택된 '세계인권선언'을 인정하고 있다. 그럼에도 미국의 프리덤하우스Freedom House(1941년 설립된 보수 성향의 미국 민간 인권단체. 미국 및 해외 민주화 및 반독재 운동을 주도해 왔다. 워싱턴과 뉴욕 등에 본부를 두고 있다 — 옮긴이)의 조사에 따르면, 정치적·시민적 자유를 보장한 나라는 절반도 안 된다.[1] 국제사면위원회* 통계자료도 매년 100여 개가 넘는 나라에서 국가정보기관에 의한 고

> **국제사면위원회Amnesty International**
> 1961년에 창설된 세계 최대의 민간 인권운동 단체. 특정 정부, 정치집단, 이데올로기, 경제적 이해 또는 특정 종교로부터의 독립적 활동을 펼친다. 인권보호 운동에 대한 공로를 인정받아 1977년에 노벨평화상, 1978년에는 유엔인권상을 받기도 했다.

문과 가혹행위가 자행되며 정치범이 수용되어 있다고 밝히고 있다. 이는 시민 인권 및 사회적 인권에 관한 유엔협약, 반反고문협약, 망명자 보호협약에 대한 심각한 위반이 아닐 수 없다.

아프리카에서 내전 발발 횟수는 줄었지만 수백만 명이 도피처를 찾아 헤매는 신세가 되었다. 이들은 실질적으로 아무런 보호도 받지 못한 채 정부군과 반군의 공격 위협에 방치되고 있다. 무고한 수많은 사람이 전쟁 수행의 도구로서, 약탈과 끔찍한 고문 등으로 온갖 조직적 폭압에 고통을 겪는 곳은 수단뿐이 아니다. 아프리카 대륙의 많은 지역에서 범죄자들은 아무 처벌을 받지 않은 채 오히려 인권운동가들이 체포되는 등 탄압에 시달리고 있다.[2]

라틴아메리카에서는 특히 여성과 아이들 그리고 국내 단체들이 탄압의 대상이 되며, 조직적인 범죄가 늘고 있다. 콜롬비아에서는 과거 칠레와 아르헨티나의 끔찍한 독재정권 시절에서나 자행되었던 것과 같이, 또다시 사람들이 소리 소문 없이 '사라지고' 있다. 국내법은 마약 및 테러와의 전쟁을 구실로 여러 단체를 탄압하고 있다.

'테러와의 전쟁'은 아프가니스탄과 파키스탄, 스리랑카, 인도네시아 등 수많은 아시아 국가에서도 검문검색과 자의적인 체포 등을 정당화하고 있다. 버마, 북한, 투르크메니스탄, 우즈베키스탄의 독재자들은 일체의 자유를 억압하고 있다. 경제 발전을 이룬 중국의 산업 지역에서도 수백만 명에 이르는 떠돌이 노동자들이 거처가 없이 고용주의 횡포에 아무런 법적 보호를 받지 못하고 있다. 중국과 베트남 당국은 인권단체와 접촉했다는 의심이 들면 인터넷 서버에 대한 검열까지 자행한다.

아랍 세계에서 민주주의가 원만하게 정착된 곳은 단 한 곳도 없다. 아랍의 거의 모든 국가에서는 정당 활동이 금지되고, 정적들은 투옥되고 있다. 이집트는 2007년 초, 논란의 여지가 많은 '국민투표'를 통해 국민의 기본 인권을 제한시켰다. 이로써 테러 용의자로 의심되는 사람에 대한 자의적 체포가 가능해졌으며, 선거에서 독자 출마가 금지되고 사법권은 무력화되었다. 쿠웨이트에서 여성에게 선거권이 주어지는 등 상황이 일부 개선되었지만, 아랍 전 지역에서 여성에 대한 억압이 자행되고 있다. 근동 지역에서의 분쟁과 이라크에서의 전쟁, 이란의 통치 방식, 사우디아라비아의 봉건적 군주제에서 보듯, 아랍 세계에서 가까운 시일 내에 인권이 존중받을 수 있으리라는 기대를 하기는 쉽지 않아 보인다.

선진국에서도 인권 본연의 이상은 점점 훼손되고 있다. 특히 도처에서 국제협약에 반하는 난민 및 이주민 정책이 계속되고 있다. 오스트레일리아는 수천 명에 이르는 '보트피플'을 수년째 자국의 무더운 사막 지대 내 집단수용소에 격리하다시피 하고, 미국은 테러용의자들을 마구 구금하고 수년 동안 변호사 입회나 재판 절차도 없이 체포하고 있다. 특히 쿠바 관타나모*의 사례에서 볼 수 있듯이 고문마저 서슴지 않고 있다.

> **쿠바 관타나모**
> 미 해군기지가 있는 쿠바의 남동쪽 지역. 해군기지 내 관타나모 수용소에서 고문 등 인권침해가 일어났다는 증거가 발견되었다.

한편으로는, 세계 전역에서 수백만 명이 강제노동에 시달리고 있다. 인도 농촌에서는 많은 여성이 빚 때문에 마치 노예처럼 취급받고, 아랍 가정에서는 아시아 출신 여성들이 식모로 일하고 있다. 유럽과 미국에서는 여성들이 강제 성매매에 신음하며, 세계 곳곳의 채석장과 카펫 공장에서는 아동노동이 성행하고 있다. 이런 사례를 나열하자면 끝이 없다. 섹스 산업에 흡수되는 미국행 밀입국 아동과 여성만 해도 해마다 5만 명에 이른다.[3]

선진국과 아랍 세계에서 자행되는 강제 노동자 대부분은 전문적인 인신매매업자의 제물이 되고 있다. 현대적 노예무역이 가장 돈벌이가 잘되는 범죄형 경제 분야로 자리 잡은 것이다.[4]

고향을 떠날 수밖에 없는 사람들은 전쟁과 내전에 의한 피해자만이 아니다. 예를 들어 지하자원 수탈에 방해가 된다고 여겨지는 주민들은, 미군에 의해 고향이 장거리 미사일 발사 실험 장소로 전락한 태평양 섬 주민들처럼 추방되기도 한다. 거대한 국가 주도 '이주프로그램'은 수십 년간 수백만에 이르는 인도 주민을 빈곤으로 내몰았으며, 오랫동안 순수하게 보존되어 온 지역 문화를 파괴해 버렸다.[5] 1950년 이후 댐 건설로 쫓겨난 사람은 4,000만에서 8,000만 명에 이른다. 이들 대부분은 형편없는 보상금만을 받고 추방되었다.[6]

---

1) 프리덤하우스(Freedom House) – Combined Average Ratings: Independent Countries 2006.
2) 국제사면위원회(Amnesty International) – 연례보고서(Jahresbericht) 2006.
3) 휴먼라이츠워치(Human Rights Watch), 2006 – 진실 감추기(Swept Under the Rug).
4) 국제노동기구(ILO) 2005 – 강제노동 반대 세계동맹(A Global Alliance against Forced Labour).
5) 유엔행정네트워크(UNPAN) 2004 – 소셜워치 인도네시아: 평화를 갈망하다(Social Watch Indonesia: Longing for Peace).
6) 세계댐위원회(World Commission on Dams) 2000 – 댐과 발전(Dams and Development).

인신매매,
강.제. 성.매.매, 할.례.
여성에 대한 폭력

세계 전역에서 여성들이 강제 성매매에 시달림을 당하며 심지어 살해되기도 한다. 많은 사회에서 아직도 남성이 여성보다 더 우월한 권리를 가지고 있다고 여기며, 또한 이를 '전통'으로 정당화하고 있다.

여성은 다양한 형태로 인권유린의 대상이 되고 있다. 인도에서처럼 여아 낙태가 자행되는 곳에서는 이미 태어나기 전부터 여성 인권은 훼손되고 있다. 딸을 짐으로 여기는 부모가 많아 결혼할 때 지참금을 내느니 차라리 낙태를 해서라도 여아를 태어나지 않게 하는 것이다. 2013년 인도 인구통계는 남성 1,000명에 여성은 934명에 불과한 성비 불균형을 보여 준다.[1]

세계 곳곳에서 여성의 법적 지위는 점차 개선되고 있다. 적어도 공식 자료를 보면 그렇다. 그러나 많은 아랍 지역에서 여성들은, 특히 결혼하거나 여권을 신청할 때엔 여전히 남성의 도움이 필요하다.[2] 해마다 젊은 여성 8,000만 명이 강제 결혼을 당하고 있는데,[3] 당사자인 여성이 미리 결정된 혼인을 거절하면 벌을 받거나 최악에는 죽음도 불사해야 하는 일이 벌어

숫자로 보는 세계화 교과서

해.마.다.

● 200만에서 많게는 300만 명에 이르는 여성들이 할례(여성 성기 절제)로 고초를 겪고 있다

● 전 세계적으로 200만 명에 이르는 여성과 소녀들이 인신매매로 팔려가고 있다

● 여성 5000명이 잘못된 문화로 인한 명예살인의 희생양이 되고 있다

● 8000만 명에 이르는 18세 미만의 여자아이들이 강제 결혼을 당하고 있다

출처 UNFPA 2007 – News: UNFPA Warns of New Trends in Female Genital Mutilation;
UN High Commissioner for Human Rights 2007 – Message on the Occasion of International Women's Day;
UNICEF – Zur Situation der Kinder in der Welt 2006.

지곤 한다. 유엔 인권위원회는 해마다 5,000명에 이르는 젊은 여성이 이른바 '명예' 때문에 명예살인'의 현대식 '희생양'이 되고 있다고 밝힌다.[4]

여성을 상대로 한 가장 극악한 형태의 남성 폭력은 여성에게 실시하는 이른바 할례다. 아프리카의 30여 개국, 아라비아 반도 남부와 아시아의 여러 나라에서 자행되는

명예살인
요르단·이집트·예멘 등 주로 이슬람권에서 '순결'이나 '정조'를 잃은 여성이나 간통한 여성을 상대로 자행되어 온 관습.

이 할례는 미신적 전통과 극단적인 이슬람 경전 해석 때문이다.

그리고 매년 여자아이와 젊은 여성 200만 명가량이 인신매매 집단에 잡혀 고국 내에서 그리고 외국으로 정기적으로 팔려간다.[5] 이들 대부분은 성매매를 강요받는다. 이 여성들의 주요 수입국은 타이와 중국, 나이지리아와 기타 동유럽 국가다. 유엔은 일본과 이스라엘, 벨기에, 네덜란드, 독일, 이탈리아, 그리고 미국에서도 이들이 강제 성매매에 종사하고 있다고 밝힌다.[5]

여성 인신매매로 국제적인 범죄 조직망이 벌어들이는 돈은 무려 100억 달러에 이른다. 이러한 '여성판매업'은 무기 및 마약 거래 다음으로 범죄

1) 유엔인구기금(UNFPA) - 세계인구현황(State of World Population) 2013.
2) 독일기술협력협회(GTZ: Gesellschaft für Technische Zusammenarbeit) 2005 - 여성의 권리는 인권이다: 요구와 현실 사이에서(Frauenrechte sind Menschenrechte: zwischen Anspruch und Wirklichkeit).
3) 유니세프(UNICEF) - 2006 세계 어린이 현황(Zur Situation der Kinder in der Welt) 2006.
4) 유엔 인권고등판무관(OHCHR) 2007 - 세계여성의 날 메시지(Message on the Occasion of International Women's Day).
5) 유엔마약및범죄사무소(UNODC) 2007 - 유엔 인신매매 퇴치 구상(The Global Initiative to Fight Human Trafficking).
6) 유엔인구기금(UNFPA) - The State of World Population 2006.
7) 국제노동기구(ILO) 2005 - 강제노동 반대 세계 동맹(A Global Alliance Against Forced Labour).

숫자로 보는 세계화 교과서

조직에 가장 짭짤한 돈벌이를 안겨 주는 사업이 되었다.[6] 국제노동기구의 조사에 따르면, 성매매 여성들이 매년 범죄자들의 손에 안겨 주는 '판매대금'이 무려 320억 달러에 이를 것으로 추정하는데, 그중 절반이 선진국에 흘러간다.[7]

아동노동,
어.린. 시.절.의.
추억은커녕

전 세계적으로 5~15세 아동 1억 9000만 명이 강제노동을 하고 있는데, 대부분 아시아에 살고 있는 아동으로, 그들 가운데 2/3 이상이 농업 노동에 시달리고 있다.

세계은행과 국제노동기구의 최근 조사에 따르면, 아동노동이 지난 몇 년간 현저히 줄었다.[1] 많은 국가에서 아동노동 방지 프로그램을 성공적으로 수행했다는 것이다. 그러나 여러 구호단체는 2000년 이후의 이러한 진전 상황에 의문을 제기한다. 각국의 지역별 보고서들은 오히려 정반대의 양상을 보여 준다. 수치상 나타난 '성공'이 조사 방법과 평가 기준을 달리했기 때문이라는 것이다.[2]

확실한 것은 전 세계적으로 15세 미만 아동 중 1억 9,000만 명이 노동에 시달리고 있으며, 15~17세 청소년 노역자는 3억 1,700만 명이 넘는다는 점이다.

가장 최악의 상황은 아동 약 900만 명이 극도의 비인간적인 방법으로

숫자로 보는 세계화 교과서

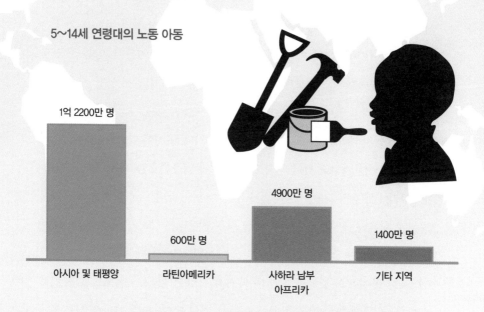

5～14세 연령대의 노동 아동

1억 2200만 명

4900만 명

600만 명

1400만 명

아시아 및 태평양   라틴아메리카   사하라 남부 아프리카   기타 지역

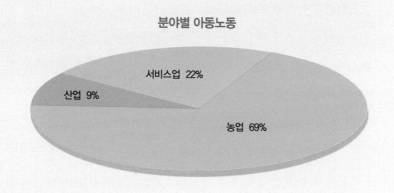

분야별 아동노동

서비스업 22%

산업 9%

농업 69%

출처 ILO 2005 – Making Progress in Combating Child Labour.

13. 인권 오랫동안 도처에서 실현되지 않는

착취당하는 현실이다. 이들은 빚으로 인한 노예, 소년병, 성매매에 시달리고 있다. 아울러 아동 약 100만 명이 노예로 취급받고 있으며 마구잡이로 사고파는 대상이 되고 있다. 강제 성매매와 포르노 사진 촬영 및 영화 제작 등, 성적 착취 대상으로 학대받는 아동이 200만 명에 이른다. 아동 30만 명이 전쟁에 이용되고 있으며, 500만 명이 법적 보호를 받지 못한 채 가사노동에 시달리고 있다.

아동 노동자 대부분은 주로 아시아에 살고 있다. 아시아 아동의 거의 20%가 가족 생계를 떠맡고 있다. 아프리카에서 이 비율은 25%에 이른다. 특히 아프리카에서는 9세가 채 안 되는 수많은 아동도 강제 노역에 시달리고 있다. 부모 형제가 에이즈로 세상을 떠난 경우에는 남은 가족의 입에 풀칠이라도 하려면 어쩔 수 없이 어린아이도 일을 해야만 하는 상황이다.

더욱이 아이들의 노동력은 너무 싸게 취급받고 있다. 노동조합을 설립할 수도, 가입할 수도 없는 처지임은 말할 것도 없다. 찌든 가난은 이들을 채석장이나 공장, 농장으로, 신문팔이나 구두닦이로, 짐꾼으로 내몰고 있다. 어른들에게 합리적인 임금을 주는 것이 아동노동을 막는 최선의 방법이 될 수 있지만 점점 확산되는 다양한 구조조정들로 임금은 하락하고 빈곤층은 늘어나고 있다.

따라서 아동노동을 금지시키는 것만이 해결책이 될 수는 없을 것이다. 가난한 국가와의 무역에서 적정한 가격과 임금을 보장하는 국제 기준이 함께 관철되어야 할 것이다.

---

1) 국제노동기구(ILO) 2006 - 세계아동노동동향(Global Child Labour Trends) 2000~2004.
2) 테레 데스 호메스(Terre des hommes) - 디 자이퉁(die zeitung) 2006. 4 "Kinderrechte st ken."

숫자로 보는 세계화 교과서

자국 내 난민,
자.기. 나.라. 안.에.서.의.
추방

> 난민 2400만 명이 국경을 넘지 못하고 고국 안 낯선 곳에
> 서 피난처를 찾고 있다. 많은 지역이 이러한 사람으로 넘쳐
> 나지만, 자국 내 난민 중 극소수만이 보살핌을 받고 있다.

어림잡아 전 세계적으로 전쟁과 내전, 박해와 굶주림 때문에 도피하는 사
람이 4,000만 명에 이르는 것으로 추산된다.[1] 정확한 수는 물론 아무도 모
른다. 이들 난민 가운데 절반가량만 파악되어 유엔난민고등판무관실의 보
호를 받고 있다.

　난민 대부분은 고국 국경 외곽의 대규모 수용시설에서 종종 비인간적인
취급을 당하며 생활하고 있으며, 많은 이들이 고향에서 멀리 떨어진 지역
에서 망명 신청을 하거나 간신히 거주권을 얻기도 한다. 2,400만 명에 이
르는 많은 난민이 고국 내에서 피난처를 구하고 있지만, 자국 내 난민 가운
데 유엔난민고등판무관실의 보호를 받는 사람은 700만 명도 채 안 된다.[2]

　자국 내 난민 중 절반은 아프리카 국민들이다. 많은 이들이 인권을 유린

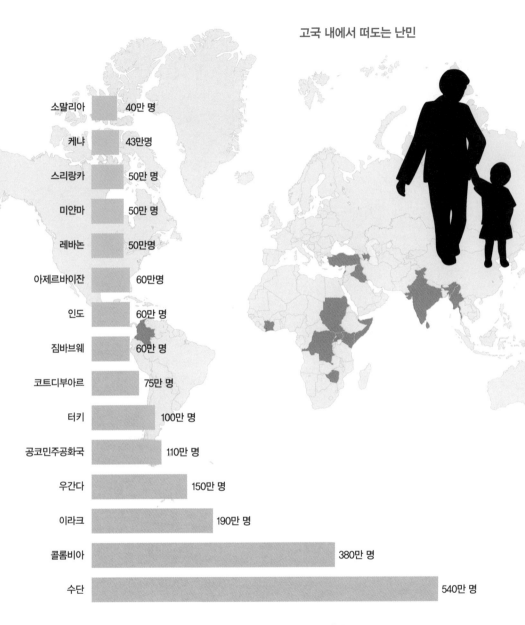

고국 내에서 떠도는 난민

소말리아	40만 명
케냐	43만명
스리랑카	50만 명
미얀마	50만 명
레바논	50만명
아제르바이잔	60만명
인도	60만 명
짐바브웨	60만 명
코트디부아르	75만 명
터키	100만 명
공코민주공화국	110만 명
우간다	150만 명
이라크	190만 명
콜롬비아	380만 명
수단	540만 명

출처 IDMC 2007 – Global Statistics.

숫자로 보는 세계화 교과서

당하는 충격적인 경험을 겪었고, 자연재해로 고향을 떠나기도 한다. 유엔난민고등판무관실과 유엔아동기금, 세계식량계획이 난민 지원을 위한 노력을 하고는 있다. 유엔 총회 본회의에서 구체적 지원 방안을 촉구하기도 했으나 공식적으로 이들에 대한 보호 업무를 위임받은 유엔 산하 기구는 아직 없다. 해당국 정부는 이들을 도울 능력도, 의지도 없다. 이들은 심지어 자국 '보안기관'의 감시망을 피해 도피해야 하는 경우도 무수히 많다.

수단에서만도 피난길에 오른 사람이 540만 명에 이른다. 이들은 거의 매일 물과 식량을 찾아 길을 나서고 정부군과 반군의 탄압에 시달리고 있다. 난민의 1/3가량은 여성과 아동이다. 유엔 역시 수단 다르푸르 지역에서 전쟁 종식을 위한 효과적인 해결책을 내놓지 못하고 있다. 수단 난민들은 아프리카 동부 지역을 둘러싼 강대국들의 전략적 패권과 경제적 이해관계의 희생양이 되고 있다. 중국은 수단의 원유 보급선의 안전을 위해 수단 정부에 전폭적인 지원을 펼치고 있다.

유럽에서도 자국 내 추방이 문제로 대두된다. 터키, 러시아, 그루지야, 보스니아, 세르비아에서는 300만 명에 이르는 사람들이 고향을 등지고 떠나야 하는 신세다.[2]

2001년 9·11사태 이후, 많은 나라에서 자국 내 난민 문제는 복잡하게 얽히게 되었다. 콜롬비아, 네팔, 우간다, 러시아 그리고 필리핀과 파키스탄, 이라크 등에서 각국 정부와 동맹국들은 '테러와의 전쟁'을 공격과 대규모 군사작전의 명분으로 이용하고 있다.

1) 유엔 난민고등판무관사무소(UNHCR) – UNHCR 한눈에(UNHCR auf einen Blick) 2007. 1.
2) 내부난민모니터센터(IDMC) – online 2007 – 상세 개관(Facts and Figures at a Glance).

ISSUES

14
반성과 성찰

각 지역의 현안들

아프리카는 1인당 에너지 소비량이 가장 적은 대륙이지만, 친환경 대체에너지 생산의 엄청난 잠재력이 있다. 아시아의 중국과 인도는 선진국의 일반적 기준에 미치지 못한 상태에서 경제대국으로 떠오르고 있다. 아랍 세계는 석유와 지정학적 중요성으로 세계의 화약고다.

◆

1960년대만 해도 동아시아 및 동남아시아 국가들은 지금의 아프리카 국가처럼 가난했다. 한국은 굶주림에 허덕였으며, 라오스, 캄보디아, 타이, 말레이시아는 악명 높은 도미노이론Domino theory의 적용 대상이 된 나라였다. 도미노이론은 미국이 베트남에서 철수하거나 전쟁에서 패배하면 이들 베트남 인근 국가가 차례차례 공산주의 세력권 안으로 떨어져 들어간다는 논리였다.

중국에서는 마오쩌둥毛澤東이 계급투쟁을 선포했다. 끔찍한 굶주림의 시대에 벌어진 대약진운동大躍進運動은 3,000만 명의 목숨을 앗아간 채 끝나고 말았다. 곧이어 벌어진 문화대혁명文化大革命은 중국 전역을 혼란 속으로 내몰았다. 1979년 덩샤오핑鄧小平의 개혁 정책으로 중국은 비로소 경제 발전의 초석을 다졌다. 일본도 그때는 글로벌 플레이어기 이니었다. 자동차, 텔레비전, 카메라 등은 유럽과 미국에서만 생산되었다.

그러나 오늘날 동아시아는 가장 빠른 경제성장을 이룬 지역이 되었다. 중국이 생산한 완제품의 1/3이 첨단 제품의 범주에 속한다. 물론 중국 내 부유한 해안 도시와 가난한 농촌 지역 간 격차는 심각한 상황이다. 싱가포르에서 인도네시아에 이르는 1세대와 2세대 호랑이 국가들은 선진국으로 진입 과정에 도달할 만큼 빠른 성장세를 보인 국가들이며, 한국은 이미 부유한 국가에 속한 나라다.

20세기 후반 라틴아메리카는 '미국의 뒷마당'으로 인식되었으며, 이에 따라 자유주의 경제 전략의 실험 무대가 되었다. 자국민에 대한 억압과 대토지 소유주의 전횡에 맞선 저항운동은 미국 정보기관의 개입을 불러왔고, 라틴아메리카 전 지역이 실질적으로는 바나나, 목재, 광산 관련 거대기업의 손아귀에 들어갔다. 과테말라에서 칠레에 이르기까지 잇달아 군부독재 정권이 들어섰으며, 반독재 투쟁에 성공한 나라는 소수에 불과했다. 쿠바는 지금도 고립을 면치 못하고 있으며, 니카라과는 바티칸에서 배척당한 '해방신학'을 다시 받아들였다. 최근 들어 상황이 조금씩 바뀌고 있다. 점점 많은 국가에서 '좌파' 또는 사회민주주의 성향의 정권이 들어서고 거센 해방의 물결이 고조되고 있다.

아프리카는 1960년대에 비로소 독립을 쟁취했다. 그러나 아프리카의 신생국 정부들은 과거 식민 지배 강대국의 도움으로 권좌를 차지했기 때문에 외국의 이해를 대변하는 토착인 대표 노릇을 했다. 이 꼭두각시 노릇을 거부할 때엔 제거 대상이 되었다. 핵무기 핵심 물질인 우라늄 공급 지역 콩고에서 미국은 민주적으로 선출된 파트리스 루뭄바* 총리를 살해하고 그 후부터 군사정권의 배후세력이 되었다. 보수 성향의 독일 일간지《프랑크푸르터 알게마이네 차이퉁》마저

파트리스 루뭄바 Patrice Lumumba
콩고민주공화국의 독립운동가로 콩고의 독립과 건국의 기초를 닦은 정치가. 콩고 초대 총리를 지냈으며, 1961년의 군부 쿠데타 당시 암살당했다.

1990년대를 결산하면서 "모부투 세세 세코와 조제프 카빌라 모두 미국과 미국중앙정보국의 도움으로 정권을 장악했다"[1]고 평한 바 있다.

아프리카 남부 지역에서는 아파르트헤이트가 기승을 부렸으며, 아직도 그 후유증을 완전히 극복하지 못하고 있다. 서부 사하라 지역에서는 사라위 족 사람들이 모로코의 지배에서 벗어나려고 독립 투쟁을 하고 있지만, 아직 결실을 못 보고 있다. 전통적으로 부족별 지역으로 갈라진 소말리아에서는 오늘날까지 국경선이 확정되지 못한 상황이며, 중앙정부의 폭압이 자행되고 있다. 아프리카는 수십 년간 대리전쟁의 전장이 되고 있다. 앙골라, 모잠비크, 에티오피아를 둘러싼 미국과 구 소련의 지정학적 이해관계의 대립은 힘없는 그곳 주민들에게는 고통만 줄 뿐이다. 아프리카 대륙 전체가 수십 년 동안 발전이라곤 전혀 이루지 못한 지역이 되고 말았다.

이와 함께 세계은행과 국제통화기금 같은 국제기구들은 아프리카 국가를 세계시장에 편입시키는 임무를 넘겨받았다. 아프리카의 많은 나라가 1970년대부터 채무 위기를 극복하는 조건으로 경제 자유 개념을 강요받았다. 이로 인해 원자재 수출에서는 활력을 회복하긴 했지만, 주민들은 더 많은 희생을 요구받는 처지가 되고 말았다. 현재 아프리카 전체 주민 3/4의 하루 소득이 채 2달러도 안 된다.[2] 아프리카 대륙은 점점 더 많은 원자재를 수출하고 있다. 토착 엘리트들은 어마어마한 돈을 벌어들이면서 외국에서 수십억 달러에 이르는 수익을 올리고 있지만, 사실은 국제 은행들의 배만 불려 주고 있다. 아프리카 주민 대부분은 세계화와 세계무역의 혜택을 전혀 받지 못하고 있다.

아랍의 원유 자원 역시 그 지역의 복지와 평화에 전혀 도움을 주지 못하며 오히려 큰 걸림돌이 되고 있다. 토착 엘리트와 국제 석유회사들만 수십 년 동안 원유 거래로 떼돈을 벌고 있다. 아랍 지역의 정권 가운데 합법적인 민주정권은 단 한 곳도 없다. 아랍 주민 대다수는 빈곤에 허덕이고 있으며, 아랍 지역은 종교적·민족주의적 광신도들의 이념적 온상이 되고 있다. 특히 '세계의 정유소'로서 아랍은 전 세계 에너지 보급에서 엄청난 비중을 지닌 지역이지만, 민주주의와 인권은 그곳에서 전혀 역할을 하지 못하는 실정이다. 이는 페르시아 지역의 왕정체제 때부터 이미 그러했으며, 최근 수십 년 동안 엄청난 부를 축적한 사담 후세인과 오늘날의 이라크, 사우디아라비아에서도 크게 달라지지 않았다. 이스라엘과 인근 아랍국 간 근동 지역의 분쟁도 긴장 상황을 더욱 고조시키고 있다.

1) 프랑크푸르터알게마이네차이퉁(Frankfurter Allgemeine Zeitung) vom 22. September 1997.
2) 세계은행(World Bank) – 세계발전지수(World Development Indicators) 2007.

아프리카,
외.로.이. 남.겨.진.
대륙

세계 인구의 11%를 차지하는 사하라 남부 아프리카 주민이
세계 전체 빈곤층의 1/3이나 된다. 그러나 국제무역 및 금융
물결은 아프리카 대륙을 의도적으로 무시하고 있다. 내전
과 에이즈가 아프리카 발전의 발목을 잡고 있다.

사하라 남부 아프리카 지역경제도 성장하고 있지만, 다른 지역과 비교해
아프리카는 여전히 많이 뒤처져 있다. 아프리카에 유입되는 외국 투자는
전체 투자자본의 1%도 안 되며, 1인당 인터넷 연결률도 최저다. 아울러 인
구 성장률은 매년 2.4%로 가장 가파르다.

아프리카의 많은 나라가 교육 및 의료제도 개선에 노력을 기울이고 있
다. 진학률은 오르고 있지만 자퇴자 역시 늘고 있다. 초등학교 취학아동은
아직 2/3에 불과하다.[1] 유네스코는 아프리카에 충분한 교육 서비스가 제
공되려면 교사 약 300만 명이 필요하다고 밝힌다. 상급학교와 대학 시설
은 열악하기 짝이 없어 글로벌 교육 수준과의 격차가 점점 벌어지고 있다.
현대적 경쟁력을 갖춘 경제 시스템 구축을 위한 장기적 노력이 절실한 실

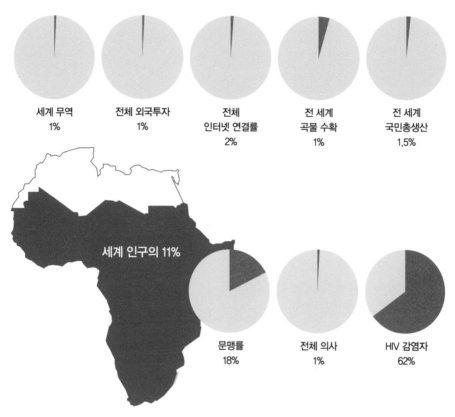

아프리카는 지금

| 세계 무역
1% | 전체 외국투자
1% | 전체
인터넷 연결률
2% | 전 세계
곡물 수확
1% | 전 세계
국민총생산
1.5% |

세계 인구의 11%

| 문맹률
18% | 전체 의사
1% | HIV 감염자
62% |

출처 World Bank 2007; FAO 2007; UNCTAD 2007; UNDP 2006.

정이다.

깨끗한 물을 공급받는 사하라 남부 아프리카 주민의 비율은 채 60%도 안 된다.[2] 주민 가운데 2/3는 위생시설이 없는 환경에 노출되어 있으며, 오염된 물은 매년 수백만 명의 생명을 앗아가고 있다. 인구 10만 명당 의사는 15명에 불과한데, 이는 세계 평균의 1/10도 안 되는 수치다. 에이즈

퇴치에 성과를 거둔 나라는 극소수며, 전 세계 말라리아 감염자의 90% 이상이 아프리카 주민이다.[2]

아프리카 대륙의 발전은 수많은 전쟁과 내전으로 더욱 지체되고 있다. 콩고민주공화국과 수단, 나이지리아 남부에서 벌어진 분쟁들은 대부분 원자재를 손에 넣으려는 갈등에서 촉발된 것으로, 석유, 다이아몬드, 우라늄, 금, 콜탄 광산을 차지하려고 혈투를 벌이고 있다. 원자재를 공급받는 당사자는 특히 선진국이며 중국도 가세하고 있다. 이들은 아프리카 해당국 정부나 반군 그룹이 원자재 이익금으로 무기를 구입하는 것에 대해선 전혀 개의치 않는다.

아프리카는 그 어느 대륙보다 직접적인 기후변화의 위협을 받고 있다. 주기적으로 반복되는 가뭄과 농촌의 침식이 지금도 계속되고 있다. 최근의 유엔 기후보고서 예측에 따르면, 아프리카 대륙 대부분이 만성적 가뭄에 봉착할 것이며, 전체 아프리카 연안 지역 인프라 시설 중 1/3이 해수면의 급격한 상승 위협에 처할 것이라고 한다. 전문가들은 가까운 시일에 아프리카 주민 수억 명이 삶의 터전을 떠나야 힐 것이라고 경고한다.[4]

1) 유네스코(UNESCO) – '모두를 위한 교육' 지구보고서(EFA Global Monitoring Report) 2007.
2) 유엔(UN) 2006 – 밀레니엄개발목표보고서(The Millennium Development Goals Report).
3) 세계보건기구(WHO) 2006 – 국민건강: 아프리카지역 건강보고서(The Health of the People – The African Regional Health Report).
4) IPCC – 기후변화(Climate Change) 2007.

숫자로 보는 세계화 교과서

에너지 부족에
시.달.리.는.
아프리카

> 아프리카 전역에서 절대적으로 부족한 인프라 산업이 발전
> 을 가로막고 있다. 가장 핵심적으로 해결해야 할 것은 에너
> 지 공급이다. 세계 그 어느 곳도 아프리카처럼 일차에너지
> 를 적게 소비하는 곳은 없다.

아프리카에서는 전체 인구의 10%만이 전기를 사용하며, 이집트, 리비아, 모로코, 알제리, 남아프리카공화국 등 불과 5개국이 아프리카 대륙 전체 전기 생산량의 1/4을 소비하고 있다.[1]

아프리카는 지구상에서 1인당 에너지 소비량이 가장 적은 대륙이다. 물론 이산화탄소 방출량도 세계에서 가장 적은데, 통계 수치에 따르면 아프리카 주민 12명의 이산화탄소 배출량은 선진국 국민 한 사람의 배출량에도 미치지 못한다.[2]

아프리카에서 에너지 부족의 결과는 참담하기 그지없다. 농촌에서는 나무를 땔감으로 요리와 난방을 하고 있는데, 각 가정에 환기시설이 없어 매년 70만 명이 오염된 공기를 들이마시고 죽어가고 있다. 사망자 대부분이

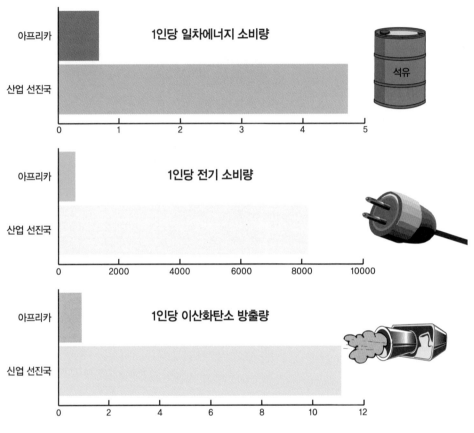

아프리카의 에너지 소비량

1인당 일차에너지 소비량

아프리카

산업 선진국

석유

1인당 전기 소비량

아프리카

산업 선진국

1인당 이산화탄소 방출량

아프리카

신업 선진국

출처 IEA – Key World Energy Statistics 2006.

주로 여성과 아이들이다.

안정적인 전기 공급이 이루어지지 않는 지역과 국가들은 경제 발전을 기대할 수 없다. 특히 에너지 수급 상황이 가장 심각한 중앙아프리카 지역은 경제 발전에 심각한 제약을 받고 있으며 빈곤이 고착화되고 있다. 아프

322

리카 대륙이 세계 석유 생산에서 차지하는 비중은 12%가 넘지만, 석유는 전량 수출된다.[3]

아프리카는 또한 친환경 대체에너지 생산의 엄청난 잠재력을 지닌 대륙이다. 이론적으로는, 콩고의 수력만으로 현재 아프리카 대륙 전체 전력 수요의 3배를 충당하고도 남는다. 그러나 그 무엇보다 햇빛과 바람을 거의 무한정 활용할 수 있다.

이미 오래전부터 유럽의 에너지 전문가들은 아프리카에서 '청정' 전력을 생산해 연결망을 통해서 유럽으로 공급하려는 계획을 추진하고 있다. 물론 이러한 협력은 아프리카의 자연자원을 착취하는 기존 방식과는 다르게 추진되어야 할 것이다. 아프리카에서 생산되는 온갖 자연자원은 지금까지 이 대륙의 발전에 전혀 기여하지 못했다. 엄청난 이익을 본 당사자는 전적으로 원자재를 싸게 공급받은 대기업뿐이었음을 기억해야 한다.

아프리카에서 각국이 실제로 친환경 에너지를 확보하려면 그에 알맞은 기술에 대한 투자가 필수다. 대다수 국가를 위한 대륙 간 대규모 전력 연결망 확충은 불필요해 보인다. 오히려 효과적인 것은 산별적인 해결책이다. 그러나 이러한 지역별 소규모 방식에 외국 투자자들은 매력을 느끼지 않고 있다. 예컨대, 이들은 남아프리카 공화국에서 두 번째 핵발전소를 건설하고 있다.

1) 프로스트&설리번(Frost&Sullivan), 2004 – 아프리카 발전(發電) 시장 분석(Analysis of Power Generation Market Opportunities in Africa), Report 3937.
2) 세계은행(World Bank) – 세계발전지수(World Development Indicators) 2007.
3) 국제에너지기구(IEA) – 세계에너지통계(Key World Energy Statistics) 2006.

중국과 인도,
빈.곤.을. 무.기.로.
강대국이 되다

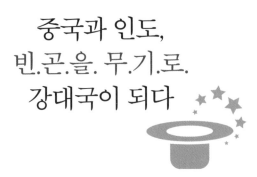

> 세계 인구 중에서 1/3이 넘는 사람들이 중국과 인도에 살고
> 있다. 두 나라는 가난한 국가임에도 강대국이며, 경제적 영
> 향력과 함께 정치적 영향력도 점차 커지고 있다. 산업 선진
> 국들에 새로운 경쟁자가 생긴 것이다.

역사상 처음으로 선진국의 일반적 기준에 미치지 못한 상태에서 두 개발
도상국이 세계 경제대국으로 부상하고 있다. 국민의 절반가량은 하루 수
입이 채 2달러도 안 되고, 1인당 국내총생산은 선진국과 비교조차 안 될
정도로 미약한데도 말이다.

하지만, 중국과 인도는 이미 규모나 성장세만으로 세계에서 중요한 비
중을 차지하는 나라가 되었다. 1990년대 이후로 15년간 중국의 수출은
1,600% 성장했으며, 세계 전체 금속 수요의 절반을 중국이 차지하고 있
다. 1990년만 해도 중국의 금속 소비는 5%에 불과했다.[1] 중국과 인도의
원자재 수입은 전 세계적으로 원자재 가격의 고공 인상을 부추기고 있다.
2015년에 이르면, 중국의 에너지 소비는 2007년보다 2배가량 늘어날 것이

숫자로 보는 세계화 교과서

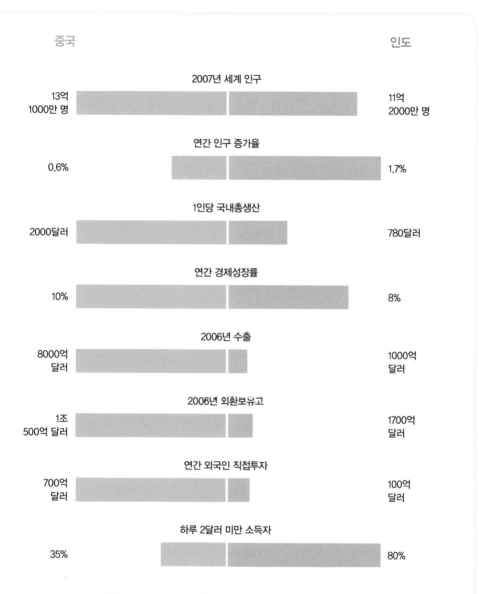

중국		인도
2007년 세계 인구		
13억 1000만 명		11억 2000만 명
연간 인구 증가율		
0.6%		1.7%
1인당 국내총생산		
2000달러		780달러
연간 경제성장률		
10%		8%
2006년 수출		
8000억 달러		1000억 달러
2006년 외환보유고		
1조 500억 달러		1700억 달러
연간 외국인 직접투자		
700억 달러		100억 달러
하루 2달러 미만 소득자		
35%		80%

출처 Bayerische Landesbank 2007 – Läderanalyse Indien; Bayerische Landesbank 2006 – Läderanalyse China;
PRB 2007 – World Population Data Sheet; World Bank – World Development Indicators 2007.

다.[2] 21세기에 들어서면서 10년 동안 중국은 석유 자급 국가에서 세계에서 두 번째 가는 석유 수입국이 되었다.[3]

두 나라 경제는 다른 국민경제 성장률보다 해마다 8~10%나 더 빠른 성장률을 기록하고 있다. 중국만 해도 14개 주요 산업 선진국의 전체 산업 인력을 합친 것보다 8,000만 명이나 더 많은 산업 인력을 보유하고 있다.[3] 중국과 인도의 모직 수출은 아프리카의 의류 산업을 위협하고 있다.

물론 중국과 인도, 두 나라는 본질적인 면에서 서로 다르다. 인도가 비교적 안정적인 민주주의를 누리는 반면, 중국 정부는 권위적인 통치로 계획 조종 방식의 시장경제 개혁을 추진하고 있다. 중국은 2007년 3월에야 비로소 사유재산 보호와 외국인 투자자에 대한 단일 소득세 법안을 의결했다. 중국은 세계 그 어느 나라보다 심각한 빈부 격차를 보이고 있다. 인도는 빠른 인구 증가 속도를 유지하는 국가다. 반면, 중국은 엄격한 한 자녀 정책으로 인구 증가를 억제하면서 급격한 사회 변화를 보이고 있다.

어쨌든 두 나라는 선진국이 밟아 온 생태학적 오류의 전철을 되풀이하지 않으려 노력하고 있다. 중국은 미국의 각 주보다 더 엄격한 배기가스 규정을 적용하고 있으며, 인도의 풍력 에너지 산업은 세계에서 네 번째로 중요한 산업에 속한다. 중국처럼 많은 숲을 조성하는 국가도 없다. 물론 중국의 대기와 물은 그 어느 곳보다 더 심하게 오염된 상태다.

---

1) 독일개발 정책연구소(Deutsches Institut für Entwicklungspolitik) 2006 - 불안정한 다극체제(Instabile Multipolarität: Indien und China verändern die Weltpolitik).
2) 국제에너지기구(IEA) - 세계에너지통계(Key World Energy Statistics) 2006.
3) 월드워치연구소(Worldwatch Institute) - State of the World 2006.

아랍,
세.계.의.
화약고

아랍 지역의 발전은 여전히 정체를 보이고 있다. 극빈층 비율은 떨어질 줄 모르고, 일자리 숫자에 비해 인구는 급증하며, 여성 평등권을 위한 투쟁은 힘겹기만 하다.

북아프리카 및 근동 지역에서는 주민 5명 가운데 한 명이 하루 2달러 미만으로 살아가며, 이 비율은 최근 몇 년간 떨어지지 않고 있다. 물론 아랍에는 부유한 아랍에미리트부터 최빈국 예멘에 이르기까지 매우 다양한 국가가 있다.

그러나 아랍 국가들에는 공통점이 있다. 즉 다른 지역에 비해 빠른 인구 증가율을 나타내고, 민주적인 정부가 집권한 곳은 한 군데도 없다. 공공생활에서 여성이 동등한 권리를 누리는 나라도 거의 없으며, 교육과 연구 분야도 가장 뒤처져 있다. 많은 아랍국이 가진 풍부한 석유 자원은 지속적인 발전에 활용되지 못하며, 지정학적·전략적 비중의 중요성 때문에 아랍 전 지역이 세계의 화약고로 전락한 상태다.

아랍은 지금

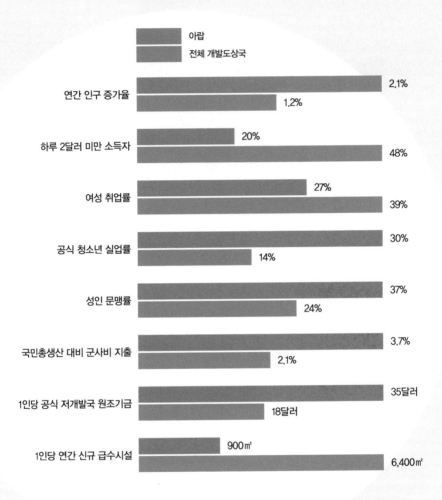

| | 아랍 |
| | 전체 개발도상국 |

연간 인구 증가율 — 2.1% / 1.2%

하루 2달러 미만 소득자 — 20% / 48%

여성 취업률 — 27% / 39%

공식 청소년 실업률 — 30% / 14%

성인 문맹률 — 37% / 24%

국민총생산 대비 군사비 지출 — 3.7% / 2.1%

1인당 공식 저개발국 원조기금 — 35달러 / 18달러

1인당 연간 신규 급수시설 — 900㎡ / 6,400㎡

출처 World Bank – World Development Indicators 2007; UNDP 2006. 12 – Arab Human Development Report 2007.

유엔의 조사에 따르면, 아랍 인구는 2050년이면 2배가 많아져 약 6억 명에 이를 것으로 예측된다.[1] 일자리를 찾아 도시로 몰려오는 사람들이 자꾸 늘고 있지만, 실업자 가운데 50%가량은 25세 미만의 젊은이다.[2] 거의 모든 세대가 미래에 대한 전망을 잃은 상황이다.

많은 아랍 국가가 그사이 교육에 대한 투자를 늘려 교육 지출 비율이 최근 5.3% 증가해 세계에서 최고를 기록하고 있다.[2] 그러나 추가해야 할 재정지출 수요가 너무 많다. 성인 여성의 45%는 글을 읽고 쓸 줄 모른다.[3] 물론 많은 여성이 취학하고는 있지만 여성의 상급학교 진학률은 50%에 불과하다.

아랍 국가에서 여성들이 직업 세계와 공공 생활에 참여할 기회는 여전히 좁기만 하다. 여성 국회의원은 8%에 불과한데 그나마 2000년에 비하면 2배나 늘어난 수치다.[2] 여성은 땅을 매입하거나 신용대출을 받기도, 가축을 사기도 어렵다. 취업자 가운데 여성은 1/3에도 미치지 못한다.

수년 동안 아랍 국가들은 자국의 원유 수출 소득을 외국 전문가에게 돈을 주고 현대식 기술을 수입하는 데 써 버렸다. 그러다 보니 아랍 지역 자체는 발전을 이루지 못했다. 그 결과, 수출에서 원유가 차지하는 비중이 거의 3/4에 육박하고, 재가공 제품은 제 역할을 못하고 있다. 아랍 국가 내에서 실질적으로 경쟁력 있는 산업은 전무한 상황이다.

---

1) 유엔인구기금(UNFPA) – 세계인구현황(State of World Population) 2006.
2) 유엔개발계획(UNDP) 2006 – 아랍 인간개발보고서(Arab Human Development Report) 2005.
3) 세계은행(World Bank) 2006 – 지역 보고: 중동과 북아프리카 지역(Regional Brief: Middle East and North Africa Region).

최빈국,
가.장. 가.난.한.
나라들

세계 인구의 12%가량이 50개 최빈국(최저개발국)에 살고 있다. 이 나라들은 힘겨운 사회문제들로 신음하고 있지만, 경제력은 너무 미약하고 외채는 계속 늘어만 가고 있다. 최빈국의 2/3가 아프리카 국가들이다.

50개에 이르는 최빈국 국민 가운데 70%가 농업에 종사하지만, 농사를 지을 수 있는 땅은 줄어들고 있고 점점 많은 사람이 도시로 몰려들고 있다. 그렇지만 농업 이외엔 마땅한 일자리가 없어서 실업자가 줄기는커녕 자꾸 늘어만 가고 있다.

전 세계 교역에서 최빈국이 차지하는 비중은 산업 제품은 0.2%, 수출은 0.5%에 불과하다.[1] 유엔 무역개발회의는 세계시장에서 경쟁력 있고 성장력이 있는 최빈국의 경제 부문에 세계 각국이 투자해 줄 것을 호소하고 있다. 그동안 최빈국들은 여러 지원국의 압력으로 자국 시장을 전부 개방해 왔다. 시장 개방 이후 최빈국에서는, 농민들은 자국 시장에서도 북반구 선진국들의 보조금 경쟁에 맞서 살아남을 기회를 얻지 못했고, 재가공 산업

숫자로 보는 세계화 교과서

최빈국의 열악한 상황

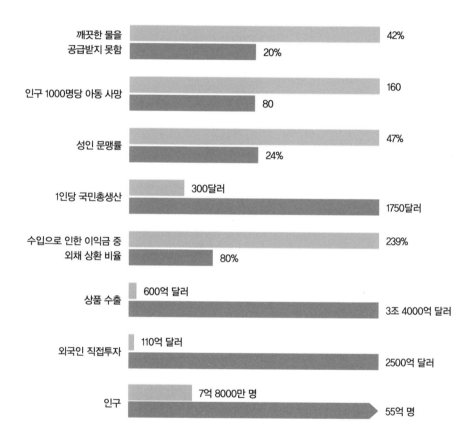

	50개 최빈국(LDCs)	전체 개발도상국
깨끗한 물을 공급받지 못함	42%	20%
인구 1000명당 아동 사망	160	80
성인 문맹률	47%	24%
1인당 국민총생산	300달러	1750달러
수입으로 인한 이익금 중 외채 상환 비율	239%	80%
상품 수출	600억 달러	3조 4000억 달러
외국인 직접투자	110억 달러	2500억 달러
인구	7억 8000만 명	55억 명

출처 UNCTAD – The Least Developed Countries Report 2006; UNESCO 2007; World Bank 2007; UNDP 2006.

은 완전히 사라졌고, 지난 몇 년간 산업 경쟁력은 더욱 떨어졌다. 전혀 보호받지 못하는 시장에서 어떻게 산업을 경쟁력 있게 발전시켜야 할지 아무도 모르는 상황이다.

최빈국에 대한 외국 기업의 투자는 기껏해야 유전이나 광산에 한정되어 있다. 외국 기업들은 최빈국의 재가공 산업이나 일자리 창출에 신경을 쓰기보다는 원자재에만 군침을 흘릴 뿐이다. 그에 따라 최빈국의 원자재 수출은 매년 늘고 있지만, 주민들 삶의 질적 향상으로 이어지지는 않는다. 대다수 최빈국에서 식량과 에너지 수입이 급증세에 있다. 최빈국에 대한 외채 탕감 조치들이 효과적으로 실시되고 있다는 언론 보도에도, 최빈국의 채무액은 계속 늘고 있다.

유엔은 최빈국에서 일자리가 넉넉하게 창출되지 않으면 대대적인 이주 물결이 일어날 수 있다고 경고한다. 지금까지는 다소 능력이 있는 사람들이 국외로 이주했다. 최빈국 출신의 우수한 노동력 가운데 20%가 선진국에서 일하고 있지만, 최빈국 내 대다수 사람들의 교육 수준은 매우 낮은 형편이다. 최빈국 성인들의 평균 학업 기간은 1960년대 개발도상국의 해당 평균치에도 못 미치는 3년밖에 되지 않기 때문이다.

유엔무역개발회의는 최빈국에 지원되는 저개발국 원조기금이 늘어나고는 있지만 인상분 대부분이 채무 변제나 긴급구호기금이라는 문제점을 지적한다. 산업 인프라 투자는 오히려 줄어들고 있고, 최빈국 전체에 지원되어야 할 저개발국 원조기금 가운데 1/3이 아프가니스탄과 콩고민주공화국 두 나라에만 집중되고 있다.

1) 유엔무역개발회의(UNCTAD) - 최빈국(최저개발국)보고서(The Least Developed Countries Report) 2006.

숫자로 보는 세계화 교과서

곤궁에 처한 사람들과
함께하는 연대

독일에서 가장 비중 있는 5개 구호단체가 긴급 상황과 자연 재난에 대비하는 연대 모임을 결성했다. '세계인을 위한 빵Brot für die Welt', '독일세계기아구호Deutsche Welthungerhilfe', '메디코 인터내셔널medico international', '미제레오르MISEREOR(가톨릭 구호단체 — 옮긴이)', '테레 데스 호메스Terre des Hommes(인간의 대지)' 등은 신속하고 효과적인 지원 업무를 수행하기 위해 필요한 역량을 결집하기로 했다.

2004년 크리스마스, 쓰나미가 아시아 해안을 강타했을 때를 돌이켜 보자. 수십만 명이 죽거나 다쳤고 재산을 몽땅 잃고 말았다. 세계 전역에서 구호의 손길이 몰려들었으며, 재난 지역에서는 수많은 구호단체가 나름의 방식으로 구호 활동을 펼쳤다. 여러 곳에서 다양한 구호 요원과 지역 단체 간의 협력이 이루어졌다. 그러나 막대한 비용이 투입되었음에도 피해자들이 애타게 원하는 것을 제대로 지원하지 못한 경우도 많았다.

독일의 5개 구호단체는 서로 힘을 합치면 더 신속하고 효과적이며 전문적인 구호 활동을 펼칠 수 있음을 깨달았다. 5개 구호단체는 각각의 역량과 경험, 전문 지식과 현지 파트너들을 확보하고 있으며, 몇 년 전부터 각 개발도상국 현지의 파트너들과 손을 잡고 신뢰를 바탕으로 한 협력 관계를 맺고 있다. 재난 발생 시 어떤 도움이 절실히 필요한지는 현지인들이 가장 잘 알고 있기 때문에, 이들과의 협력은 매우 중요하다.

부상자를 구조하고 돌보는 일, 비상용 텐트와 담요를 마련하고 식수와 식량을 제공하는 일, 이런 일들은 재난 발생 첫날에 시행해야 할 가장 시급한 응급 구호 조치다. 하지만, 이 수준을 넘어 장기적 관점에서 더욱 의미있는 구호 조치가 이루어져야 한다. 물론 시끌벅적하게 세계 언론의 주목을 받지는 않겠지만, 피해 당사자들이 자신의 운명을 스스로 책임질 수 있게 돕는 노력이 필요하다. 물론 임시 구호 기간에 먹을 식량을 준비해야 하지만, 정작 필요한 것은 장기적 관점에서 농경지 수리, 씨앗 공급, 식량 보관시설 건립을 위한 대책을 마련하는 것이다. 아울러 이동식 수술 센터, 환자용 텐트, 긴급 의료 지원, 분만 지원, 의료진 및 상설 병동 확보도 필요하다. 이를 위한 전폭적인 외부 지원이 필요하지만, 현지에서 주도적으로 이루어지도록 물밑에서 지원하는 지혜가 필요하다. 학교와 성인교육, 식수 공급과 위생시설 설비도 지원되어야 할 것이다.

독자적인 발전을 이루는 것이야말로 재난 사태를 대비한 최선의 예방책이다. 사람들이 충분히 자립할 수 있고 공공 과제와 책임에 적극 동참한다면, 자연재해를 훨씬 잘 극복할 수 있다는 사실을 우리는 경험을 통해 잘 알고 있다. 약자에 대한 보호는 가장 효과적인 보호가 되어야 한다. 다시 말해, 외부 지원은 자립 능력을 강화하는 것이 되어야 한다는 의미다. 그어떤 것도 대신할 수 없다!

그래서 독일 5개 구호단체는 '발전을 위한 지원Entwicklung Hilft'이라는 연대를 통해 힘을 합쳤다. 이 단체들은, 빈곤이 모든 문제의 근원임을 잘 알고 있다. 빈곤의 원인은 비단 개발도상국에만 있는 것이 아니라 선진국에도 있다. 그래서 시민들이 재난이 발생했을 때만이 아니라 평소에 개발 정책 관련 여러 주제에 대한 올바른 정보와 이해를 갖는 것이 중요하다.

이것은 좁은 의미의 개발 정책에만 머무르는 것이 아니다. 이를테면, 수단의 다르푸르 지역에서 새로운 평화 협상을 이끌어 내려는 국제사회의 압력이 절실해질 때, 스리랑카의 군사 정세가 점점 악화되고 있을 때, 제약사들이 타이의 에이즈 치료 약품 공급을 방해하려 할 때, 짐바브웨 주교회의에서 폭력이 없는 민주적인 새로운 출발 노력에 지지를 표명했을 때, 구호단체 연대는 정치적 논쟁에 적극 개입했다. 새로운 세계무역 협상에 관한 협의와 씨앗 및 유용동물 특허권 반대와 같은 현안에도 적극 참여했다. 가난한 사람들이 자기 의사를 적극적으로 개진할 수 없는 처지에서는 힘 있는 파트너가 절실하다. '발전을 위한 지원' 연대는 그 파트너가 되고자 한다.

'연대'에 보내오는 각종 기부금은 연대에 소속된 각 구호단체별로 똑같이 분배된다. 5개 구호단체는 각 단체가 별도로 받은 기부금을 포함한 모든 기부금을 꼼꼼하게 처리하고 있으며, DZI-기부금 인증'을 받았다. 아울러 이 5개 구호단체는 구체적인 프로젝트 및 프로젝트의 현황과 성과 혹은 문제점들에 관해 정기적으로 보고하고 있다. 그렇게 함으로써 기부자와 대중은

DZI-기부금 인증
DZI, 즉 독일 내 2000여 인권단체 및 구호단체에 대한 심사, 평가 업무를 맡은 '독일 사회현안 중앙협회'가 해당 단체에 대해 재정적 투명성의 보장을 의미하는 인증.

기부한 돈이 보람 있고 의미 있게 사용되는지에 관한 정보를 수시로 제공받을 수 있다.

기구와 기관,
인명, 용어 등의
원어

경제협력개발기구(OECD: Organization for Economic Cooperation and Development)
경제협력개발기구 개발원조위원회(OECD DAC: Development Assistance Committee)
경제협력개발기구 개발원조위원회 동료 검토서(OECD DAC Peer Review)
관세무역일반협정(GATT: General Agreement on Tariffs and Trade)
교토의정서(Kyoto Protocol)
국경없는의사회(Médecins Sans Frontières, Doctors Without Borders)
국민총소득(GNI: Gross National Income)
국제공정무역상표기구(FLO: Fairtrade Labelling Organizations International)
국제노동기구(ILO: International Labor Organization)
국제사면위원회(AI: Amnesty International)
국제식량정책연구소(IFPRI: International Food Policy Research Institute)
국제에너지기구(IEA: International Energy Agency)
국제우주정거장(ISS: International Space Station)
국제 토양산출력 및 농업개발연구소(IFDC: International Centre for Soil Fertility and
    Agricultural Development)
국제통화기금(IMF: International Monetary Fund)
그린피스(Greenpeace)
글로벌 콤팩트(UN Global Compact)
글로벌교육촉진협회(Global Campaign for Education)
남녀평등지수(GDI: Gender-related Development Index)
노동빈곤층(working poor)

다자간 부채탕감 구상(MDRI: Multilateral Debt Relief Initiative)
도하개발 어젠다(DDA: Doha Development Agenda, 도하라운드)
독일사회현안중앙협회(Das Deutsche Zentralinstitut für soziale Fragen)
독일세계기아구호(Deutsche Welthungerhilfe)
독일지구환경변화자문위원회(WBGU: The German Advisory Council on Global
    Change)
독일트랜스페어(Transfair Deutschland)
메디코 인터내셔널(Medico International)
메릴린치(Merrill Lynch)
모랄레스, 에보(Evo Morales)
모부투 세세 세코(Mobutu Sese Seko)
몬테레이합의(Monterrey Consensus)
무역관련지적재산권협약(TRIPS: Agreement on Trade-Related Aspects of Intellectual
    Property Rights)
미국국제개발처(USAID: United States Agency for International Development)
미국외국간호학교졸업위원회(US Commission on Graduates of Foreign Nursing
    Schools)
미국중앙정보국(CIA: Central Intelligence Agency)
밀레니엄개발목표(Millennium Development Goals)
발전을 위한 지원(Entwicklung hilft)
브라운, 레스터(Lester R. Brown)
브레튼우즈 시스템(Bretton Woods System)
빌&멜린다 게이츠재단(Bill&Melinda Gates Foundation)
사티아르티, 카일라시(Kailash Satyarthi)
세계개발보고서(World Development Report)
세계교육포럼(World Education Forum)
세계무역기구(WTO: World Trade Organization)
세계보건기구(WHO: World Health Organization)
세계식량계획(WFP: World Food Programme)
세계야생생물기금(WWF: World Wildlife Fund)
세계은행(World Bank/ International Bank for Reconstruction and Development)
세계인을 위한 빵(Brot für die Welt)
세계자연보존연맹(IUCN: International Union for Conservation of Nature and Natural

Resources)

세계자연보호기금(WWF: World Wide Fund for Nature)

슈워제네거, 아널드(Arnold Schwarzenegger)

스턴, 니컬러스(Nicholas Stern)

아난, 코피(Kofi Annan)

아동 사망률(child mortality rate)

암스튜츠, 대니얼(Daniel Amstutz)

영국 기상청 해들리센터(Met Office Hadley Centre)

영아 사망률(infant mortality rate)

옥스팜(Oxfam: Oxford Committee for Famine Relief)

우루과이라운드(UR: Uruguay round)

월드워치연구소(Worldwatch Institute)

유네스코(UNESCO: United Nations Educational, Scientific and Cultural Organization,
　　　유엔교육과학문화기구)

유니세프(UNICEF: United Nations Children's Fund, 유엔아동기금)

유엔개발계획(UNDP: United Nations Development Programme)

유엔개발재원국제회의(International Conference on Financing for Development)

유엔교육과학문화기구 → 유네스코

유엔난민기구/유엔난민고등판무관사무실(소)/유엔난민최고대표사무소(UNHCR: Office of
　　　the United Nations High Commissioner for Refugees)

유엔대학(UNU: United Nations University)

유엔무역개발회의(UNCTAD: United Nations Conference on Trade and Development)

유엔밀레니엄정상회의(UN Millenium Summit)

유엔식량농업기구(FAO: Food and Agriculture Organization)

유엔아동기금 → 유니세프

유엔에이즈계획(UNAIDS: Joint United Nations Programme on HIV/AIDS)

유엔인권고등판무관/유엔인권최고대표사무소(OHCHR: Office of the United Nations
　　　High Commissioner for Human Rights)

유엔인구기금(UNFPA: United Nations Population Fund)

유엔 정부간기후변화위원회(IPCC: Intergovernmental Panel on Climate Change)

유엔환경개발회의(UNCED: United Nations Conference on Environment and
　　　Development)

유엔환경계획(UNEP: United Nations Environment Programme)

유전자변형작물(GMO: Genetically Modified Organism)

인간개발보고서(HDR: Human Development Report)

인간개발지수(HDI: Human Development Index)

인도의 남아시아아동노동반대연대(South Asian Coalition on Child Servitude 또는
　　Bachpan Bachao Andolan/BBA)

인체면역 결핍바이러스(HIV: Human Immunodeficiency Virus)

자유무역협정(FTA: Free Trade Agreement)

조류인플루엔자(pathogenic avian influenza)

차베스, 우고(Hugo Chavez)

체제 전환기 국가(transition countries)

최저개발국(LDCs: Least Developed Countries, 최빈국)

카빌라, 조제프(Joseph Kabila)

테레 데스 호메스(Terre des Hommes: '인간의 대지')

〈프랑크푸르터알게마이네차이퉁(Frankfurter Allgemeine Zeitung)〉

"사람들을 파멸로
몰고 가는 것이 무엇인지 밝혀야 한다.
무서운 일들이 계속 일어나고 있다"

—『카산드라』(독일 작가 크리스타 볼프의 소설)에서

우리는 최근 세계 곳곳에서 벌어진 안타까운 소식들을 기억하고 있다. 극심한 식량난으로 아프리카를 비롯한 여러 개발도상국에서 폭동이 일어났고, 미얀마를 강타한 사이클론과 중국에서 발생한 대지진은 수많은 고귀한 생명을 앗아갔다. 그뿐만 아니라 조류인플루엔자의 확산과 광우병 공포가 온 세상을 휘감고 지나갔다. 아울러 서브프라임 모기지 부실 파동으로 촉발된 미국발 금융 위기는 극소수의 강자만이 살아남는 승자독식사회 모델을 추구하면서 거칠 것 없이 질주할 것 같았던 신자유주의 세계화의 실상을 여실히 드러냈다.

어째서 이런 일이 자꾸 일어나는 것일까? 식량난과 대재앙, 광우병 공포, 신자유주의 경제 시스템의 위기는 과연 별개의 문제일까? 세계 전역에서 빈민층이 굶어 죽을 처지에 놓인 이 참상이 오늘의 문명사회에 대체 가당키나 한 일인가?

이 책의 저자는 이 모든 일들을 총체적으로 인식할 것을 독자들에게 요구하고 있다. 서문에서 밝혔듯이 그것은 "세계화 문제의 연관성에 대한 통찰력"이리라. 독일 언론인 카를 알브레히트 이멜이 쓰고 클라우스 트렌클레가 그래픽한 이 책은 우리가 사는 세상의 참모습을 보여 주는 파노라마다. 소위 말하는 세계화와 신자유주의, 다국적기업과 투기자본, 빈부 격차, 식량 문제, 보건 및 의료, 교육, 주거 문제, 생태 및 기후, 전쟁과 폭력, 인권 등 거의 모든 현안들을 이 파노라마 속에 다루고 있다.

그러나 이 파노라마는 안타깝게도 아름답지 못하다. 온갖 모순과 문제로 가득하며 대체 어디서부터 손을 대야 좋을지 모를 정도로 비극적이기까지 하다. 그러나 저자는 실증적 자료와 그래픽을 통해 모순의 실상을 알리고 각각의 현안들을 하나의 줄로 꿰어가고 있다. 독자들은 이 책을 읽어가면서 이 문제들이 별개의 사안이 아니라 서로 촘촘히 연관되어 있음을 시나브로 알게 될 것이다. 저자는 말한다. 문제의 본질은 "도처에 만연된 경제적 이해관계와 연관이 있기 때문"이라고. 더 심각한 것은 사람들의 무감각, "눈앞의 단기적 이익을 더 우선시하며 여전히 변하지 않는 태도"이리라. 이 인식의 저변에는 무수히 많은 문제점이 있음에도 인류는 더 나은 방향으로 가리라는 그저 막연한 믿음이 깊숙이 박혀 있는지 모른다.

예로부터 자연 재앙과 굶주림은 신의 섭리와 자연의 섭리에 역행한 위정자의 실정 때문이라 생각해 왔다. 이에 덧붙여 진보와 발전에 대한 우리

인식도 그와 무관하지 않으리라 생각한다. 생활 방식을 바꾸는 것 못지않게 이제부터 정녕 중요한 문제는 세상과 자연, 환경을 바라보는 인식의 전환일 것이다. 물론 쉽지는 않을 것이다. 그러나 좀 거창하게 말하면 지금까지의 역사를 자연계는 철저히 배제된 '인간만의 역사'로 이해하고 자연현상을 포함한 전체 역사의 장대한 파노라마를 인간의 시각으로만 바라본 것을 바꿔야 하는 건 아닐까? 그것이 시급하고 절박한 까닭은 이제는 바뀌지 않으면 안 되기 때문일 것이다.

저 아득한 원시시대, 구약성서 창세기에서도 대홍수로 인간을 "땅 위에서 몽땅 쓸어버리겠다"는 야훼의 결심은 사람들이 "죄악으로 가득하고 못된 생각에 사로잡혀" 있기 때문이라 하지 않았던가. 야훼는 한탄하고 후회했다고 성서는 전하고 있다. "내가 어찌 이런 인간들을 만들었던고!" 하고 말이다. 그러나 곰곰이 생각해 보자. 그 시대 사람들의 죄악과 못된 생각을 오늘날 사람들의 그것에 비할 수 있을까?

초식동물에게 동물성 사료를 먹이는 황당한 작태, 곡물 가격 폭등으로 세계 도처에서 무수히 많은 사람들이 신음하는 비극적 상황이 전 세계 식량 시장을 쥐락펴락하는 다국적 곡물기업들에 엄청난 이윤과 폭리를 안겨 주는 방식의 세계화, 거짓 명분으로 치장된 전쟁으로 어린이를 비롯한 수십 만 명에 달하는 무고한 생명을 앗아간 참혹한 살육, 이 모든 짓을 서

습지 않은 현대인의 행위를 어찌 그 시대 사람들이 저지른 죄악에 비할 수 있으랴. 그렇기에 수천 년 전의 '미개한' 인간들보다 오늘의 인간들이 더 어리석은지 모른다. 사람에게만이 아니라 땅에게도 안식을 주라고 한 그 시대의 규범을 되새기면 더더욱 그렇다는 생각이 든다.

이 책은 성찰 없는 진보에 대한 맹신과 일방적인 세계화 질주의 어리석음을 질타하는 보고서다. 가난한 사람도 배불리 먹고, 치료받을 당연한 권리가 왜 실현되지 않는지, 내가 투자한 펀드, 내가 사 먹는 인스턴트 음료와 식품이 나도 모르게 가난한 나라에 사는 사람들을 빈곤과 고통으로 내모는 데 한몫하는 건 아닌지, 그런 정책을 추진하는 실체는 무엇인지 생각하게 한다. 이 책에는 이런 고민의 싹이 하나하나 채워져 있다. 과학적 인식을 요구하는 것이 아니라 그저 평범한 상식에 대해 생각하게 할 뿐이다. 그리하여 이 부박한 세상 속에서 당장은 힘들겠지만 "글로벌 문제들을 위한 글로벌한 생각과 책임"을 아로새기는 사람들이 늘어나고 그런 생각들이 실천되는 풍토가 조성되길 바랄 뿐이다.

서정일

옮긴이의 글

숫자로 보는 세계화 교과서

한국어판 ⓒ 서정일

개정판 1쇄 2014년 8월 18일
2쇄 2015년 7월 6일

글　　카를-알브레히트 이멜
그래픽　클라우스 트렌클레
옮긴이　서정일

펴낸곳　현실문화연구
펴낸이　김수기
편집　　이용석, 김수현, 문용우, 허원
마케팅　최새롬
제작　　이명혜

등록번호　제2013-000301호
등록일자　1999년 4월 23일
주소　　　서울시 마포구 포은로 56, 2층
전화　　　02-393-1125
팩스　　　02-393-1128
전자우편　hyunsilbook@daum.net

ISBN 978-89-6564-099-8　43300

이 도서의 국립중앙도서관 출판예정도서목록(CIP)은 서지정보유통지원시스템 홈페이지
(http://seoji.nl.go.kr)와 국가자료공동목록시스템(http://www.nl.go.kr/kolisnet)에서 이
용하실 수 있습니다.(CIP제어번호: CIP2014022057)